Sandra Lembke

Hoheiten, Diplomaten und Ehrenretter

Sandra Lembke

Hoheiten, Diplomaten und Ehrenretter

Gäste am Mecklenburg-Strelitzer Hof

steffen verlag

Inhalt

Nachbarschaftsbesuch mit Folgen

Friedrich II. von Preußen (1712–1786)

Am 25. Oktober 1736 lässt ein junger Mann, der Jahre später Weltgeschichte schreiben wird, im Schloss Rheinsberg zu früher Stunde die Pferde satteln. Nur von einigen Getreuen begleitet, möchte er an diesem spätherbstlichen Tag einen Ausritt in das benachbarte Herzogtum Mecklenburg-Strelitz unternehmen. Noch ahnt der junge Adlige nicht, dass diese Visite Folgen für ihn haben wird. Zunächst einmal erwartet ihn eine außerordentlich strapaziöse Reise voller amüsanter Abenteuer. Da auch sein erlauchter Vater immer für einen kleinen Spaß zu haben ist, wird sich der junge Mann schon einen Tag später an das Schreibpult setzen und sehr ausführlich und lebendig in einem Brief von seinen kuriosen Erlebnissen in der mecklenburgischen Provinz berichten.

Kronprinz Friedrich von Preußen kann sich erst seit wenigen Wochen Herr des Schlosses Rheinsberg nennen. Nach den heftigen Auseinandersetzungen mit seinem königlichen Vater Friedrich Wilhelm I.[1] und einer mehr oder weniger freiwilligen Eheschließung[2] durfte er sich endlich einen eigenen Hausstand einrichten. In Rheinsberg kann er sich nun frei entfalten und seinen umfangreichen Interessen nachgehen: »Wir haben unsere Beschäftigungen in zwei Klassen geteilt: erstens die nützlichen und zweitens die angenehmen. Unter die nützlichen rechne ich das Studium der Philosophie, der Geschichte und der Sprachen. Die angenehmen sind Musik, Lust- und Trauerspiele, die wir selbst aufführen, Maskeraden und gegenseitige Überraschungen mit Geschenken. Die ernsten Beschäftigungen haben indes den Vorzug vor den andren, und ich wage zu behaupten, dass wir von den Vergnügungen nur einen maßvollen Gebrauch machen. Wir benutzen sie nur zur Erholung des Geistes und zur Milderung der Grämlichkeit und des allzu tiefen Ernstes der Philosophie, die sich nicht so leicht die Stirn von den Grazien glätten lässt. (...)«,[3] teilt der Kronprinz seinem Freund Suhm[4] noch zwei Tage vor seinem Besuch in Mecklenburg-Strelitz mit.

An diesem besagten Oktobertag will der Kronprinz jedoch nicht der Philosophie oder der Musik frönen. Es zieht ihn in das etwa 35 Kilometer entfernte Mirow. Hier lebt sein »Nachbar«, Herzog Karl Ludwig Friedrich zu Mecklenburg, auch Prinz von Mirow genannt. Der Adelsspross, nur um vier Jahre älter als der Kronprinz, hat erst im vergangenen Jahr Prinzessin Elisabeth Albertine von Sachsen-Hildburghausen geheiratet und residiert – mit einer knappen Apanage ausgestattet – in äußerst bescheidenen Verhältnissen auf der Mirower Schlossinsel. Nun will Kronprinz Friedrich die Nachbarn kennen lernen und sich ein eigenes Bild von deren Residenz machen.

Nach einem mehrstündigen Ritt erblickt der Preußenprinz inmitten weitläufiger Felder und Wiesen endlich die ersten Häuser von Mirow. Doch das Städtchen entpuppt sich als sehr überschaubar und im Vergleich zu anderen ihm bekannten Residenzen als recht unspektakulär. »(...) Um meinem allergnädigsten Vater eine Idee von dem Ort zu geben, so kann ich die Stadt zum Höchsten mit Großen-Kreutz vergleichen; das einzige Haus drinnen, das man ein Haus nennen kann, ist nicht so gut, wie das Priesterhaus dorten«,[5] berichtet der Kronprinz in seinem Brief.

Friedrich und seine Begleiter wenden sich alsbald der Schlossinsel zu. Zunächst fällt ihnen ein gerade fertiggestellter Bau, das sogenannte »Untere Schloss«, ins Auge, das für die Familie des Prinzen von Mirow bestimmt ist. Das Haus ist jedoch zu diesem Zeitpunkt augenscheinlich noch nicht bewohnt. Die kleine Reisegesellschaft zieht es daher sofort weiter. »Ich ging alsofort nach dem Schloß, welches ungefähr wie das Gartenhaus von Bornim ist; rings herum aber ist ein Wall, und ein alter Turm, der schon ziemlich verfallen ist, dienet dem Hause zum Torweg.«[6] Doch nun machen Friedrich und seine Begleiter Bekanntschaft mit dem Wachpersonal des Mirower Prinzen: »Wie ich an die Brücke kam, so fand ich einen alten Strumpfstricker, als einen

Schloss Rheinsberg, Postkarte um 1930

Grenadier verkleidet, mit der Mütze, Tasche und das Gewehr bei sich stehen (...). Als ich herankam, so frug er, wor ich her käme und wor ich hin wollte, worauf ich ihm antwortete, ich käme vom Posthause und ginge über die Brücke, worauf der Grenadier ganz erzürnet nach dem Turm rief, worselbsten er eine Türe aufmachte und den Korporal herausrief. Dieser war aber eben aus dem Bette aufgestanden und hatte aus großer Eile sich nicht die Zeit genommen, sich weder die Schuhe anzuziehen, noch sich die Hosen zuzumachen, und frug uns ganz verstöret, wor wir hin wollten und wie wir der Schildwache begegnet hätten. Ohne ihm aber einmal zu antworten, gingen wir unsere Wege nach dem Schlosse zu.«[7]

Doch als die jungen Männer aus Rheinsberg direkt vor dem Bau stehen, schauen sie ungläubig drein. »Dieses hätte ich mein Tage für kein Schloß angesehen, wenn nicht zwei Laternen vorne an der Türe wären gepflanzet gewesen, und dass nicht zwei Kraniche Schildwache davor gestanden hätten. Ich kam ans Haus heran, und nachdem ich wohl eine halbe Stunde an die Türe geklopfet hatte, so kam eine ganz alte Magd, die wohl aussahe, als wenn sie des Prinzen Mirow seines Vaters Amme gewesen wäre; und als die gute Frau fremde Gesichter zu sehen kriegte, so war sie dermaßen erschrocken, dass sie uns die Tür vor der Nase zuschmiß. Wir klopften wieder, und als wir sahen, dass nichts zu tun war, gingen wir nach dem Stall, dar uns doch ein Knecht sagte, der junge Prinz mit seiner Gemahlin wäre nach Neu-Strelitz, zwei Meilen von dort, und die Herzogin seine Mutter, welche in dem Hause wohnet, hätte ihm, um Staat zu machen, alle ihre Leute mitgegeben (...). Es war noch frühe, also dachte ich, ich könnte nicht besser tun, als von der Gelegenheit profitieren, so kriegte ich Strelitz auch zu sehen.«[8]

Der Kronprinz wird sich bereits mehr als königlich amüsiert haben. Wenn der Empfang hier in Mirow so verlaufen ist, wie wird er erst in Neustrelitz sein? Vielleicht geschehen noch mehr kuriose Dinge, die auch den königlichen Vater erheitern? Für die Vergnügungen und Passionen seines Sohnes hat Friedrich Wilhelm I. nicht viel übrig, aber mit unterhaltsamen Anekdoten kann der junge Friedrich ihn sich vielleicht gewogener machen und ihn von Rheinsberg fernhalten, auf dass er die dort geschaffene Idylle nicht stören möge.

Die erst drei Jahre zuvor gegründete Stadt Neustrelitz liegt etwa 25 Kilometer von Mirow entfernt. Die Pferde aus den Ställen des Kronprinzen können diese Strecke nicht zurücklegen, sind sie doch bereits erschöpft. Da Friedrich und seine Begleiter, wie in dem Brief geschildert, auf dem Ritt zur Schlossinsel die Poststation zu Mirow ausgemacht haben, lenken sie ihre Tiere dorthin und geben sie in die Obhut einiger Knechte. Für die Reise nach Neustrelitz stellt man der Gruppe um den Prinzen einige Postpferde zur Verfügung.

Nach langem Ritt durch Dörfer und Wälder erreichen Friedrich und seine Getreuen um die Mittagszeit die Neustrelitzer Residenz. Obwohl der Prinz sicher weiß, dass das Städtchen erst vor kurzem gegründet wurde, ist er etwas enttäuscht, als er sein Pferd ruhigen Schrittes durch den Ort leitet. »Neu-Strelitz ist eigentlich ein Dorf, dar nur eine Straße drin ist, welche Kammerjunker, Kanzellisten und Domestiken bewohnen, wor ein Wirtshaus drin ist.«[9] Doch die Residenz des regierenden Mecklenburg-Strelitzer Herzogs macht hier größeren Staat als die in Mirow. »Das Schloß ist schön und lieget an einem See, mit einem großen Garten, so wie die Situation in Rheinsberg.«[10] Ob sie nun endlich den Prinzen von Mirow antreffen? Der Kronprinz wendet sich laut seinem Brief an zwei Lakaien, die seinen Weg kreuzen. »Die erste Frage, so ich tat, war nach dem Prinzen Mirow; so sagten sie mir, er wäre eben nach einem Orte gereiset, der heißet Kanow und lieget nur eine halbe Meile von Mirow.«[11]

Kronprinz Friedrich (II.) von Preußen

Doch nach der langen Reise gibt es wohl niemanden, den es nicht erst einmal nach einem Trunk und einer kleinen Mahlzeit gelüstet. Der Kronprinz hat großes Glück, da ihm gute Kontakte ein Essen bei einem Kammerjunker verschaffen. Während er sich noch an seinem Imbiss gütlich tut, erfährt er weitere Neuigkeiten über die Mecklenburg-Strelitzer Herrscherfamilie: Das Land hat einen Herzog, der Frauenkleider nähen kann und diese Kunst in Vollendung beherrscht. Mon Dieu, wo hat man das schon einmal gehört? »Dieses machte mich curieux, ihn zu sehen, und ließen wir uns als Fremde präsentieren, welches mir auch so gut anging, dass mich keiner kennete.«[12] Adolf Friedrich III. zu Mecklenburg präsentiert sich dem Kronprinzen als Landesvater mit einer dicken blonden Abbé-Perücke. Die kurze Audienz gerät jedoch zu einer Qual: »Es ist ein Herr, der sehr blöde ist; sein Hofrat Altrock saget ihm, um so zu sagen, Alles, was er reden soll.«[13]

Nach der Audienz in Neustrelitz heißt es nun also, sein Glück im Orte Canow zu versuchen, auch wenn dies bedeutet, abermals einen Weg von etwa 27 Kilometern zurückzulegen. Wer weiß, was die kleine Gesellschaft dort erwartet. Die bisherigen Erlebnisse haben die jungen Männer die Strapazen der anstrengenden Reise inzwischen wohl längst vergessen lassen; gestärkt und mit frischen Pferden ausgestattet, verlässt die Gruppe um den Kronprinzen frohen Mutes die junge Residenzstadt.

Gegen 6 Uhr am Abend erreicht die kleine Reiterschar endlich Canow. »Es ist ein pures Dorf, und das Lusthaus des Prinzen nichts anders als ein ordinäres Jägerhaus, wie alle Heideläufer haben«,[14] merkt Friedrich in seinem Brief spöttisch an. Der Kronprinz und seine Begleiter kehren zunächst in der Mühle des Ortes ein. Sollte der Prinz von Mirow sich wirklich hier in dieser Wildnis aufhalten, muss der Etikette Genüge getan werden. Friedrich und seine Begleiter sehen nach dem langen Ritt sicher mehr als derangiert aus und so will man sich dem Mirower Prinzen nicht zeigen, auch wenn er nur ein nachgeborener Spross des Hauses Mecklenburg-Strelitz ist. »Ich (…) ließ mich durch die Magd anmelden, worauf ich durch den Haushofmeister in der Mühle komplimentieret wurde und mit demselbigen nach der Residenz mich begab, worselbsten die ganze Mirowsche Familie versammelt war.«[15]

Kronprinz Friedrich hat es geschafft – nach einer anstrengenden Reise steht er nun dem Objekt seiner Neugierde gegenüber. Nach dem Austausch der üblichen Höflichkeiten werden dem jungen Mann auch die Damen der Familie vorgestellt. »Seine Mutter ist eine Prinzessin von Schwarzburg,[16] und noch die Klügste von allen, die dorten zugegen waren; seine Tante war auch dorten. Die Frau Gemahlin ist klein, des Prinzen von Hildburghausen, von den Kaiserlichen, seine Nichte; sie war schwanger, scheint aber sonsten eine gar gute Prinzessin zu sein.«[17]

Kronprinz Friedrich spürt jedoch sofort, dass er für Aufruhr in dem kleinen Lusthaus sorgt. Er weiß, dass es die Pflicht des Prinzen von Mirow ist, den hohen Gast zu bewirten, der solche Mühen auf sich genommen hat, um seine Bekanntschaft zu machen. Das plötzlich einsetzende geschäftige Treiben der Mägde im Haus entgeht ihm daher nicht. Erst einmal teilt man dem Kronprinzen mit großem Bedauern mit, dass dem besten Koch des Prinzen von Mirow ein Unglück widerfahren sei. Der Wagen mit den Provisions sei auf dem Weg zum Lusthaus umgefallen und dadurch alle guten Speisen zunichte gemacht. Zudem habe sich der arme Koch auch noch den Arm gebrochen und könne daher an diesem Abend nicht mit neuen Kostproben seiner Kunst aufwarten. Die Geschichte kommt dem Kronprinzen mehr als unglaubwürdig vor. Bald findet Friedrich seine Vermutungen bestätigt: »Ich ließ mich insgeheim darnach erkundigen, so war nicht ein wahr Wort daran.«[18]

Kurz darauf bittet die Mirower Familie den Kronprinzen dennoch zu Tisch. Es ist karg aufgetafelt worden, nur einige, wenige Platten. Als Friedrich von den dargebotenen Speisen kostet, rümpft er leicht die Nase. »(...) dar es denn auch gewiss schien, als wenn denen Provisions nebst dem Koch ein Unglück geschehen wäre, denn gewiß in denen drei Kronen in Potsdam ist viel besser Essen, als dorten.«[19] Doch er lässt sich nichts anmerken und nimmt tapfer weitere Bissen zu sich. Schnell schickt der Prinz von Mirow nach einem Wein und man eröffnet den Diskurs über der Tafel. Nachdem die Fürstenhäuser Weimar, Gotha und Waldeck auf dem Tapet waren, vergeht die Zeit mit dem Austausch weiterer Nichtigkeiten. »Der Diskurs über der Tafel war nichts, als von allen den deutschen Fürsten, so nicht recht klug sind (...).«[20]

Es dauert nicht lange, bis Karl Ludwig Friedrich zu Mecklenburg recht heiter wird. Der Kronprinz und seine Begleiter wissen, dass sie heute noch eine Strecke von etwa 13 Kilometern zurücklegen müssen, um sicher ins vertraute Rheinsberg zu gelangen. Inzwischen sind die Gläser geleert, aber der Prinz von Mirow lässt weiter nachschenken, vor allem sich selbst. Irgendwann kann sich die kleine Rheinsberger Reisegesellschaft endlich von ihrem Gastgeber verabschieden und den Heimweg antreten: »(...) nachdem sich der gute Herr recht sehr besoffen hatte, stunden wir auf und hat er mir, mit seiner ganzen Familie versprochen, mich zu besuchen.«[21]

Und dafür hatte Kronprinz Friedrich an jenem Oktobertag des Jahres 1736 solche Mühen auf sich genommen? Verwendet man einen heutigen Routenplaner und berücksichtigt frühere Verkehrsanbindungen und Straßenverhältnisse, kann man davon ausgehen, dass die Rheinsberger an diesem Tag etwa 100 Kilometer im Sattel

Karl Ludwig Friedrich zu Mecklenburg, Prinz von Mirow

zurücklegten und fast den ganzen Tag unterwegs waren. Doch vielleicht trieb den Kronprinzen zu dieser Zeit einfach die Langeweile aus seinem Schloss oder man hatte ihm von den Mirower Nachbarn berichtet, so dass er hoffte, dort etwas Zerstreuung zu finden. Nach der Bekanntschaft mit dem Prinzen von Mirow schien Friedrich aber nicht mehr der Sinn nach weiteren näheren Kontakten zu stehen, obwohl er wohl schon in Canow ahnte, dass sich diese nicht ganz vermeiden lassen würden. »Kommen wird er gewiß; wie ich ihn aber loswerden werde, das weiß Gott«,[22] stöhnt der Preußenprinz daher bereits in seinem Brief an den Vater.

Der Prinz von Mirow bringt sich jedenfalls schnell wieder in das Gedächtnis des Kronprinzen zurück. Bereits Anfang November wird Friedrich eines Nachts um 3 Uhr unsanft geweckt. Seine Leute melden das Eintreffen einer Eilstafette. Friedrich springt aus dem Bett, der Brief könnte ja von seinem erlauchten Vater stammen. Doch es ist nur eine Nachricht des Prinzen von Mirow, der dem Preußenprinzen um die Mittagszeit seine Aufwartung in Rheinsberg zu machen wünscht. Mit der ihm eigenen Spottlust beschließt Friedrich daraufhin, den verarmten Adelsspross wie den Kaiser höchstselbst zu empfangen und den königlichen Papa mit einem Bericht über den Besuch wieder ein wenig zu erfreuen. Auf jeden Fall sorgt der Prinz von Mirow in der Rheinsberger Hofgesellschaft unfreiwillig für übermäßige Heiterkeit: »(…) kaum war der Prinz im Hause, dass man mir sagen kam, dass, dem armen Prinzen zum Unglück der Prinz Heinrich[23] gekommen wäre, welcher ihn denn dermaßen aufzog, dass wir Alle gedacht tot vor Lachen zu bleiben. Er wurde immer gelobet und absonderlich über seine schöne Kleidung, sein gutes Air und seine ungemeine Leichtigkeit im Tanzen.«[24] Für den Nachmittag denken sich die Rheinsberger eine weitere kleine Gemeinheit für den Gast aus Mirow aus: »Den Nachmittag, um ihm den Rock zu verderben, so haben wir im Regen nach dem Vogel geschossen; er wollte wohl nichts sagen, aber man konnte doch sehen, dass er sich um den Rock sehr hatte.«[25] Und als ob das noch nicht reichen würde, macht sich der Prinz von Mirow auch noch am Abend zum Gespött der friderizianischen Hofgesellschaft, indem er wie weiland in Canow dem Wein etwas heftig zuspricht. »Den Abend so kriegte er einige Gläser in den Kopf und wurde recht lustig, sagte, wie er notwendig wegen Staats- und konsiderabler Angelegenheiten wieder nach Hause müsste, welches aber noch bis in die Nacht um 2 Uhr verschoben wurde. Ich glaube, dass er sich des Tages darauf nicht mehr wird viel zu erinnern wissen.«[26]

Das kann der Prinz von Mirow sicher nicht, denn schon sieben Tage später berichtet Kronprinz Friedrich seinem königlichen Vater von einem weiteren Besuch des Nachbarn. »(...) berichte untertänigst, dass der Prinz von Mirow abermals hier war, nebst seiner Mutter, Frau, Tante, Hofdamen, Cavaliers und dem ganzen Haushalte, so dass ich dachte, dass es die Flucht aus Ägypten darstellen solle. Ich beginne mich vor den guten Leuten zu fürchten, da sie mir versichert haben, dass es ihnen Freude bereiten würde, öfter zu kommen.«[27]

In den darauffolgenden Monaten machen die Mirower ihre »Drohungen« wahr und lassen sich mehrmals in Rheinsberg blicken. Dies ist aber auch nicht verwunderlich, wenn man sich in die Lage des armen Prinzen von Mirow hineinversetzt. Als Halbbruder des regierenden Herzogs zu Mecklenburg-Strelitz im beschaulichen Mirow unter kargen Bedingungen lebend, ziehen ihn der Prunk des Schlosses Rheinsberg und die kultivierte Gesellschaft des Kronprinzen und seines Hofstaats sicher magisch an. »Mehr Schein als Sein« muss die Devise am Mirower Hof lauten und da ist es doch sicher nicht von Nachteil, wenn man sich freundschaftliche Verbindungen zum preußischen Kronprinzen nachsagen lassen kann.

Auch wenn der Prinz von Mirow nach Friedrichs Meinung nicht mit übermäßigen Geistesgaben gesegnet ist, sucht der junge Adlige doch stets die Gesellschaft kluger und schöngeistiger Menschen und wird auch einst seiner Kinderschar eine gute und umfassende Bildung angedeihen lassen. Davon kann sich Friedrich sogar eines Tages selbst überzeugen, da ihm die Tochter des Prinzen von Mirow, Sophie Charlotte, einen geistreichen Brief über das Betragen der preußischen Armee in Mecklenburg zusenden wird.

Doch noch muss sich der preußische Kronprinz bis weit in das Jahr 1737 hinein mit den inzwischen wohl lästig gewordenen Gästen aus Mirow herumplagen. Man schießt bei den Besuchen mit der Büchse und amüsiert sich über die Sehschwäche des Prinzen von Mirow oder schwadroniert über die genaue Herkunft einer Porzellandose, die der junge Mann angeblich von der Kaiserin bekommen haben will, aber letztlich doch selbst in Wien gekauft hat. Die Besuche lassen im Laufe der Zeit jedoch merklich nach. Karl Ludwig Friedrich zu Mecklenburg wird wohl nicht so dumm gewesen sein, dass er nicht irgendwann gemerkt haben wird, dass er als verarmter, unbedeutender Prinz bei der Rheinsberger Hofgesellschaft nicht viel galt und dass es auch den Kronprinzen zu anderen, weitaus interessanteren Persönlichkeiten hinzog, mit denen er besser über Gott und die Welt disputieren konnte. Dennoch schließt Friedrich seine »Mirokesen« in dieser Zeit doch ein wenig ins Herz, wie eine Kupferschenkung des Kronprinzen für den barocken Turmaufsatz der Mirower Johanniterkirche zeigt.

Letztlich sorgt die kuriose Sippe in den darauffolgenden Jahren nicht nur in Preußen für Gesprächsstoff. Die »gar gute Prinzessin« Elisabeth Albertine, die Gattin des Mirower Prinzen, beweist 1752 Courage, als sie ihrem ältesten Sohn den Mecklenburg-Strelitzer Thron sichert, den er dann – vorzeitig für mündig erklärt – als Adolf Friedrich IV. besteigen kann. Den größten Coup aber landet die Familie, als es ihr 1761 gelingt, mit der Beschwerdebriefe schreibenden Sophie Charlotte eine Tochter des Mirower Prinzen äußerst vorteilhaft zu verheiraten. Ohne es zu wissen, macht sich Friedrich von Preußen in seinen Rheinsberger Jahren doch tatsächlich über den künftigen

Vater einer Königin von England lustig. Vielleicht wäre ihm das Spotten richtig vergangen, wenn er den weiteren Aufstieg der Familie des verarmten Prinzen noch hätte miterleben können. 1794 folgt nämlich der zweite Sohn des Mirowers, Carl II. zu Mecklenburg-Strelitz, seinem unverheiratet gebliebenen Bruder Adolf Friedrich IV. auf dem Thron nach und steigt später zum Großherzog auf. Durch ihn stellt sich sogar eine verwandtschaftliche Beziehung der »Mirokesen« zum großen Friedrich ein, denn Carls Töchter Luise und Friederike ehelichen zwei preußische Prinzen.[28] Während Luise zur berühmtesten Königin von Preußen avanciert, kann ihre Schwester Friederike nach diversen Liebeswirrungen und -irrungen in ihren letzten Lebensjahren den Titel einer Königin von Hannover für sich beanspruchen.

Ein »Berg von einem Mädel« auf dem Schlossberg

Mary Adelaide of Cambridge, Prinzessin von Großbritannien, Irland und Hannover, Duchess of Teck (1833–1897)

Am 9. Oktober 1845 passieren mehrere Kutschen die Auffahrt zum Neustrelitzer Schloss. Schon auf ihrem Weg durch die Stadt werden die Gefährte die Neugier der Strelitzer Bürger geweckt haben, denn die darin reisenden Besucher bekommt man schließlich nicht alle Tage zu Gesicht. Nach dem prächtigen Einzug der neuen Erbgroßherzogin Augusta Caroline – einer Prinzessin von Großbritannien, Irland und Hannover – im Juli 1843 betreten mit den Eltern und der Schwester der hohen Dame nun weitere Vertreter des britischen Hochadels Neustrelitzer Boden. Der ersten Kutsche entsteigt der Duke of Cambridge,[1] ehemaliger Vizekönig von Hannover und seines Zeichens siebenter Sohn des englischen Königs George III. und der einstigen Mecklenburg-Strelitzer Prinzessin Sophie Charlotte. Er weilt nicht zum ersten Mal am Neustrelitzer Hof.[2] Den angetretenen Hofchargen, Soldaten, Lakaien und Kammermädchen präsentiert sich ein Mann von 71 Jahren, der seinem Rang gemäß würdevoll auftritt. Er ist immer noch recht groß;[3] sein Hut verbirgt eine Halbglatze, letzte Reste schneeweißen Haares umspielen Nacken und Ohren. Sein Gesicht wird zwar von einem imposanten Backenbart geschmückt, ist aber ansonsten glatt rasiert.[4] Große Aufmerksamkeit erregt sicher auch die Dame in der zweiten Kutsche. Es ist die Duchess of Cambridge, eine 48 Jahre alte, stattliche Dame mit dunklem, glänzenden Haar und einem etwas grob anmutenden Gesicht. Sie wurde als Prinzessin Auguste von Hessen-Kassel geboren und ist die Schwester der Großherzogin Marie von Mecklenburg-Strelitz.

In der Kutsche der Duchess sitzt weiterhin die 11-jährige Prinzessin Mary Adelaide of Cambridge. Miniaturen aus dieser Zeit zeigen ein hübsches Kind mit ausdrucksvollen Augen, das aber bereits

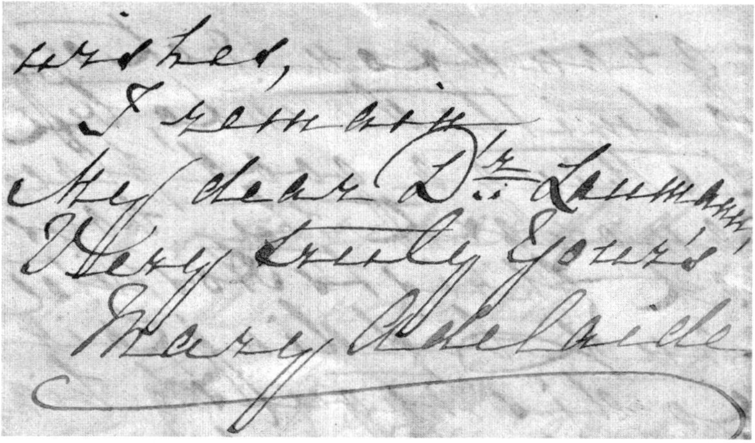
wishes,
I remain
Very truly Yours
Mary Adelaide

Autograph Prinzessin Mary Adelaide aus dem Jahr 1878

unübersehbar zur Fülle neigt. Doch mit seiner Natürlichkeit und seiner heiteren Art nimmt das Mädchen jeden für sich ein. Die Kleine betritt zum ersten Mal die neue norddeutsche Heimat ihrer geliebten Schwester Augusta Caroline. Noch ahnt Mary Adelaide nicht, dass sie weit bis ins Erwachsenenalter hinein immer wieder für Monate im beschaulichen Neustrelitz leben sowie mehrere Weihnachtsfeste und Jahreswechsel in der Residenzstadt verbringen wird.

Während der Duke of Cambridge bereits am 18. Oktober 1845 abreist,[5] richten sich seine Gattin Auguste und seine Tochter Mary Adelaide erst einmal häuslich im Palast ihrer Verwandten ein. Erbgroßherzogin Augusta Caroline genießt die Anwesenheit ihrer Mutter und ihrer kleinen Schwester sehr, da sie sich zu dieser Zeit immer noch vom Schock über den Tod ihres neugeborenen Kindes erholt.[6] Also zerstreut man sich im Schlossgarten und in der Umgebung der Stadt, führt lange Gespräche und bereitet schließlich Ende November den 12. Geburtstag der kleinen Mary Adelaide vor. In einem Brief an ihre Lehrerin Miss Draper beschreibt ihn die Prinzessin so: »(…) Mein Geburtstag war recht vergnügt, jedermann war sehr freundlich, und meine Geschenke sind beeindruckend und zahlreich. Von Mama erhielt ich einige Kleider, einige Bronzesachen und ein

Armband. Augusta überreichte mir einen sehr schönen Pokal, der Großherzog und die Großherzogin ein Armband. (...) Am Abend fand ein Ball statt, auf dem alle Kinder, einschließlich mir, kostümiert waren und wir tanzten in griechischen Kostümen mit vier Paaren eine Polka, es gab viel Applaus. (...).«[7] Die kleine Prinzessin kann bei ihrem ersten Besuch auch einer ihrer größten Leidenschaften frönen. Nach Konzert- und Theaterbesuchen urteilt sie recht fachmännisch: »(...) Wir hatten später viel Freude an den Besuchen von Gräfin Rossi (ehemals Mademoiselle Sontag)[8] und Madame Schröder-Devrient.[9] Gräfin Rossi singt wunderschön, und der Großherzog hat mehrere Konzerte angesetzt, in denen sie gesungen hat. Madame Schröder-Devrient ist mehr eine Schauspielerin denn eine Sängerin; sie ist in Norma, Romeo und Lukrezia Borgia aufgetreten, und heute Abend wird sie ein Tableaux am Theater geben und einige Stücke aus verschiedenen Opern singen. (...)«[10]

Ansonsten vergehen die weiteren Tage für Mary Adelaide mit den Vorbereitungen für das Weihnachtsfest sowie mit Unterrichtsstunden in deutscher Geschichte und Grammatik. Das Wetter in diesen Tagen lädt nicht gerade zu Ausflügen in die Umgebung ein. »(...) Strelitz ist sehr hübsch, aber das Wetter, das wir derzeit haben, ist alles, nur nicht angenehm; es regnet und schneit abwechselnd. (...)«[11] So bleibt auch genug Zeit, das Neustrelitzer Schloss zu erkunden: »(...) Der Palast hier ist groß und komfortabel, Augustas Gemächer sind entzückend und bestehen aus Schlafzimmer, Ankleidezimmer, zwei Wohnzimmern und einem großen Salon. Mama wohnt bei ihr nebenan und Fritz[12] darunter. Man hat mir die Gemächer zugewiesen, die meine jüngst verstorbene Cousine Louisa[13] bewohnt hat. Sie beinhalten ein Zimmer für Miss Howard,[14] zwei Wohnzimmer und mein Schlafzimmer, in dem auch Frazer[15] schläft.«[16]

Kurz vor Weihnachten wartet Neustrelitz dann wieder mit interessanteren Beschäftigungen auf. »Strelitz präsentiert sich nun winterlich, und der See wird bald vollständig zugefroren sein. (...) man beginnt bereits damit, in Schlitten zu fahren. Heute ist ein großer Jahrmarkt, es wird lustig werden, und alle Geschäfte sind weihnachtlich geschmückt. (...) Hier fanden verschiedene Bälle statt, auf denen ich gewesen bin, und ich habe die Bekanntschaft einer Anzahl netter Kinder gemacht, die manchmal kommen und mit mir Tee trinken, einige von ihnen sprechen Englisch. (...)«[17]

Der damals 12-jährigen Prinzessin Mary Adelaide verdanken wir auch die authentische Beschreibung eines Weihnachtsfestes am Neustrelitzer Hof. So berichtet sie ihrer Lehrerin Miss Draper: »(...) Unser Weihnachtsfest in Strelitz war entzückend. Wir kamen in einen großen Konzertsaal, man hatte ein Podest errichtet, so dass der untere Teil des Saales sehr angehoben war, in der Mitte standen die Tische für Mama, meine Tante und den Großherzog, an den Seiten waren unsere Tische. Die Tische waren mit Geschenken bedeckt, und auf jedem stand ein Baum, um jeden Tisch war eine Girlande aus grünen Blättern, und von dieser Girlande hing eine hübsche Art Lampe herab, und darin fand man statt Lichtern Blumen. Im Hintergrund war eine große Landschaft, und der Saal war hübsch erleuchtet. Mein Tisch war von Geschenken übersät und mein Baum fast überladen mit Bonbons. Nach dem Tee begann der amüsante Teil des Abends. Es ist Sitte in Norddeutschland, Juhl-Klapps oder Scherze zu machen, die von Dienern hereingeworfen werden. Neben anderen Dingen erhielt ich ein paar Drucke von Polka-Tänzern, in rot und blau gekleidet, als Erinnerung an den 27. November. Einige Scherze beinhalteten lächerliche Verse. In der Schokolade, die ich erhielt, fand ich ein kleines Stück Papier mit diesen Worten: ›Zum privaten Aufpicken von Königin Gourmandiza.‹ Der beste Scherz von allen war dieser, dass ich als Lady Augusta de Noiman verkleidet war, mit einer langen schwarzen Robe und einem türkischen Schal angetan, der auf dem Boden schleifte, einer rosa Haube, schwarzen Locken und einer langen Nase; in meiner Hand hatte ich ein Stück Papier mit der Aufschrift ›Souvenir de Augusta de Noiman‹, das ich Gussy[18] brachte, und darin befand sich eine Menge schwarzer Haare. William Norman, der Sohn einer Ehrendame, war als Baron Noiman verkleidet und übergab Mama einen Brief voll witzigen Unsinns. Der ganze Abend war übermäßig amüsant. (...)«[19]

Die Duchess of Cambridge und Prinzessin Mary Adelaide verbringen auch noch den Jahreswechsel in Neustrelitz und reisen dann am 6. Januar 1846 ab.[20]

In den darauffolgenden Jahren bekommen die Neustrelitzer die Prinzessin und ihre Mutter nicht zu sehen. Mary Adelaide, die wie ihre Mutter einen umfangreichen Briefwechsel mit ihrer Schwester Augusta Caroline unterhält, nimmt jedoch regen Anteil an den Ereignissen in der Residenzstadt. So ist sie über die Geburt und die prächtige Entwicklung des lang ersehnten Thronfolgers Adolf Friedrich[21] ebenso im Bilde wie über die Unruhen des Jahres 1848, die die großherzogliche Familie zur Flucht nach Hohenzieritz zwingen. Zudem reisen Erbgroßherzog Friedrich Wilhelm und Erbgroßherzogin Augusta Caroline in schöner Regelmäßigkeit nach England, so dass sich die beiden Schwestern nicht aus den Augen verlieren.

Im Alter von fast 18 Jahren tritt Prinzessin Mary Adelaide zum zweiten Mal die Reise nach Neustrelitz an. Anstrengende Wochen liegen hinter ihr und ihrer Mutter. Erst waren sie beim traditionellen Familientreffen in Rumpenheim zugegen, fanden sich dann für fünf Wochen in Ischl wieder und besuchten Salzburg und Wien. Nach einem Tag in Prag hat man einen Monat in Dresden verbracht und ist von dort aus nun zur großherzoglichen Familie nach Neustrelitz gefahren.

Als die Prinzessin von Cambridge an diesem 28. Oktober 1851 vor dem Residenzschloss aus der Kutsche steigt, mag das Gefährt schon ein wenig geächzt haben. Mary Adelaide hat in den letzten Jahren deutlich an Gewicht zugelegt. Eine Fotografie aus dem Jahr 1854, die sich in der Royal Collection befindet, zeigt eine mehr als wohlgenährte junge Dame mit fast kugelrundem Gesicht und Doppelkinn. Ihr leicht gewelltes Haar trägt sie gescheitelt und aufgesteckt. Auf dem Bild wirkt sie selbstbewusst, aber dennoch natürlich. Auch wenn die Königin Gourmandiza in ihr immer wieder die Oberhand übernimmt und ihre Rundungen weiter anschwellen lässt, ist das noch lange kein Grund, den Kopf in den Sand zu stecken. Schließlich verfügt Mary Adelaide über genug andere Vorzüge, die ihre Zeitgenossen bezaubern. Die Prinzessin hat dunkelblaue Augen und ihre dunklen Augenbrauen und langen Wimpern bilden einen schönen Kontrast zu ihrem hellen Haar.[22] Mary Adelaide beweist schon in jungen Jahren einen hervorragenden Geschmack, was Kleidung betrifft, und trägt besonders oft ihre Lieblingsfarbe Blau. Gern schmückt sie sich auch mit Juwelen aller Art und lässt diese oft im ganzen Hause offen herumliegen, da sie anscheinend keiner Menschenseele etwas Schlechtes zutraut. Eine weitere Beschreibung der jungen Frau liefert eine Hofdame ihrer Schwester Augusta Caroline: »(...) sie war würdevoll und anmutig in ihren Bewegungen und eine bemerkenswert leichtfüßige Tänzerin. (...) ihr schlagfertiger Witz und ihr starker Sinn für Humor amüsierten uns ständig. Die Prinzessin verfügte über ein großartiges Erinnerungsvermögen, und wenn sie eine gute Anekdote hörte, konnte sie sie wortwörtlich wiederholen. Ihre Stärke, Themen aufzugreifen, war außergewöhnlich. (...) Sie liebte leidenschaftlich Musik, besaß eine schöne Mezzosopran-Stimme und sang mit großem Gefühl, Opern- und Theateraufführungen bereiteten ihr intensiven Genuss. (...) Sie ging gern aus und tat dies gewöhnlich mit ihrer Mutter. (...) Die Prinzessin langweilte sich nie und war immer frisch und für einen Spaß zu haben, von morgens an, wenn sie herunterkam, bis in die Nacht, wenn sie ins Bett ging, war jede Stunde ihres Tages ausgefüllt. Nach dem Frühstück oder in der Zeit zwischen Tee und Dinner sang und spielte sie oft für Freunde oder erfreute sie mit einer effektvollen Rezitation eines Lieblingsgedichts. Ländliche Beschäftigungen waren ganz nach ihrem Geschmack, niemand ging lieber querfeldein spazieren als Prinzessin Mary. (...)«[23]

Mary Adelaide verbringt neben ihrem 18. Geburtstag wieder das Weihnachtsfest und den Jahreswechsel bei ihrer Schwester. Diesmal bleiben die Cambridges jedoch länger, um die kurze Neustrelitzer Saison zu erleben. Die Wochen in der Residenzstadt sind für Mary Adelaide mit vielerlei Aktivitäten ausgefüllt: »(...) mein Geburtstag brachte mir einen Haufen reizender Geschenke und Gratulationsbriefe, und als ich dabei war, sie zu beantworten, bat mich meine Tante, ihr für mein Portrait zu sitzen,[24] danach kamen die Vorbereitungen für das Weihnachtsfest

Prinzessin Mary Adelaide of Cambridge, Stich um 1866

und zuletzt (…) der Karneval, der mit einem Hofball am 1. Januar begann. Die Saison hier ist kurz, aber brillant, wie auch immer, die Bälle waren für mich ermüdend, da wir schauspielerten, und ich musste die Rolle eines Mädchens in einem entzückenden Stück namens ›Der Gemahl an der Wand‹ übernehmen, und ich offenbarte einen gewissen Grad an Talent, so dass ich nicht mehr daran zweifle, dass ich mein Brot damit verdienen könnte, wenn eines Tages alles drunter und drüber gehen sollte! Davon abgesehen, und um den guten alten Großherzog zu erfreuen (…), beteiligte ich mich an der Aufführung eines großen Musikstücks auf vier Klavieren, ein Potpourri verschiedener Opern, und wir spielten es in einem großen Konzert zur allgemeinen Zufriedenheit der Zuhörer. Das erforderte natürlich viel Übung und einige Proben bis zum ereignisreichen Abend, und Sie können sich vorstellen, wie nervös und besorgt ich war. (…)«[25] Die »Neustrelitzer Zeitung« berichtet in ihrer Ausgabe vom 23. Januar 1852 von weiteren Festlichkeiten in der Stadt. So feiert die Großherzogin Marie von Mecklenburg-Strelitz am 22. Januar 1852 mit großem Pomp ihren Geburtstag, dem sich am Abend ein glanzvoller Ball anschließt. Auf der Gästeliste stehen neben dem Prinzen Moritz von Sachsen-Altenburg auch Mary Adelaide und ihre Mutter.[26]

Nach diesen ereignisreichen Tagen besteigen die Duchess of Cambridge und Prinzessin Mary Adelaide am 12. Februar 1852 eine Kutsche, die sie zunächst in ihre alte Heimat Hannover bringt. Auch dieser Umstand ist der »Neustrelitzer Zeitung« eine größere Meldung wert, deren Inhalt sich jedoch weitgehend aus Spekulationen um die Zukunft von George of Cambridge, Mary Adelaides Bruder, zusammensetzt.[27]

In den darauffolgenden Jahren scheint die alljährliche Londoner Saison auf Mary Adelaide wohl einen größeren Reiz ausgeübt zu haben, denn bis zum Jahr 1864 führen sie ihre Wege nicht mehr nach Neustrelitz. Die Prinzessin und ihre Mutter sind als charmante Gastgeberinnen im Cambridge Cottage in Kew bekannt und werden viel und gern in der Londoner Gesellschaft gesehen. Zudem ist Mary Adelaide ins heiratsfähige Alter gekommen, was allerdings die britische Königsfamilie vor große Probleme stellt. Wer bitte sollte Gefallen an einer jungen Frau finden, die von einem amerikanischen Minister am Hofe bereits 1857 als »sehr fette, sehr untersetzte und sehr stolze junge Lady, die mindestens 250 Pfund wiegen müsse« beschrieben wurde?[28]

Für andere ist Mary Adelaide ein »Berg von einem Mädel« und man bewundert die jungen Offiziere, die die trotz ihrer Pfunde leichtfüßige Prinzessin beim Tanz in die Höhe stemmen können. Bei einem Ball führt die Leibesfülle der jungen Frau jedoch dazu, dass eine Dame der Gesellschaft durch eine Kollision mit der Prinzessin auf der Tanzfläche geradewegs niedergestreckt wird.[29] Längst hat die Prinzessin in der Londoner Gesellschaft den Spitznamen »Fat Mary« erhalten, während Queen Victoria in ihren Briefen immer von der »armen Mary« spricht. Dennoch ist Mary Adelaide eines der bekanntesten Mitglieder der britischen Royals und wird auch vom Volk innig geliebt. Nur von einem Ehemann, von dem man das gleiche sagen könnte, fehlt weit und breit jede Spur. Die Prinzessin muss zusehen, wie ihre zahlreichen Freundinnen eine nach der anderen in den Stand der Ehe treten. Es scheint ihr jedoch nichts auszumachen, auch wenn sie 1853 in einem Brief an einen Freund anmerkt: »Wie du siehst, werde ich bald eine alte Jungfer sein.«[30] Zwar sind immer mal wieder noble Kandidaten wie Prinz Oskar von Schweden, der König von Sardinien, diverse deutsche und französische Prinzen oder gar der verwitwete Großherzog von Mecklenburg-Schwerin[31] im Gespräch, aber Mary Adelaide bleibt weiterhin ledig und flirtet lieber unverbindlich auf den zahlreichen Bällen. Obwohl sie weiß, dass ihre Rundungen sicher viele Herren abschrecken, will sie die Bedingungen diktieren. Für sie steht fest, dass echte Liebe im Spiel sein muss und keine Staatsräson. Das ist einfacher gesagt als getan, denn als gebürtige Prinzessin von Großbritannien, Irland und Hannover und Cousine von Queen Victoria ist sie eine hochrangige Adlige, der man es nie gestatten würde, einen kleinen Landlord oder gar einen Bürgerlichen zu heiraten. Hinzu kommt, dass Mary Adelaide England nicht verlassen möchte. Das langweilige Leben an einem kleinen, engen, deutschen Fürstenhof wäre ohnehin nichts für die quirlige »Fat Mary«. Also geht Mary Adelaide mit heiterem Sinn weiter durch das Leben und bereitet sich auf den Stand einer alten Jungfer vor. Da sie unzählige Freunde hat, über vielfältige Interessen verfügt und diesen begeistert nachgeht, fehlt ihr nichts. Die Tage sind ausgefüllt mit Musik, Büchern, Theateraufführungen, Gesellschaften, Reisen und karitativem Engagement. Da ihre Schwester Augusta Caroline und deren Mann Friedrich Wilhelm fast jedes Jahr gleich für Monate nach England reisen und auch ihren kleinen Thronfolger Adolf Friedrich mitbringen, kann man viele erholsame und lustige Stunden im Familienkreis verbringen. Vielleicht hat man im Sommer 1864 bei einem dieser Treffen vereinbart, dass Mary Adelaide der Residenzstadt Neustrelitz wieder einmal einen Besuch abstatten soll.

Die Prinzessin kommt, aber nicht allein. Am 3. September 1864 trifft sie in Begleitung ihres Bruders George of Cambridge in der Residenzstadt ein. Die Neustrelitzer werden der Kutsche mit den hohen Herrschaften abermals neugierig nachgeblickt haben. In den Zeitungen kann man schließlich viel über den zweiten Duke of Cambridge lesen, so von seiner Teilnahme am Krimkrieg oder über seinen Aufstieg zum Feldmarschall. Aber auch das Wiedersehen mit der in England sehr populären Schwester der – nunmehr Großherzogin – Augusta Caroline verspricht, interessant zu werden. Als Mary Adelaide auf dem Schlosshof der Kutsche entsteigt, ächzt das Gefährt hörbar. Auf einer Fotografie aus dem Jahr 1860, die in der National Portrait Gallery London zu finden ist, präsentiert sich eine selbstbewusste Dame, die durch die Krinoline und die gebauschten Verzierungen ihres Rockes noch stattlicher wirkt als sie ohnehin schon ist. Unter ihrem modischen Hut trägt sie das helle Haar aufgesteckt, das runde Gesicht mit dem Doppelkinn wirkt frisch.

Prinzessin Mary Adelaide (Mitte, mit Buch in der Hand) reiste als Verwandte des Hauses Hessen-Kassel regelmäßig zu den traditionellen Rumpenheimer Familientagen. In den 1850er Jahren nahmen an diesen Treffen auch Erbgroßherzog Friedrich Wilhelm von Mecklenburg-Strelitz (Mitte, mit hellem Zylinder), George Duke of Cambridge (rechts neben dem Erbgroßherzog) und Erbgroßherzogin Augusta Caroline von Mecklenburg-Strelitz (hinten rechts) teil. Zudem ließ sich die dänische Verwandtschaft regelmäßig in Rumpenheim blicken. Vor dem Duke of Cambridge sitzt hier zum Beispiel Prinzessin Alexandra von Dänemark, die spätere Gemahlin des britischen Königs Edward VII.

Mary Adelaide ist von Kindesbeinen an eine emsige Tagebuchschreiberin, geht dieser Leidenschaft jedoch ab März 1863 für einen längeren Zeitraum nicht nach. Daher liegen die Ereignisse des Neustrelitzer Besuches im Jahr 1864 im Dunkeln, können jedoch durch verschiedene Spuren zumindest ansatzweise rekonstruiert werden.[32] Fest steht, dass der Duke of Cambridge die Residenzstadt am 12. September 1864 wieder verlässt und sich Mary Adelaide, Großherzog Friedrich Wilhelm und Großherzogin Augusta Caroline zwei Tage später gemeinsam in die Schweiz begeben. Während der Großherzog am 6. Oktober 1864 zurückkehrt, genießen die beiden Schwestern ihre Zweisamkeit und erreichen Neustrelitz erst am 14. Oktober 1864. Vom 13. bis zum

16. November 1864 weilen das Großherzogspaar und die Prinzessin in Neubrandenburg. Vielleicht sind sie bei dieser Gelegenheit auch auf das Schloss Hohenzieritz gefahren, da sich Mary Adelaide im Jahr 1864 auf einer Autographentür verewigt.[33] Ihre stattlichen Pfunde verteilen sich zu dieser Zeit auf 1,73 Meter. Vom 17. bis zum 20. November 1864 reisen die drei nach Remplin, wohl, um der dort lebenden Verwandtschaft einen Besuch abzustatten.[34] Mary Adelaide verbringt ihren Geburtstag, das Weihnachtsfest und den Jahreswechsel in Neustrelitz. Erst am 1. März 1865 verlässt sie die Residenzstadt.

Doch die Neustrelitzer sehen sie und ihre Mutter bereits im Oktober 1865 wieder. Die beiden englischen Damen reisen zur Konfirmation des Mecklenburg-Strelitzer Thronfolgers Adolf Friedrich an. Bei diesem Aufenthalt dürfte Mary Adelaide die Bekanntschaft des Fürsten Hugo zu Windisch-Grätz gemacht haben, eines glühenden Karl-May-Verehrers, der gleich nach dem Familienfest für zwei Tage im Schloss logiert.[35] Die Duchess of Cambridge lässt ihre nunmehr 32-jährige Tochter am 11. Dezember 1865 bei Schwager und Schwester in Neustrelitz zurück. Mary Adelaide hat es diesmal auch nicht eilig, nach London zurückzukommen. Sie besteigt erst am 20. Februar 1866 eine Kutsche, die sie aus der Residenzstadt bringt.

Was mag der Grund für diesen langen Aufenthalt ohne die Frau Mama gewesen sein? Ob die Familie Cambridge gemeinsam mit der Queen und anderen Verwandten etwas ausheckte? Denn Mary Adelaide wird gleich nach ihrer Rückkehr nach London in den ersten Märztagen des Jahres 1866 bei einem Dinner ihrer Mutter im St. James Palace sprichwörtlich vom Liebesblitz getroffen. Vor ihr steht Franz von Teck, ein Spross des Herzogs Alexander von Württemberg und der ungarischen Gräfin Claudine Rhédey von Kis-Rhéde. Er sieht schmuck aus, ist aber nicht ganz standesgemäß. Da er nur einer morganatischen Ehe entsprungen ist, hat er keinerlei Thronfolgerechte, geschweige denn ein gutes Einkommen. Zudem ist er vier Jahre jünger als Mary Adelaide. Aber er hat einen Titel und trägt zumindest etwas königliches Blut in sich. Man spricht von Liebe auf den ersten Blick auf beiden Seiten, dennoch beschleicht den geneigten

Betrachter der Gedanke, dass die königliche Familie dem Glück etwas auf die Sprünge geholfen haben könnte. Dafür spricht, dass der Prince und die Princess of Wales, die den jungen Mann bereits im Herbst 1864 bei einem Aufenthalt beim König von Hannover kennen gelernt hatten, ihn kurz darauf zu sich nach Sandringham einluden. Auch im Jahr 1865 hielt sich Franz von Teck mehrere Wochen in London auf. Da Mary Adelaide ein gern gesehener Gast auf den Londoner Bällen und Gesellschaften ist, ist es wohl eher unwahrscheinlich, dass er die Prinzessin nicht schon vorher kannte oder sie auf einer Veranstaltung übersehen haben sollte. Zudem hat Queen Victoria, trotz ihrer Aversionen gegen die Familie Cambridge, schon in früheren Jahren einen Narren an Mary Adelaide gefressen und zeigt immer wieder Mitleid mit der »alten Jungfer«. So geschickt, wie sie die Ehen ihrer Kinder einfädelte, sollte es nicht verwundern, wenn sie in dieser Angelegenheit ihre Finger nicht ein wenig mit im Spiel gehabt hätte. Aber auch die Familie Cambridge wird an der Verbindung nicht ganz unschuldig gewesen sein, wie einige Briefe der Großherzogin Augusta Caroline an ihren Bruder George aus den ersten Monaten des Jahres 1866 nahe legen.[36]

Wie dem auch sei, der junge Mann aus Württemberg lässt wenig Zeit verstreichen und macht Prinzessin Mary Adelaide schon am 7. April 1866 in den Gärten von Kew einen Heiratsantrag. Begeistert stimmt sie zu. Franz von Teck hat es ihr sichtlich angetan, er ist gutaussehend und galant, teilt ihre Interessen, hat ebenso wenig Einkommen wie sie und ist vielleicht ihre letzte Chance, einen Ehemann nach ihrem Gusto zu bekommen. Schon wenige Tage nach dem Antrag besuchen Mary Adelaide, Franz und die Duchess of Cambridge den Prince und die Princess of Wales auf Sandringham. Zufällig wird bei dieser Gelegenheit gleich dort die Verlobung bekannt gegeben.

Nun geht alles schnell. Die Aussteuer wird zusammengestellt und am 12. Juni 1866 schreiten Mary Adelaide of Cambridge und Franz von Teck zum Altar. Da die Braut den Wunsch geäußert hat, in Kew zu heiraten, findet man an diesem Tag Queen Victoria und ihre Kinder Arthur, Helena und Louise, den Prince und die Princess of Wales, den Duke of Edinburgh, den dänischen Kronprinzen und

Prinzessin Mary Adelaide und Franz von Teck bei ihrer Hochzeit in Kew

die gesamte Mecklenburg-Strelitzer Großherzogsfamilie einschließlich der Großherzoginwitwe Marie und ihrer Tochter Caroline[37] in der Kirche St. Anne. Die glückliche Braut wird am Arm ihres Bruders George of Cambridge in das Gotteshaus geführt und wie es sich für eine königliche Prinzessin gehört, wird die Trauung vom Erzbischof von Canterbury vorgenommen. Im Alter von fast 33 Jahren ist Mary Adelaide of Cambridge nun endlich unter der Haube und darf sich jetzt Her Royal Highness, Princess Mary Adelaide, Fürstin von Teck nennen. Ihr Mann steht trotz der Hochzeit im Rang unter ihr. Bei der Queen haben die Prinzessin und ihre Mutter mit ihrer Anfrage um Standeserhöhung auf Granit gebissen.

Das Glück der Jungvermählten währt zunächst nur kurz. Erst reist das Mecklenburg-Strelitzer Großherzogspaar überstürzt ab, da der deutsche Krieg ausgebrochen ist, dann begibt sich das junge Ehepaar nach Stuttgart, wo Franz von Teck seine Gattin bei seinen Verwandten zurücklässt und nach Wien weiterreist, wo er dem österreichischen Kaiser seine Dienste anbieten will. Ihrer Schwester Augusta Caroline vermeldet Mary Adelaide nach einiger Zeit, dass sie wieder mit ihrem Gemahl vereint sei. Die Großherzogin schreibt am 20. Juli 1866 besorgt an Ellinor Dalrymple:[38] »Wien mag eines Tages in Feindeshand fallen und was dann aus Mary wird, weiß ich nicht!«[39] Die Duchess of Cambridge kann der Freundin ihrer Tochter zumindest im September mitteilen, dass sie von allen Seiten gehört habe, dass es Mary Adelaide in Wien gut gehe und dass sie glücklich sei. Die Briefe der Tochter seien jedoch immer recht kurz, so dass sie nichts Näheres wisse. Mary Adelaide wird jedoch am letzten Tag des Jahres 1866 ihrer Freundin

Ellinor selbst mitteilen, was sie erlebt hat, und das klingt angesichts der Ängste ihrer Schwester recht harmlos. Die frischgebackene Fürstin von Teck hat die Familie ihres Mannes näher kennen gelernt und zudem mehrere Wochen in Wien, in der Steiermark sowie auf Schloss Rumpenheim verbracht. Es folgten Besuche in Brüssel und Paris. Am 28. November 1866 kann Mary Adelaide wieder englischen Boden betreten. Sie und ihr Gatte dürfen nun in den Kensington Palace ziehen und erhalten von der Queen das Landhaus White Lodge. Das einzige Einkommen des Paares sind die 5000 Pfund Apanage, die Mary Adelaide als königliche Prinzessin jährlich erhält. Hin und wieder steckt die Duchess of Cambridge den Jungvermählten noch etwas zu.

Bei ihrer Rückkehr nach England ist Mary Adelaide bereits schwanger, ein großes Risiko für eine Frau ihres Alters und ihres Gewichts. Doch alles geht erstaunlich gut.

Am 26. Mai 1867 bringt sie im Beisein ihrer Schwester Augusta Caroline eine Tochter zur Welt. Die Kleine erhält nicht weniger als acht Vornamen, wird aber der Öffentlichkeit mit den ersten beiden, Victoria Mary, vorgestellt. Im Familienkreis ruft man das Kind nach seinem Geburtsmonat einfach nur »May«. Queen Victoria meint Monate später in einem Brief, dass das Baby sicherlich ganz hübsch werden wird, und merkt an, dass es eine Freude sei, Mary Adelaide so glücklich zu sehen. Mit einer Sache kann die Queen jedoch nicht hinter dem Berg halten: »Aber ihre Leibesfülle ist beängstigend! Es ist wirklich ein Unglück!«[40]

Mary Adelaide schwelgt währenddessen in Mutterfreuden. Ein Jahr später, am 13. August 1868, kommt der erste Sohn Adolphus zur Welt. Am 9. Januar 1870 folgt mit Francis ein weiterer Sohn. Als die Kleinen aus dem Gröbsten heraus sind, tritt Mary Adelaide in Begleitung ihrer drei Sprösslinge eine Reise durch Deutschland an.

Am 12. Oktober 1871 fahren wieder Kutschen vor dem Neustrelitzer Residenzschloss vor. Dem ersten Gefährt entsteigt diesmal eine Matrone. Die National Portrait Gallery London besitzt eine Fotografie aus dem Jahr 1871, die Mary Adelaide mit ihrem Sohn Francis zeigt. Darauf schenkt die Adlige dem Betrachter einen selbstbewussten

Blick, der mütterliche Stolz ist ihr deutlich anzusehen. Ihr volles Haar trägt sie nun geflochten und am Oberkopf zum Kranz aufgesteckt. Noch immer sieht sie sehr wohlgenährt aus, ihre Leibesfülle wird durch die weiten Röcke mehr betont als verborgen. Den anderen Kutschen entsteigen die Kinder und einige Bedienstete, die sich um das Wohl der Kleinen kümmern. Auf dem Schlossplatz werden die Reisenden von einer Kapelle mit einem schmetternden »God save the Queen« begrüßt. Dann geleitet man die kleine Gruppe in den Thronsaal des Schlosses, wo sich die Angehörigen des Hofes in großem Staat versammelt haben. Auf einem kleinen Podest sitzt das Großherzogspaar. Als Großherzogin Augusta Caroline ihre Schwester Mary Adelaide sieht, eilt sie auf die kleine Reisegesellschaft zu. Nach Monaten der Trennung fallen sich die beiden Schwestern weinend in die Arme. Zwei Tage später wird sich dieses Spektakel beim Eintreffen der Duchess of Cambridge wiederholen.

Mary Adelaide führt wieder Tagebuch. Darin beschreibt sie, wie sie zum Tee nach Hohenzieritz gereist ist und welche Aufführungen am Neustrelitzer Theater sie so angerührt haben, dass sie sich »die Augen ausweinen« musste. Ebenso schildert sie ihre Spazierfahrten durch die Bürgerhorst und den Tiergarten sowie Spaziergänge mit der Schwester in der Schlosskoppel. Am 21. November 1871 hängen Mary Adelaide und ihre Kinder an den Fenstern des Schlosses, um einen Schnellläufer aus Hamburg zu beobachten, der innerhalb von 20 Minuten alle Straßen der Stadt durchqueren will. Drei Tage später wird die gute Stimmung jedoch erstmals getrübt. Augusta Caroline bringt schlechte Neuigkeiten. Der Mecklenburg-Strelitzer Major Gagern ist vom Pferd gefallen und zu Tode gekommen, ein unersetzlicher Verlust für den Großherzog: »(...) der Kummer hatte ihn furchtbar übermannt, und er war ruhrend in seinem Schmerz; ich heulte natürlich mit, und er behielt mich eine Stunde bei sich.«[41] Auch aus England ist nichts Gutes zu hören. Der Prince of Wales hat sich zu dieser Zeit mit Typhusfieber auf das Krankenlager begeben.

Doch Mary Adelaide ist eine Frohnatur. Trotz der Sorgen schreibt sie am 27. November 1871 optimistisch in ihr Tagebuch:

»Aufgewacht in einem neuen Lebensjahr! Und ich betete, dass Gott mich und alle meine Lieben auf ihrem Weg mit seinen besten und ausgewählten Gaben segnen möge – mit Glück, Gesundheit, Freude, Zufriedenheit, Frieden! Und dass ich nicht auf meine Lieben verzichten muss, in den Jahren, die da kommen, und dass er mir helfe, meine Fehler (…) zu überwinden (…) Las Francis[42] lieben Brief und erfreute mich am Anblick unserer drei Lieblinge, jeder mit einem Strauß Veilchen. (…) Dann kamen Girdie und Brand mit Gaben. (…) Das Frühstück war vorbei, der Wandschirm, der meinen Gabentisch verdeckte, wurde fortgenommen, und ich erblickte (…) eine entzückende Ausstellung von (…) Geschenken. Dann kamen alle Hofdamen zur Gratulation, danach eilte ich in Fritz‹ Zimmer und erhielt von ihm einige hübsche cadeaux. Ich ließ ihn bei seinem Frühstück und ging in Mamas Zimmer, Gussy kam dazu, und wir verfolgten aus der Ferne Gagerns Trauerzug, dem das ganze Militär und die halbe Stadt folgten. (…) In lila Satin gekleidet zum Essen im unteren Speisezimmer, zu dem auch Fritz erschien. (…) Hatte Besuch (…) und las meine Geburtstagsbriefe. Dann wechselte ich mein Kleid, trug nun eine blaue, tief ausgeschnittene Robe, zu Ehren der soiree musicale meiner Schwester in ihren Gemächern. Alle meine alten Freunde in Strelitz waren eingeladen und wir zählten 38 Personen. Das Musikzimmer und das Boudoir waren herrlich erleuchtet. Schubert und Vivi sangen nach dem Tee Soli und Duette, und Gussy gesellte sich zu einem Trio dazu. Dann kamen Eis und Punsch, alle tranken auf meine Gesundheit, und um 12 war alles vorbei.«[43] Da die

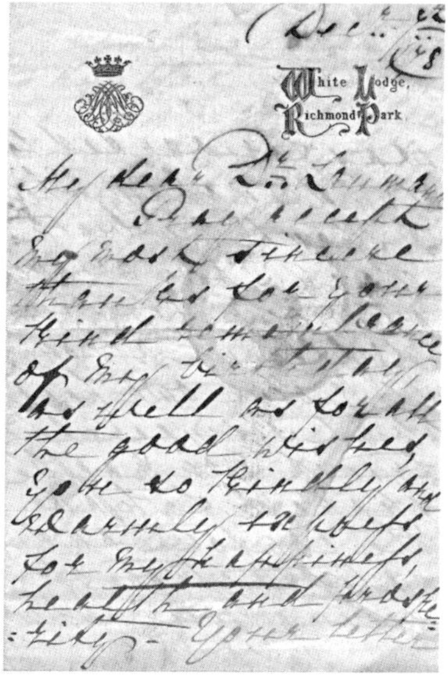
White Lodge,
Richmond Park

Ein Brief aus White Lodge an einen befreundeten Arzt aus dem Jahr 1878

Nachrichten über den Zustand des Prince of Wales positiv sind, wird in Neustrelitz in den nächsten Tagen munter weitergefeiert.

»Fuhr mit Fritz und Mama zum Palais, wo man zu Ehren meines Geburtstages eine Überraschung vorbereitet hatte. Es begann mit vier tableaux, die Glaube (Ducke, schön), Hoffnung, Wohltätigkeit (Gussy mit den drei Küken)[44] repräsentierten und einer Allegorie, mein ›M‹, das von May als Rose, Dolly[45] als Distel und Baby als Kleeblatt gehalten wurde. Eine entzückende Idee und herrlich ausgeführt. Dem folgten zwei sehr hübsche Stücke, das zweite ein ganz deliziöses Liederspiel ›Ein moderner Barbar‹ und ›Bleib bei mir‹. (...) Das Ganze war bezaubernd. Zu Hause um eins, nach einem ausgelassenen Tee und Essen.«[46]

Ab dem 8. Dezember 1871 verschwendet keiner der Schlossbewohner mehr einen Gedanken an solche Lustbarkeiten. Der Prince of Wales hat einen Rückfall erlitten und diesmal bangt man um sein Leben. Auch die drei royalen Damen sind äußerst besorgt und warten sehnsüchtig auf die Telegramme, die regelmäßig aus Sandringham eintreffen. Tagelang herrschen Trauer und Schmerz im Residenzschloss. Mary Adelaide versucht, sich durch einen Spaziergang zum Marktplatz von ihrem Kummer abzulenken, während die Duchess of Cambridge eine Schlittenfahrt unternimmt. Erst am 14. Dezember 1871 erreichen sie bessere Nachrichten aus England. Der Prince of Wales hat das Schlimmste überstanden. Mary Adelaide kann zudem ihren Gatten Franz von Teck in die Arme schließen, der am 19. Dezember 1871 erstmals nach Neustrelitz kommt. Er darf sich seit wenigen Monaten endlich Herzog von Teck nennen, da man ihm bei einem Besuch in Stuttgart pro forma diesen Titel angetragen hat. Einem glücklichen Weihnachtsfest steht nun nichts mehr im Weg.

»(...) Die glückliche Genesung unseres geliebten Prinzen (...) hat unser Weihnachtsfest noch erfreulicher als sonst gemacht, und es war in der Tat eine Erleichterung, nach all den ermüdenden Wochen des Elends leichten Herzens an der Freude der Kinder über ihre Spielzeuge und Weihnachtsbäume teilhaben zu können (...)«,[47] schreibt Mary Adelaide in einem Brief. Das neue Jahr 1872 beginnt für die Tecks jedoch nicht gut. »Kaum waren die Neujahrs-fétes und Vergnügungen vorbei, und wir bereiteten uns auf die Feier zweier Familiengeburtstage vor, als unser ältester Junge an etwas erkrankte, dass sich letzten Endes als Scharlachfieber herausstellte, wir anderen wurden in rascher Folge Opfer der Krankheit. Zum Glück kam Francis davon, obwohl er sich um die Kinder kümmerte (...) und ich hatte keinen weiter, der sich um mich kümmern konnte, nur noch zwei Kindermädchen.«[48]

Durch die Rekonvaleszenz verzögert sich der Aufenthalt der gesamten Familie Teck bis zum 25. April 1872. Mary Adelaide kann dieser Situation dennoch viel abgewinnen: »(...) wäre es nicht so ein Anlass gewesen, so hätten wir uns alle gefreut, den Frühling in Strelitz zu verbringen; da ich zu dieser besonderen Zeit des Jahres nie einen anderen Ort so angenehm erlebt habe. Die Luft ist nach dem harten Winter so herrlich weich, Frühlingsblumen aller Art blühen im Garten und in den wunderschönen Wäldern im Überfluss, und der Ort ist erfüllt von den Gesängen der Nachtigallen!«[49]

Anschließend geht für die Familie Teck das gewohnte Leben in England weiter. Bälle, Empfänge, Vergnügungen auf dem Land, Reisen und gemeinsame Zeit en famille bestimmen die Tage, bis ein Schicksalsschlag Mary Adelaide nach Neustrelitz zurückruft. Die Duchess of Cambridge, die bei ihrer Tochter Augusta Caroline weilt, hat sich Mitte November 1873 bei einer Ausfahrt im offenen Wagen zunächst eine Erkältung zugezogen. Doch dann kommt es noch schlimmer: »(...) beim Essen wurde sie von einem starken Schwindel ergriffen, gepaart mit Taubheit in den Gliedern, besonders in der linken Hand, im Arm und im Bein. Der Kopf war, Gott sei Dank, zu keiner Zeit betroffen. Da man keine Möglichkeit hatte, sie herauf zu tragen, und ihr so schwindelig war, dass sie nicht laufen konnte, legte man sie in einem kleinen Durchgangszimmer im Erdgeschoss in ein Bett. (...) Dort lag Mama drei Wochen lang. (...)«[50]

Am 6. Dezember 1873 kündigt daher kein lautes »God save the Queen« die Ankunft Mary Adelaides und ihrer Familie an. Die Schwester von Großherzogin Augusta Caroline und ihr Gatte haben diesmal keinen Sinn für Etikette. Das Paar wird wieder von seinen

Mary Adelaide und ihre Kinder Victoria Mary (später Queen Mary), Adolphus (später Duke of Teck bzw. Marquess of Cambridge) und Francis

drei Sprösslingen begleitet, die von der beschwerlichen Reise durch Schnee und Eis sicher sehr erschöpft sind. Mary Adelaide ist zudem zum vierten Mal schwanger, das Kind soll im Frühjahr zur Welt kommen. Daher führt man die Familie schnell ins Schloss. Man beschließt, die Besucher erst am nächsten Morgen zur Duchess of Cambridge zu führen, da man es für besser hält, die alte Dame nicht in ihrer wohltuenden Nachtruhe zu stören. Laut einem Brief an einen Freund vom Januar 1874 läuft Mary Adelaide am nächsten Morgen zu ihrer Mutter, die noch immer in dem Durchgangszimmer im Erdgeschoss liegt. »(...) Ich fand sie fast unverändert vor, nur blasser als gewöhnlich und noch sehr schwach, sie war nur in der Lage, sich täglich etwa eine Stunde oder so aufzusetzen. Mamas große Freude, uns und die Kinder um sich zu haben (...) war rührend anzusehen und oh! wie erfreulich und herzzerreißend! Mir wurde versichert, dass sie ihre beste Nacht gleich nach unserer Ankunft verbrachte, die sie sehnsüchtig erwartet hatte. (...)«[51]

Schon ein paar Tage später bettet man die Duchess of Cambridge wieder in ihre eigenen Gemächer um und Mary Adelaide beteiligt sich an der Pflege der Mutter. Von nun an tritt sichtlich Besserung ein. »(...) sie schien mich gern um sich zu haben, da ich sie mit meinen Berichten aus Wien amüsieren konnte und wirklich viel zu erzählen hatte. Allmählich legten wir sie während des Tags auf ihr Sofa, dann in ihr Wohnzimmer, und am Weihnachtstag fuhren wir sie in einen angrenzenden Raum, wo ihr Lichterbaum und ihr Gabentisch standen, sie gab uns ihre Weihnachtspäckchen schon vorher. Das war ein großer Fortschritt und eine große Freude für uns alle, obwohl wir sie im Weihnachtszimmer schmerzlich vermissten, wo acht große Bäume und unzählige Tische voll mit Geschenken standen und das erfüllt war von den lieblichen Stimmen der Küken,[52] die sich sehr freuten.«[53] Bald darauf erscheint die Duchess of Cambridge erstmals wieder en toilette im großen Salon und übt täglich das Laufen, was ihr im Januar 1874 unter anderem mithilfe eines Stockes wieder gut gelingt. Auch empfängt sie nach und nach alte Freunde und nimmt an musikalischen Soireen im Schloss teil. Mary Adelaide und ihre Schwester Augusta

Caroline sind ob dieser Entwicklung hoffnungsvoll. »Wir können uns deshalb fügen und voller Hoffnung auf den (…) Frühling schauen, der so Gott will, unserer geliebten Kranken wieder neue Kraft und Gesundheit bringen wird.«[54] Doch Mary Adelaide macht sich auch Sorgen, da sie weiß, dass sie spätestens Anfang März nach England zurückkehren und ihre Mutter in Neustrelitz zurücklassen muss. »Der Abschied von uns allen wird furchtbar werden, umso mehr, da Wochen, fast Monate vergehen werden, bis sie hoffentlich in der Lage ist, die Rückreise nach England anzutreten.«[55] Mary Adelaide, Franz von Teck und die Kinder reisen am 7. März 1874 nach London zurück. Am 14. April 1874 wird der vierte Sprössling des Paares, Alexander, im Kensington Palace geboren.

Die Duchess of Cambridge kann erst am 22. Juni 1874 die Heimreise antreten. Sie wird Neustrelitz nie wiedersehen.[56]

Im Jahr 1876 treffen die Familie in Neustrelitz grausame Schicksalsschläge. Mary Adelaides Tante, die Großherzogin-Mutter Marie von Mecklenburg-Strelitz, muss den Tod gleich zweier Kinder verkraften. Am 1. Juni 1876 stirbt Herzogin Caroline, die geschiedene Kronprinzessin von Dänemark, am 20. Juni 1876 Herzog Georg, der die russische Linie der Familie begründet hat. Die alte Großherzoginmutter zieht sich daraufhin zurück, vermutlich nach Remplin zu ihrer Schwiegertochter, der gebürtigen Großfürstin Katharina Michailowna Romanowa. Am 6. November 1876 kehrt Marie von Mecklenburg-Strelitz nach mehrmonatiger Abwesenheit nach Neustrelitz zurück, dies aber nicht allein. Laut Zeitungsberichten wird sie von ihrer englischen Nichte Mary Adelaide begleitet.[57] Der Kutsche auf dem Neustrelitzer Schlosshof entsteigt diesmal eine gereifte Herzogin von Teck. Mary Adelaide ist jetzt 42 Jahre alt und immer noch sehr füllig. Doch schon am 11. November 1876 reist sie überstürzt ab. Die Ärzte ihrer Mutter haben schlechte Nachrichten aus London geschickt. Rippenfellentzündung! Die Duchess of Cambridge hat sich von dem Schlaganfall in Neustrelitz noch nicht vollständig erholt und wird es auch nie wieder. Zum Glück bestätigt sich die Diagnose der Ärzte in England nicht. Mary Adelaide und auch ihr Bruder George pflegen die Mutter liebevoll.

Nach Neustrelitz verschlägt es die Herzogin von Teck nach diesem kurzen Besuch 1876 anscheinend nicht mehr.[58] Mary Adelaide kümmert sich um Mutter und Kinder, nimmt ihre gesellschaftlichen Verpflichtungen wahr, pflegt ihren exquisiten Geschmack und lebt somit über ihre Verhältnisse. Die Schulden wachsen ins Unermessliche, doch Queen Victoria lässt sich trotz flehentlicher Bitten nicht erweichen und schenkt der Cousine keinen einzigen Penny. Die Gläubiger geben jedoch keine Ruhe.

Mary Adelaide und ihr Mann sehen sich daher gezwungen, England für eine Weile zu verlassen, damit vielleicht etwas Gras über die Sache wachsen kann. Im September 1883 geht die Familie nach Florenz, lebt zwischendurch in Österreich und in der Schweiz, besucht Verwandte in Württemberg und kehrt erst im Mai 1885 nach England zurück. Dort residieren die Tecks im Landhaus White Lodge und nehmen langsam wieder ihren Platz in der Londoner Gesellschaft ein.

Die nächsten Jahre bringen weitere Sorgen. Die Duchess of Cambridge ist inzwischen eine greise Dame, die nicht mehr gut zu Fuß ist und nach und nach ihre Kräfte verliert. Am 6. April 1889 stirbt sie im Alter von über 90 Jahren – ganz allein. Während sich ihr Sohn George zu dieser Zeit in Irland aufhält, stellt ihre älteste Tochter Augusta Caroline wieder einmal ihr in der Familie einmaliges Talent unter Beweis, grundsätzlich an einem anderen Ort zu weilen, wenn jemand aus dem engsten Familienkreis verstirbt.[59] Sie befindet sich gerade in Neustrelitz. Und Mary Adelaide? Die sitzt in White Lodge in der Badewanne, da man sie über den Ernst der Lage nicht ausreichend aufgeklärt hat. Zur Beerdigung kündigt sich ausnahmsweise sogar Queen Victoria an.

Die Duchess of Cambridge hinterlässt ihrer einzigen Enkelin May eine kleine Summe, doch die reicht nicht, um sie für die Zukunft abzusichern. Eine Weile vor ihrem Tod hat die alte Dame bereits damit begonnen, Ausschau nach Heiratskandidaten für die fast 22-jährige Prinzessin zu halten. Auch Mary Adelaide weiß, dass sie sich mit diesem Gedanken anfreunden muss, obwohl ihr die Gesellschaft ihrer Tochter so lieb und teuer ist, dass sie die junge Frau am liebsten für

Mary Adelaide of Teck, Stich aus dem Jahr 1897

immer bei sich behalten möchte. Zudem ist sie auf Mays Hilfe angewiesen. Die besonnene und stille Tochter, das blanke Gegenteil zur quirligen Mary Adelaide, fungiert als Sekretärin, Vorleserin, ständige Begleiterin und Vermittlerin zwischen ihren Eltern. Doch auch Queen Victoria schaltet sich ein. Obwohl sie um die nicht ganz standesgemäße Herkunft Prinzessin Mays weiß, nimmt sie die junge Frau genau unter die Lupe. Victoria Mary of Teck scheint die Richtige zu sein, um mit dem labilen Charakter des präsumtiven Thronfolgers Prinz Albert Victor, dem Duke of Clarence and Avondale, umzugehen. So verwundert es nicht, dass Prinzessin May 1891 zu seiner Braut auserkoren wird. Mary Adelaide, der an dieser Verbindung viel gelegen ist, freut sich. Doch sechs Wochen nach der Verlobung stirbt der schwächliche Prinz an Grippe und Prinzessin May und ihre Familie schweben in der Luft. Queen Victoria ist jedoch so begeistert von der jungen Frau, dass sie ihre Hand dem jüngeren Bruder des Verstorbenen, Prinz George, anträgt. Im Juli 1893 heiratet das Paar. Mary Adelaide ist nun die Mutter einer zukünftigen Königin, ein Fakt, der auch bedeutend zur Verbesserung ihrer finanziellen Situation beiträgt. Ein Jahr später kann sie auch ihren ältesten Sohn Adolphus erfolgreich unter die Haube bringen.

Mary Adelaide geht in den darauffolgenden Jahren weiter viel auf Reisen und widmet sich ihren umfangreichen karitativen Aufgaben. Nach wie vor ist sie beim Volk äußerst beliebt, in der Londoner Gesellschaft bleibt sie ein gern gesehener Gast. Bald darf sie auch die Rolle der Großmutter übernehmen. Doch »Fat Mary« bekommt langsam, aber sicher das Alter zu spüren. Wegen ihrer Leibesfülle häufen sich die Beschwerden. Im Juni 1897 wird sie als eines der populärsten Mitglieder der königlichen Familie beim Diamantenen Thronjubiläum von Queen Victoria noch einmal begeistert von den Menschenmassen gefeiert. Doch im Oktober 1897 erkrankt Mary Adelaide so schwer, dass die Ärzte eine sofortige Operation für nötig erachten. Diese wird vorgenommen und scheint zunächst geglückt. Nach zwei Stunden kommt es jedoch zu Komplikationen, in deren Folge Mary Adelaide im Alter von 62 Jahren stirbt.

Im fernen Neustrelitz trauert man mit der Familie und dem englischen Volk. Wie viel Eindruck die Prinzessin von Cambridge und spätere Herzogin von Teck in Neustrelitz gemacht hat und wie beliebt und bekannt sie auch in der Residenzstadt gewesen sein muss, zeigt deutlich die Berichterstattung der »Neustrelitzer Zeitung«. Wohl kein anderer Gast der großherzoglichen Familie wurde in den mecklenburgischen Nachrichten mit einer solchen Todesanzeige und einem so detaillierten Bericht über die Umstände seines Hinscheidens bedacht.[60]

Waidmannsheil in Strelitzer Landen

König Wilhelm II. von Württemberg (1848–1921)

Am 17. Dezember 1907 kommt es auf der Chaussee in Richtung Serrahn zu einer amüsanten Begegnung, die zumindest dem Mecklenburg-Strelitzer Staatsminister Heinrich Bossart so im Gedächtnis haften bleibt, dass er sie eines Tages für die Nachwelt aufschreiben wird. Für diesen noch spätherbstlich anmutenden Tag hat der Neustrelitzer Hof eine Jagd im Wildpark angesetzt. Diesmal kann Großherzog Adolf Friedrich V. von Mecklenburg-Strelitz seiner Passion gemeinsam mit einem mehr als gleichgesinnten und zugleich recht illustren Gast frönen. Wilhelm II., seines Zeichens König von Württemberg, hat endlich die Einladung des Großherzogs angenommen und fährt nun mit dem Landesvater und dessen Sohn, Erbgroßherzog Adolf Friedrich, in einem Automobil zur Hofjagd nach Serrahn. Auf der Chaussee trifft das fürstliche Gefährt jedoch auf ein kleines Hindernis: Ein alter Bauer ist mit seiner Ehefrau auf einem Fuhrwerk unterwegs. Schweren Schrittes trottet der davor gespannte Schimmel vor sich hin. Doch die hohen Herrschaften haben es eilig, in die Wälder zu kommen. Der Chauffeur des fürstlichen Automobils lässt daher schon aus einiger Entfernung die Hupe ertönen, um sich den nötigen Platz zu verschaffen. Das reicht schon einmal, um den Gaul aus seiner Lethargie zu reißen. Als das Auto dann an dem Fuhrwerk vorbeisteuert, ist es mit der Ruhe des Tieres gänzlich vorbei. Nach einigen Kapriolen steigt der Schimmel hoch in die Luft und liegt alsdann wie tot auf der Straße. Natürlich bemerken das die hohen Herrschaften im Automobil, lassen halten und eilen dem immer noch seelenruhig auf dem Bock thronenden Bauern und seiner Frau zur Hilfe. Während Großherzog Adolf Friedrich V. mit Unterstützung seines Sohnes versucht, das Pferd mit einem beherzten Griff am Kopf aufzurichten, greift der

König von Württemberg versiert ein, um dem Gaul die Möglichkeit zu geben, aufzustehen. Der Bauer und seine Ehefrau sehen derweil den hochherrschaftlichen Bemühungen ungerührt und reglos zu. Nach einigem Hin und Her steht der Schimmel endlich wieder angeschirrt auf den Beinen. Großherzog Adolf Friedrich V., der als sehr volksnah bekannt ist und gern mal ein Schwätzchen mit seinen Untertanen hält, wendet sich daraufhin im schönsten Plattdeutsch leutselig an den Bauern und fragt ihn, ob er denn wüsste, wer seinen Gaul wieder aufgerichtet hätte. Der Alte schüttelt wortlos den Kopf. Daraufhin eröffnet Adolf Friedrich V. seinem Untertanen, dass er soeben die Hilfe eines Großherzogs, eines Erbgroßherzogs und gar eines Königs in Anspruch genommen habe. Doch damit kann der Landesvater den Bauern überhaupt nicht beeindrucken, denn dieser erwidert trocken: »Min leev Herr, de Mäuh hätten Se sick sporen künnt. Wenn sönn oll Ding (das Auto) to führen kümmt, denn fällt de Schimmel immer üm, hei steit äver nahsten alleen wedder up [Mein lieber Herr, die Mühe hätten Sie sich sparen können. Wenn so ein olles Ding (das Auto) angefahren kommt, dann fällt der Schimmel immer um, er steht aber wieder von allein auf].« Dann nickt er kurz, gibt dem Schimmel das Zeichen zur Weiterfahrt und lässt die Hoheiten einfach auf der Straße stehen.[1]

König Wilhelm II. von Württemberg auf einer alten Postkarte

Wilhelm von Württemberg, ein überaus volksnaher Monarch, hält sich nach dieser Begegnung auf der Chaussee sicher den dicken Bauch vor Lachen. Damit hat der Tag in den Strelitzer Landen bereits gut begonnen und er soll ebenso gut enden. Ein Fuchs und 98 Sauen werden zur Strecke gebracht und davon gehen allein 14 Exemplare auf das Waidmannskonto des württembergischen Königs.[2] Den Stolz des Jägers kann man deutlich auf einem Foto erkennen, das vermutlich an diesem Tag aufgenommen wurde. Der korpulente Monarch steht im Zentrum einer Gruppe von etwa 15 Personen und schultert als einziger seine Flinte. Neben ihm steht Großherzog Adolf Friedrich V. von Mecklenburg-Strelitz, dessen Lippen ein leichtes Lächeln umspielt. Am linken Bildrand findet man den damaligen Erbgroßherzog Adolf Friedrich, dessen abwesender Blick den Eindruck erweckt, als ob der junge Mann an diesem Tag lieber etwas anderes getan hätte.

Am darauffolgenden Tag ist das Wild in den Wäldern um Serrahn ebenfalls nicht vor dem König von Württemberg und dem Mecklenburg-Strelitzer Landesvater sicher. Der Erbgroßherzog ist nicht dabei, weil er an Beisetzungsfeierlichkeiten in Dresden teilnehmen muss. Diesmal begeben sich die hochherrschaftlichen Jäger jedoch nicht im Automobil, sondern im Vierspänner in den Wildpark und haben es auf Dam- und Edelwild abgesehen. Die Strecke ist abermals beachtlich: die Jagdgesellschaft, die an diesem Tag aus insgesamt zehn Personen besteht, erlegt drei Edelhirsche, zehn Schaufler, sechs Damhirsche und Spießer sowie 40 Stück Damwild. Die drei Edelhirsche gehen dabei ebenso auf das Konto des Königs wie fünf Schaufler und ein Stück Damwild.[3] Wilhelm II. von Württemberg ist als hervorragender Schütze bekannt. Kein Wunder, denn der Monarch frönt dem Jagdsport beinahe fanatisch. Fast das ganze Jahr ist fest verplant. Von August bis Oktober begibt er sich bei Friedrichshafen auf die Pirsch, von Oktober bis November veranstaltet er zahlreiche Hochwildjagden in Bebenhausen, zu denen er prominente und hochadlige Gäste einlädt, die alle drei Tage wechseln. So geht der König dort beispielsweise mit Kaiser Wilhelm II. auf die Jagd; mindestens ein Aufenthalt des Mecklenburg-Strelitzer Großherzogs Adolf Friedrich V. kann für den November 1897 nachgewiesen werden.[4] Im Dezember jagt Wilhelm II. von Württemberg dann stets in der Umgebung von Stuttgart. Und seit er 1903 die Herrschaft Carlsruhe

König Wilhelm II. von Württemberg (Mitte links mit Flinte), Großherzog Adolf Friedrich V. von Mecklenburg-Strelitz (Mitte rechts) und Erbgroßherzog Adolf Friedrich (ganz links) bei der Hofjagd in Serrahn. Diese Aufnahme stammt vermutlich vom 17. Dezember 1907.

in Schlesien geerbt hat, ist er dort alljährlich im Mai in den Wäldern anzutreffen. Die Jagd ist der größte Luxus, den sich der sonst sehr bodenständige Monarch leistet. Jährlich gibt er dafür nicht weniger als 230 000 Mark aus und nennt ab 1891 sogar ein Hofjagdamt sein eigen. Im Laufe seines Lebens soll er an die 2715 Stück Wild zur Strecke gebracht haben.[5] Eine Menge, wenn man berücksichtigt, dass die Liebe zur Jagd bei Wilhelm erst um das 40. Lebensjahr herum erwachte, da ihn seine Mutter Katharina von Württemberg lange von diesem Sport fernhielt.[6]

Nach der Jagd im Wildpark Serrahn begibt sich die Gesellschaft wieder nach Neustrelitz zurück und hält Familientafel im Carolinenpalais. Wie bei Fürstens allgemein üblich, ist auch der König von Württemberg um mehrere Ecken mit der Mecklenburg-Strelitzer Großherzogsfamilie verwandt. Vielleicht mag sich auch Großherzoginwitwe Augusta Caroline über den königlichen Gast gefreut haben, war doch ihre selige Schwester Mary Adelaide von Teck einst mit einem morganatischen Sprössling der württembergischen Familie verheiratet. Auch über die Gattinnen des Monarchen bestehen entfernte verwandtschaftliche Beziehungen – so zu den Häusern Waldeck-Pyrmont und Anhalt-Dessau. Viel Zeit zur Unterhaltung bleibt der großherzoglichen Familie am 18. Dezember 1907 jedoch nicht, da der König schon um 7 Uhr und 12 Minuten den Abendschnellzug nehmen will. Sicher wartet die nächste Jagd in der Nähe von Stuttgart. Wozu dem Monarchen noch Zeit bleibt, das sind die üblichen Ordensverleihungen an die Mecklenburg-Strelitzer Hofchargen. Dabei ist es ein offenes Geheimnis, dass der König von Württemberg diese Verleihungen nicht sonderlich schätzt und sie für überlebte Zeremonien hält. Er, der am liebsten bürgerliche Kleidung trägt und daher von manchen Untertanen auf der Straße gar nicht erkannt wird, kennt oft die Bedeutung der verliehenen Orden nicht und legt sie daher auch schon mal verkehrt herum an. Wie gut, dass es Kammerdiener, Adjutanten und in manchen Fällen gar die holde Gattin, Königin Charlotte, gibt, die dann versuchen, unauffällig behilflich zu sein und den Fauxpas zu vertuschen.[7] Bei dem Besuch in Neustrelitz erhalten Wilhelms Kammerdiener, ein Lakai und ein weiterer Diener vom Mecklenburg-Strelitzer Großherzog Verdienstmedaillen des Greifenordens, der Flügeladjutant des Königs sogar das Ritterkreuz des Greifenordens der wendischen Krone.[8] Da sich Großherzog Adolf Friedrich V. bekanntermaßen zu militärischem Gepränge hingezogen fühlt, kann man getrost davon ausgehen, dass den Württembergern die Orden diesmal richtig herum angesteckt werden.

Dieser kurze Besuch ist aber nicht der erste, den der König von Württemberg der Residenzstadt abstattet. Zwei weitere Besuche sind durch die Annalen der »Hof- und Staatshandbücher des Großherzogtums Mecklenburg-Strelitz« und Zeitungsmeldungen belegt. Demnach reist Wilhelm, damals noch Prinz von Württemberg, erstmals am 7. November 1876 nach Neustrelitz. Was ihn in den Norden verschlägt, liegt im Dunkeln. Will er vielleicht den damaligen Erbgroßherzog Adolf Friedrich besuchen? Die jungen Männer scheint einiges zu verbinden: Beide Hoheiten haben zur gleichen Zeit an der Universität Göttingen studiert und versehen zudem während des Deutsch-Französischen Krieges 1870 ihren Dienst im Hauptquartier

Der Mecklenburg-Strelitzer Großherzog Adolf Friedrich V. liebte ebenso wie der König von Württemberg die Jagd.

des preußischen Kronprinzen. Im Jahr 1871 sind die beiden Männer bei der Kaiserproklamation in Versailles zugegen. Vermutlich hat auch der mecklenburgische Erbgroßherzog in der Vergangenheit bereits einmal seine Schritte nach Stuttgart gelenkt und sich bei dieser Gelegenheit am Hof von Württemberg offiziell vorgestellt.

Braucht Wilhelm jetzt den guten Rat eines Freundes? Nachdem der Prinz in der Vergangenheit eher der romantischen Idee anhing, eine bürgerliche Braut heimzuführen, hat er nun – mit dezenter Unterstützung seiner Frau Mama – im September 1876 Prinzessin Marie zu Waldeck-Pyrmont kennen gelernt. Er ist bezaubert von der 19-jährigen, die, durch diverse schwere Krankheiten bedingt, eine für ihr Alter erstaunliche Reife erworben hat. Wilhelm von Württemberg plagen jedoch Gewissensbisse. Er ist ein sensibler Mann von 28 Jahren, der bereits Liebesleid erfahren hat und nun befürchtet, der jungen Frau nicht alles bieten zu können, was sie sich seiner Meinung nach wünscht. Dass Marie einer unbedeutenden Dynastie entstammt und über geringe Geldmittel verfügt, war dem Prinzen von Anfang an gleich. Er hätte eine Zarentochter oder eine preußische Prinzessin haben können, doch es liegt ihm fern, eine Ehe aus Staatsräson zu schließen. Auch Mama Württemberg scheint inzwischen alles recht zu sein, solange der Filius endlich standesgemäß unter die Haube kommt. Doch noch kann er sich nicht entscheiden. Spricht Wilhelm von Württemberg bei seinem ersten Neustrelitzer Besuch vielleicht mit Erbgroßherzog Adolf Friedrich über seine Seelenqualen? Dieser hat sich erst wenige Wochen zuvor mit Prinzessin Elisabeth von Anhalt verlobt. Fakt ist, dass der württembergische Prinz die Residenzstadt am 10. November 1876 wieder verlässt, um, wie es in einer Zeitungsmeldung heißt, nach Hamburg zu reisen.[9] Doch stimmt das überhaupt? In diesen Tagen begibt sich Wilhelm nachweislich auch nach Arolsen zur Familie Waldeck-Pyrmont, wo er sehr herzlich aufgenommen wird und seine Bedenken endgültig beseitigen kann. Bereits am 18. November 1876 wird die Verlobung des Paares bekanntgegeben und im Februar 1877 Hochzeit gefeiert. Der Mecklenburg-Strelitzer Erbgroßherzog führt seine Elisabeth zwei Monate später zum Altar.

Wilhelm von Württemberg wird mit Marie zu Waldeck-Pyrmont trotz seiner Bedenken vor der Eheschließung sehr glücklich. Bereits im Dezember 1877 bekommen sie ihr erstes Kind, Töchterchen Pauline, und leben zufrieden in ihrem ländlichen Refugium Marienwahl. Prinz Wilhelm entpuppt sich als Kindernarr und geht in der Erziehung der Kleinen ganz und gar auf. Im Sommer 1880 komplettiert der kleine Ulrich die familiäre Idylle. Doch diese endet jäh im gleichen Jahr. Der kleine Junge stirbt bereits im Dezember 1880 an den Folgen eines Brechdurchfalls. Dieser Schicksalsschlag ist für Wilhelm und Marie schwer zu verkraften. Als ob das nicht genug wäre, verschlechtert sich in den nächsten beiden Jahren der Gesundheitszustand von Wilhelms Frau erheblich. 1881 ist die Prinzessin wieder schwanger und bringt am 27. April 1882 nach qualvollen Stunden ein totes Mädchen zur Welt. Am 30. April 1882 schließt die völlig entkräftete, gerade einmal 24 Jahre alte Marie für immer ihre Augen. Nach fünf kurzen Ehejahren steht Prinz Wilhelm als Witwer und alleinerziehender Vater da. Der Verlust der geliebten Frau bereitet dem württembergischen Prinzen furchtbare Seelenpein. An der Beerdigung kann Wilhelm nicht teilnehmen, erst in der Nacht nimmt er mit seinem Töchterchen Abschied auf dem Friedhof. Der Kummer des Prinzen schlägt sich in den nächsten Wochen nicht nur auf die Seele, sondern auch massiv auf seinen Körper nieder. So wird darüber berichtet, dass er Lähmungserscheinungen in den Beinen sowie Sprachstörungen entwickelt habe.[10] An dem Verlust der geliebten Frau und zweier gemeinsamer Kinder wird Wilhelm von Württemberg Zeit seines Lebens tragen.

Nach Maries Tod zieht sich der Prinz zunächst für eine Weile zu seinen Schwiegereltern nach Arolsen zurück, im Sommer 1882 gibt er zudem die schon lange verhasste Position als Kommandeur der 27. Kavalleriebrigade auf. Im August und September 1882 hält sich Wilhelm dann mit seinem Töchterchen im schleswig-holsteinischen Heringsdorf auf. Auf der Rückreise führt sie ihr Weg am 19. September 1882 nach Neustrelitz. Kommt Wilhelm von Württemberg von sich aus oder folgt er vielleicht einer Einladung Adolf Friedrichs, der den guten Freund auf andere Gedanken bringen will? Wilhelm und Pauline bleiben bis zum 25. September 1882. Sicher werden die Mecklenburg-Strelitzer alles getan haben, um den trauernden Prinzen und sein Töchterchen ein wenig aufzumuntern. Nachweisbar ist ein Besuch im Schloss Hohenzieritz, da sich Wilhelm von Württemberg im Jahr 1882 an einer Autographentür verewigt hat. Zu dieser Zeit misst er fast 1,80 Meter. Auch das eine oder andere tiefgründige Gespräch wird man in den Gemächern des erbgroßherzoglichen Palais geführt haben. Bringt Adolf Friedrich, der in Göttingen Recht studiert hat, den württembergischen Prinzen wieder dazu, sich mit ebensolchen Fragen auseinanderzusetzen, um seinen Kummer ein wenig zu vergessen? Ab Herbst 1882 nimmt Wilhelm von Württemberg jedenfalls seine Studien des Rechts- und Verwaltungswesens wieder auf. Oberste Priorität hat für ihn jedoch Töchterchen Pauline. Wilhelm versucht, ihr Vater und Mutter zugleich zu sein und liebt die Kleine nahezu abgöttisch. Dennoch gibt er darauf acht, sie zu einer volksnahen und bescheidenen Prinzessin zu erziehen. So soll Pauline zu Weihnachten beispielsweise nur Naschwerk und andere Kleinigkeiten erhalten haben, und in Anekdoten wird unter anderem berichtet, dass die Prinzessin sich nicht zu schade war, einer armen Lastenträgerin die Schuhe zu binden. Wilhelm von Württemberg, der handwerklich begabt ist und schon als Kind von Handwerkern ausgebildet wurde, gibt diese Leidenschaft auch an Pauline weiter, die es später vor allem im Schreinern zu einiger Meisterschaft bringen wird.

Im Jahr 1883 kämpft sich Wilhelm von Württemberg weiter ins Leben zurück. Nach einer dreimonatigen Reise in die Schweiz kehrt der Prinz mit seinem Töchterchen nach Ludwigsburg zurück und nimmt Kontakt zu einigen Freunden auf. Ab Herbst steht sein Haus auch weiteren Gästen wieder offen. Da Wilhelm württembergischer Thronfolger ist, ist für seine Umgebung klar, dass sich der junge Mann nach Ablauf des Trauerjahres auf die Suche nach einer neuen Gattin begeben muss. Doch Wilhelm macht zunächst keine Anstalten. Wie schon bei seiner ersten Ehe lehnt er auch jetzt eine Verbindung aus Staatsräson grundlegend ab. Anfang 1886 schockt der Prinz die Öffentlichkeit und seine Familie mit der Nachricht, dass er sich mit Prinzessin Charlotte zu Schaumburg-Lippe verlobt habe. Schon wieder eine Dame aus einem unbedeutenden Fürstenhaus. Die junge Frau kennt er vermutlich bereits seit 1884. Sie teilt seine Interessen für Musik, Kunst und für die Natur und – was zu dieser Zeit eher außergewöhnlich ist – für die Jagd. Zudem ist sie eine begabte Reiterin und Kutschenlenkerin, was sie für Wilhelm, der dem Pferderennsport und der Pferdezucht begeistert zugetan ist, sicher auch interessant macht.

Die große Liebe wird es nicht gewesen sein, doch Wilhelm weiß, was er trotz seiner Trauer um die erste Frau seinem Staate und Volke schuldig ist, und Charlotte ist klug und umsichtig genug, zu akzeptieren, dass ihr Gatte die Liebe seines Lebens bereits erlebt hat und dass ihre Verbindung von anderer, aber nicht minder fester Art ist. Doch so sehr sich die Württemberger mit ihrem Thronfolger über die neue Frau an seiner Seite freuen, mit der recht eigenwilligen Charlotte werden sie nicht so richtig warm. Die Prinzessin kommt ihren Repräsentationspflichten nur ungern nach und wird oft mit ihrer Vorgängerin verglichen. Zunächst bemerken nur wenige, dass Charlotte schnell in Marie zu Waldeck-Pyrmonts Fußstapfen tritt, ihr karitatives Engagement weiterführt und sich bemüht, der Stieftochter Pauline eine gute Mutter zu sein. Eigener Kindersegen will und soll sich bei Wilhelm von Württemberg und Charlotte zu Schaumburg-Lippe nicht einstellen.

Im Oktober 1891 wird Wilhelm König von Württemberg. Seine Landeskinder lieben ihn heiß und innig für seine Volksnähe und Bescheidenheit. Er geht ohne Begleitung und Bewachung spazieren und lüftet für jedermann den Hut zur Begrüßung. Zahlreich sind die Anekdoten, in denen arme Württemberger ihrem König ungezwungen und offen ihr Leid klagen, weil sie ihn in seiner schlichten Kleidung nicht erkennen. Bezeichnend für Wilhelm ist, dass er in diesen Fällen versucht, schnell und vor allem unauffällig zu helfen. Er führt unter anderem auch eine Krankenversicherung für Dienstboten und Landarbeiter ein, Steuern werden nur nach dem tatsächlichen Einkommen erhoben. Das Herrschen und Beherrschen liegt dem König

Wilhelm II. von Württemberg auf einer alten Postkarte

allerdings nicht, hochoffizielle Reden und Auftritte bereiten ihm Unbehagen. Er wird oft als liebenswerter Grandseigneur beschrieben.[11]

In geselliger Runde fühlt er sich mehr als wohl und lädt hierzu auch Bürgerliche ein. Während ihm die Herzen seiner Landeskinder nur so zufliegen, muss sich Königin Charlotte die Achtung der Württemberger mühsam erwerben. Dies tut sie vor allem durch ihr soziales Engagement, aber auch durch Courage. So wird erzählt, dass sie einem Kutscher, der nach einem Achsbruch vom Bock fiel und von den Pferden mitgeschleift wurde, wahrscheinlich das Leben rettete, denn die junge Königin kniete geistesgegenwärtig nieder, setzte den Fuß auf den Wagentritt, ergriff blitzschnell die schleifenden Zügel und brachte die Kutsche zum Stehen.[12] In der Öffentlichkeit ist die Königin eher gehemmt, doch in kleinem Kreise fühlt sie sich wohl und glänzt mit Schlagfertigkeit und Mutterwitz. Auch die kleine Prinzessin Pauline, genannt »'s Königs Päule«, erfreut sich bei den Landeskindern großer Beliebtheit. 1898 heiratet sie jedoch den Erbprinzen Friedrich Hermann zu Wied und verlässt das Königreich Württemberg. König Wilhelm und seine Frau Charlotte werden den beiden Enkelkindern, die dieser Ehe entspringen, liebevolle und treusorgende Großeltern. Damit führen die Württembergs, verglichen mit anderen Königshäusern, ein geruhsames, fast langweiliges, normales Familienleben, das eher bürgerlich denn adlig anmutet.

Eine schöne und zugleich amüsante Beschreibung des Alltags am Württemberger Hof findet sich in den Memoiren des Herzogs von Windsor, der 1913 einige Wochen bei den Verwandten in Stuttgart verbrachte: »Für ein Königspaar waren Onkel Willy und Tante Charlotte sehr menschlich und umgänglich. Ihre mächtigen Gestalten zeugten davon, dass sie ihren vier täglichen Mahlzeiten alle Ehre antaten. Ihre Vergnügungen waren einfach und bieder. Wenn sich der König von den stillen Abenden im Schloss oder in der Loge der Oper erholen wollte, stahl er sich zu einem Essen mit einem seiner Regimenter, den 2. Ulanen oder den Gelben Dragonern. Bei schönem Wetter machten der König und die Königin fast jeden Nachmittag eine Spazierfahrt im offenen Wagen durch den Park. (…) Unter den warmen Sonnenstrahlen und dem sanften Schaukeln des Wagens fiel Onkel Willy rasch in Schlaf, wobei er ständig durch einen kleinen Rippenstoß der Königin geweckt wurde, damit er den Gruß eines Soldaten, die höfliche Verbeugung eines wackeren Württembergers erwidere oder seinen Homburg gerade rückte, der ihm ständig auf eine Seite des Kopfes rutschte. Das ging nun schon viele Jahre so, dass Onkel Willy, wenn er den kleinen Stoß auf seinen wohl gepolsterten Rippen fühlte, seinen Hut im Schlafe gerade rückte.«[13]

Der Kriegsausbruch 1914 trifft König Wilhelm II. von Württemberg schwer und er verabschiedet seine Truppen mit Tränen in den Augen. Vier Jahre später ist die Welt eine andere und die Tage der Monarchie sind auch in Württemberg gezählt. Doch der König geht in seinem Palais trotz des aufziehenden Sturms täglich gewissenhaft seinen Staats- und Alltagsgeschäften nach. Mit Sicherheit hätten die Württemberger ihren guten König Wilhelm gern weiter behalten, denn die Demonstranten, die die Abschaffung der Monarchie fordern, erkennen Wilhelms stets korrektes Verhalten ausdrücklich an. Aber »das Sischtem« ist jetzt nun mal ein anderes, und da gibt es keinen

Platz mehr für einen König. Am 9. November 1918 dringen Demonstranten in das Stuttgarter Palais des Monarchen ein und König Wilhelm und seine Gattin nehmen noch am gleichen Abend Abschied von dem Haus, in dem sie so viele glückliche Jahre verbracht hatten und ziehen sich nach Bebenhausen zurück. Der König soll sich vor der Abfahrt von allen Umstehenden, sogar von den Wachhabenden des Soldatenrats, die sein Palais besetzt hielten, unter Tränen verabschiedet haben.[14] Am 30. November 1918 erklärt Wilhelm II., wie schon der deutsche Kaiser sowie eine Vielzahl von Bundesfürsten vor ihm, seinen endgültigen Thronverzicht. Württemberg hat nun keinen König mehr.

Wilhelm trägt von da an nur noch den Titel eines Herzogs. Doch trotz des neuen Systems bleiben ihm seine Landeskinder treu ergeben, zu seinen Geburtstagen in den darauffolgenden Jahren wird er mit Blumen und Grußkarten überschüttet. Da es ihm in Bebenhausen auf Dauer zu langweilig wird, verlegen er und seine Gattin Charlotte ihren ständigen Wohnsitz 1920 nach Friedrichshafen. Doch nach Bebenhausen kehrt der ehemalige König von Württemberg immer wieder gern zurück – wenn er schon nichts mehr hat, bleibt ihm doch wenigstens noch das Waidwerk, dem er nach wie vor auch im hohen Alter frönt. Wie das Schicksal es will, stirbt Wilhelm von Württemberg auch in Bebenhausen. Die Bronchitis, die vermutlich nicht unerheblich dazu beiträgt, dass der ehemalige König am 2. Oktober 1921 die Augen für immer schließt, soll sich Wilhelm – wie sollte es auch anders sein – auf einem Jagdausflug zugezogen haben.

Die kleine Insel in Zeiten des Krieges

Fürstin Daisy von Pleß (1873–1943)

Diese berühmte Besucherin kommt stets still und heimlich. Normalerweise können die Neustrelitzer in den Zeitungen lesen, welche hochherrschaftlichen Gäste gerade bei der großherzoglichen Familie auf dem Schlossberg weilen. Doch der Name dieser Frau wird in den Hofnachrichten der Jahre 1915 und 1916 mit keiner Silbe erwähnt, obwohl sie sich in dieser Zeit nachweislich mehrfach in Neustrelitz aufhält. Das mag mehrere Gründe haben: Die Dame ist Ausländerin und stammt zudem aus Feindesland, was sie angesichts der allgemeinen Kriegshysterie schon einmal sehr verdächtig macht. Monate zuvor hat sich überdies die Presse auf die Adlige gestürzt und ihr aufgrund einer gut gemeinten, aber unbedachten Handlung gefährliche Spionageaktivitäten unterstellt. Vermutlich versucht der Neustrelitzer Hof, jeglichen Aufruhr in der Stadt zu vermeiden und gibt daher Ankunft und Aufenthalt der besagten Dame nicht offiziell bekannt. Doch dies geschieht nicht nur zu ihrem Schutz.

Die Neustrelitzer haben seit Juni 1914 mit Adolf Friedrich VI. einen Großherzog, der sich der englischen Heimat seiner geliebten Großmutter sehr verbunden fühlt. Er steht seit Längerem mit dem geheimnisvollen Gast in Kontakt und ist durch die enge Freundschaft zu ihm bereits ins Gerede gekommen. Aber auch die Großherzoginwitwe Augusta Caroline muss diskret sein. Wenn sie sich in diesen schwierigen Zeiten mit dieser berüchtigten Landsmännin trifft, kann das unter Umständen auch ihrem Ruf schaden. Es ist schließlich allgemein bekannt, dass die ehemals höchste Dame von Mecklenburg-Strelitz keinen Hehl aus ihren großen Sympathien für ihr Vaterland macht. Und so sitzen zwei Engländerinnen sowie ein Verehrer englischer Lebensart im Neustrelitzer Schloss beisammen und das, obwohl sich England und Deutschland zu dieser Zeit als erbitterte Feinde auf dem Schlachtfeld gegenüberstehen. Während den beiden Mitgliedern der großherzoglichen Familie die gemeinsam verbrachten Tage noch lange in guter Erinnerung bleiben, wird das kleine, verträumte Neustrelitz für die berühmte Fürstin Daisy von Pleß zu einer Insel des Friedens, die der entwurzelten Adligen inmitten des fürchterlichen Krieges ein Stückchen Heimat bietet.

Die kleine verschworene Gemeinschaft kennt sich schon länger. Großherzog Adolf Friedrich VI. von Mecklenburg-Strelitz ist der Fürstin von Pleß im Juli 1902 in England vermutlich zum ersten Mal begegnet. Er war damals zu einem Dinner eingeladen, das für den Duke und die Duchess of Connaught, die Kronprinzessin von Rumänien sowie den Duke und die Duchess of Teck gegeben wurde und verbrachte im selben Jahr die Cowes Week mit der Schwester der Fürstin von Pleß.[1] Der Großherzoginwitwe Augusta Caroline sind zumindest einige Familienangehörige der berühmten Adligen bekannt. Daisy von Pleß, die 1873 als Mary Theresa Olivia Cornwallis-West in Wales geboren wurde, pflegt schon von Kindesbeinen an den Kontakt zu den prominenten Größen ihrer Zeit. Sie ist schon früh eine bewunderte Schönheit, die sich in der Gesellschaft glänzend zu bewegen versteht. Im Alter von knapp 18 Jahren wird sie mit dem schwerreichen, schlesischen Prinzen Hans Heinrich von Pleß verheiratet, der, wie man munkelt, ursprünglich Augusta Carolines Nichte Mary zum Altar führen sollte.[2] Bei der Märchenhochzeit 1891 geben sich neben dem späteren König Edward VII. auch Mary Adelaide und ihr Gatte Franz von Teck die Ehre, ihres Zeichens Schwester und Schwager der Großherzoginwitwe von Mecklenburg-Strelitz.[3] Daisy von Pleß gehört zum Jetset ihrer Zeit und steht im Mittelpunkt der zahllosen Bälle, Dinner und Jagden, die von den oberen Zehntausend ständig veranstaltet werden. Kaiser Wilhelm II. und seine Söhne, der König von England, der Maharadscha von Cooch Behar und weitere hochgestellte Männer fressen ihr sprichwörtlich aus der Hand und die Fürstin steht unter anderem mit der Königin von Rumänien sowie mit englischen und preußischen Prinzessinnen auf vertrautem Fuß. Zeitgenossen rühmen die außergewöhnliche Schönheit, den erlesenen Geschmack und den Charme der selbstbewussten Fürstin von Pleß, die auch als geistreiche Gastgeberin überaus geschätzt wird. Aufsehen erregt die hohe Dame auch durch ihren laschen Umgang mit der allgegenwärtigen Etikette. Sicher spricht es sich auch bis nach Neustrelitz herum, dass Daisy von Pleß dem englischen König Edward VII. bei einem Staatsbesuch 1909 in Berlin vermutlich das Leben rettet, indem sie ihm bei einem Hustenanfall beherzt an den Kragen geht und ihm somit etwas Luft verschafft.

Fürstin Daisy von Pleß, Portrait in einer britischen Zeitschrift aus dem Jahr 1902

Ein weiteres Zusammentreffen der Fürstin mit Adolf Friedrich VI. von Mecklenburg-Strelitz ist für den Sommer 1912 in England verbürgt. Daisys Schwägerin Jennie (übrigens die Mutter Winston Churchills) organisiert im Earls Court ein Elisabethanisches Turnier. Während die Fürstin von Pleß dort als »Princess Errant« auftritt, fungiert der Mecklenburg-Strelitzer Adelsspross als einer ihrer prunkvollen Begleiter.[4]

Die Zusammentreffen mit Adolf Friedrich VI. scheinen stets gesellschaftlicher Natur und eher zufällig zu sein. Die High Society dieser Zeit ist umtriebig und gibt sich einer regen Reisewut hin, so dass man sich hier und da immer mal wieder über den Weg läuft oder sich längere Zeit überhaupt nicht zu Gesicht bekommt. Daisy von Pleß reist nach ihrer Hochzeit weniger nach England, als ihr lieb ist. Dafür stürzt sie sich in Schlesien auf eigene soziale Projekte. So kümmert sie sich unter anderem um die Verbesserung sanitärer Verhältnisse für die Einwohner und lässt Milchdepots für stillende Arbeiterinnen einrichten, um die Kindersterblichkeit zu reduzieren. 1907 wird in Waldenburg eine Krüppelschule eingerichtet, die behinderten Kindern erstmals ernst zu nehmende Perspektiven bietet. Vier Jahre später sind es die »Spitzenschulen der Fürstin von Pleß«, die Aufsehen erregen und die schlesische Spitzenkunst über die Region hinaus bekannt machen. Ob die schöne Fürstin und Adolf Friedrich VI. von Mecklenburg-Strelitz in dieser Zeit einen Briefwechsel unterhalten, ist nicht bekannt. Daisy erinnert sich in ihren Aufzeichnungen jedoch an einen Besuch des damaligen Erbgroßherzogs Adolf Friedrich in Fürstenstein, der um 1911 stattgefunden haben muss.[5]

Im Jahr 1914 taucht der Name des nunmehr zum Großherzog avancierten jungen Mannes öfter in Daisys veröffentlichten Aufzeichnungen auf. Adolf Friedrich VI. hatte der Fürstin noch vor Beginn des Ersten Weltkrieges einen Besuch in Pleß abgestattet, denn in einem Brief vom 23. Februar 1915 erinnert er sich an ein Treffen im Vorjahr: »Erinnern Sie sich daran, dass es heute ein Jahr her ist, dass ich die große Ehre hatte, nach Pleß zu kommen, und wir hatten so ein nettes, gemütliches Essen in Ihrem schönen Heim. Am Morgen, als ich ankam und man mich in Ihr Vorzimmer führte, musste ich nur eine Minute warten, und Sie traten ein. Ich war sehr schüchtern, aber so glücklich und Sie so freundlich; Sie sahen so gut aus, und ich war ganz verliebt. Dann tischten Sie mir ein exzellentes englisches Frühstück auf, und wir fuhren mit dem Schlitten und hatten so eine glückliche Zeit. (…)«[6]

Gleich nach Ausbruch des Ersten Weltkrieges meldet sich die Fürstin von Pleß als Hilfsschwester in einem Lazarett in Tempelhof, wo sie im Oktober 1914 abermals auf den nun 32-jährigen Großherzog trifft.[7] Von da an steht sie nach eigenen Angaben mit Adolf Friedrich VI. in regelmäßigem Kontakt. Hierbei geht es zunächst um den Verbleib englischer Kriegsgefangener und die Briefe des Großherzogs klingen eher förmlich. Am 15. Dezember 1914 schreibt Adolf Friedrich VI. beispielsweise aus Noyon: »Sehr geehrte Fürstin, (…) Ich wäre Ihnen sehr verbunden, wenn Sie mir freundlicherweise wieder helfen würden, herauszufinden, wo sich andere englische Offiziere befinden. Ich lege einen Brief meiner Großmutter bei, in dem sie die Namen erwähnt. Besonders freundlich wäre es, wenn sie die Kronprinzessin von Schweden wissen lassen könnten, wo die Offiziere sind. Von hier aus ist es so gut wie unmöglich, ihr zu schreiben. (…)«[8] Dieser Brief weist eindeutig auf die Umtriebe der Großherzoginwitwe Augusta Caroline hin. Obwohl in Hannover geboren und seit Jahrzehnten in Deutschland lebend, steht sie auch in Kriegszeiten fest zu ihrem Heimatland und versucht den Ihrigen zu helfen, wo es nur geht. Da Schweden neutral ist, können Briefe und Informationen über die englischstämmige Kronprinzessin Margret of Connaught weitergeleitet werden.

Adolf Friedrich VI. weiß, dass er Daisy von Pleß mit seinem Auftrag großer Gefahr aussetzt, denn die Fürstin hat sich im September 1914 einen folgenschweren Fauxpas erlaubt: Auf Vorschlag ihres Schwagers Fritz ist sie gemeinsam mit ihm in das Kriegsgefangenenlager Döberitz gefahren und hat sich keine Mühe gegeben, ihre Anwesenheit zu vertuschen. Bald wird dieser harmlose Kurzbesuch zu einer großen Affäre aufgebauscht. Es heißt, dass die Fürstin von Pleß Leckereien an die Gefangenen verteilt und mit den inhaftierten Engländern Nachrichten ausgetauscht habe. Somit steht sie sofort unter dem Verdacht, eine Spionin zu sein. Der Vorfall wird sogar von offizieller Seite untersucht. Besorgt schreibt daher auch der Großherzog: »(…) Bitte senden Sie mir einige Zeilen und lassen Sie mich wissen, ob es Ihnen gut geht und Sie nicht in neuen Schwierigkeiten stecken, ich hasse es, zu wissen, dass Sie unglücklich sind und ich Ihnen nicht helfen kann.«[9]

Bereits in diesem Brief klingt trotz aller Förmlichkeit große Sympathie für die Fürstin an. Die um neun Jahre ältere Daisy hat mit ihrer selbstbewussten und heiteren Art sowie mit ihrer geistreichen, weltgewandten Konversation Eindruck auf den Großherzog gemacht: »Meine Gedanken sind sehr bei Ihnen, liebe Fürstin, und ich sehne mich danach, Sie sehr bald wieder zu sehen. Hier kann man kaum mit jemandem reden! Die bezaubernden Stunden, die ich das Vergnügen hatte, mit Ihnen und mit klugen Gesprächen zu verbringen, werde ich nie vergessen.«[10]

Großherzog Adolf Friedrich VI. von Mecklenburg-Strelitz als Privatmann

Trotz der laufenden Untersuchungen zu dem Vorfall in Döberitz kümmert sich Daisy von Pleß wirklich um den Auftrag des Großherzogs, denn in einem Brief vom 11. Januar 1915 dankt er ihr aus Noyon für ihre – leider ergebnislosen – Anfragen nach dem Verbleib der englischen Gefangenen. Der Briefwechsel war innerhalb weniger Wochen intensiviert worden und Daisy von Pleß ist dem guten Freund bald auch auf andere Art behilflich: »Sehr geehrte Fürstin, heute haben Sie mir wieder eine große Freude gemacht, indem Sie mir eine Liebesgabe[11] gesandt haben, einige hervorragende Zigaretten. Sie finden immer die nützlichsten Dinge und freundliche Aufmerksamkeiten. Tausend Dank nochmals für Ihre Liebenswürdigkeit, ich schätze alles sehr, was Sie mir gesandt haben. Besonders liebe ich das warme Schultertuch, es ist so schön und so weich und so kleidsam, ich bin sehr stolz darauf, es zu tragen. Seinen guten Duft einzuatmen, erinnert mich an alles andere als an den Krieg. (...)«[12]

Auch zu Beginn des Jahres 1915 sind die Gerüchte um die angeblichen Spionageaktivitäten der Fürstin von Pleß noch nicht verstummt und tragen die wildesten Blüten. So soll Daisy geheime Nachrichten im Sarg ihres toten Gärtners nach England geschmuggelt haben, doch der gute Mann ist zu dieser Zeit nachweislich noch quicklebendig und erfreut sich bester Gesundheit. Ebenso heißt es, dass der Fürst von Pleß seine spionierende Gattin und dann sich selbst gerichtet habe.[13] Daisy hat schon wegen der Döberitzer Geschichte ihren Dienst im Tempelhofer Lazarett quittieren müssen und muss nun obendrein damit leben, dass ihre Post streng zensiert wird und sie quasi unter

Dauerbeobachtung steht. Natürlich spricht sich die Behandlung der Fürstin in den deutschen Adelskreisen schnell herum und manche bemühen sich, Daisy von Pleß schriftlich und persönlich ihr Mitgefühl auszudrücken. Einer dieser Adligen ist auch der Großherzog von Mecklenburg-Strelitz, Adolf Friedrich VI.: »Meine liebe Fürstin, Ihr Brief hat mich heute morgen erreicht. Ich bin entsetzt, dass man es gewagt hat, Sie so zu behandeln. Sie haben mein volles Mitgefühl. Auch meine Großmutter, der ich Ihre freundliche Nachricht gegeben und erzählt habe, wie man sich Ihnen gegenüber verhalten hat, bat mich, Ihnen zum Ausdruck zu bringen, wie tief sie mit Ihnen fühlt. Ich weiß nicht, warum, aber ich hatte so ein Gefühl, dass Ihnen etwas zustoßen könnte, und in meinen täglichen Gebeten bat ich Gott, den Allmächtigen, Sie vor solch unangenehmen Dingen zu schützen. Ach! Es ist trotzdem geschehen. Es ist unfassbar, ich kann Ihnen nicht sagen, wie aufgebracht ich bin. Ich habe gesehen, was Sie für die Verwundeten getan haben und wie sehr man Sie im Hospital in Tempelhof dafür geliebt hat. Die Befehlshaber sollten Ihnen dankbar sein! Ich habe keine Worte, um zu beschreiben, was ich fühle, ich bin zu aufgebracht. (...) Bitte denken Sie nicht, dass ich ein Mensch bin, der seine Freunde in einer solchen Situation im Stich lässt. (...) mein Haus wird Ihnen immer offen stehen, und ich werde erfreut sein, die Ehre zu haben, Sie zu empfangen.«[14] Damit hält Daisy von Pleß eine offizielle Einladung nach Neustrelitz in der Hand. In dem Schreiben, auf das sich Adolf Friedrich VI. von Mecklenburg-Strelitz bezieht, hatte sie angefragt, ob die Großherzoginwitwe sie vielleicht empfangen könnte. Daisy sehnt sich danach, mit jemandem zu reden, »der England und die Engländer versteht und liebt und mit dem man über die Dinge sprechen kann, die einem durch den Kopf gehen«.[15]

Doch der Besuch muss noch eine Weile warten. Daisy wird zunächst gezwungen, sich nach Bayern zurückzuziehen. In dieser Zeit lädt sie Adolf Friedrich VI. zu sich nach Partenkirchen ein. Der Strelitzer Großherzog kommt inkognito als Graf Wenden, da er sich noch nicht offiziell am bayerischen Königshof vorgestellt hat. Die gemeinsamen Tage schweißen Daisy und Adolf Friedrich VI. zusammen:

»(…) wir wurden die besten Freunde. Jeden Morgen brachte oder schickte er mir Blumen aus König Ferdinands kleinen Laden in einem Winkel der Ludwigstraße. Die Kinder, denen gegenüber er sich wie ein Engel benahm, verehrten ihn sofort.«[16]

Die Fürstin versucht jedoch mit allen Mitteln, ihrer bayerischen Verbannung zu entfliehen. Sie will so gern als Hilfsschwester in einem Lazarettzug arbeiten! Daher bittet sie sogar den Mecklenburg-Strelitzer Großherzog um Unterstützung. Doch Adolf Friedrich VI. erteilt ihr – wenn auch schweren Herzens – eine Absage, da die Kosten für die Aufstellung und Bewirtschaftung eines Lazarettzugs seiner Meinung nach immens sind.[17] Eine fadenscheinige Erklärung, wenn man bedenkt, dass der Strelitzer Großherzog zu dieser Zeit zu den reichsten Adligen Deutschlands zählt, den man am Kaiserhof in Berlin hinter vorgehaltener Hand »Goldfritzchen« nennt. Doch Adolf Friedrich VI. kann der verfemten Fürstin nicht in aller Öffentlichkeit zu Diensten sein, ohne sich selbst massiv zu kompromittieren. Wahrscheinlich haben ihn auch seine Strelitzer Minister ausdrücklich vor den möglichen Konsequenzen gewarnt.

Ende März 1915 erhält Daisy die Erlaubnis, nach Potsdam zur Konfirmation ihres ältesten Sohnes Hans zu reisen. Hier trifft sie auch auf den jungen Mecklenburg-Strelitzer Großherzog, der der Zeremonie beiwohnt. Allerdings scheint es, als ob sich die beiden Adligen verabredet haben. Tage zuvor schreibt Adolf Friedrich VI. an Daisy: »(…) Und nun werden Sie (…) durch Ihren H.H.[18] eskortiert oder beschützt, das ist, entschuldigen Sie, eine Farce, und ich kann nur darüber lachen. Aber ich lache nur für einen Moment, da ich fast verzweifelt bin. Was wird aus meinem Besuch bei Ihnen in Potsdam? Wird Ihre Familie die ganze Zeit bei Ihnen sitzen und was wird H.H. sagen, wenn ich komme? Ich sehne mich so danach, Sie zu sehen und habe Ihnen soviel zu sagen, was ich nicht schreiben kann. (…)«[19] Die beiden Freunde können in Potsdam wohl zumindest ein paar Worte wechseln, dann muss die Fürstin gleich wieder nach Partenkirchen zurückkehren. Doch Adolf Friedrich VI. und sie stehen weiterhin in einem regen Briefwechsel. Der junge Großherzog schreibt ihr vermutlich fast jeden Tag und macht ihr ihre Rolle in seinem Leben mehr als deutlich: »Sie fragen mich, warum und für was ich Ihnen beim letzten Mal, als wir uns gesehen haben, gedankt habe. Sie sagen, ich sei glücklich und Sie könnten mir nichts geben, ich hätte alles, was ich will. Entschuldigen Sie, ich will eine ganze Menge und Sie haben es mir gegeben. Ebenso wie Sie macht mich dieser Krieg unglücklich, und ich sehne mich nach jemandem, der mich versteht. Sie tun dies, und daher mag ich es, mit Ihnen zu reden. Sie mögen denken, dass meine liebe Großmutter mich versteht, aber nur in gewisser Weise, sie war so lange nicht in England, und ich erlaube mir zu sagen, dass ihr Standpunkt für unsere Zeit manchmal etwas altmodisch ist. Sie wissen, dass ich sie sehr liebe; aber ich kann ihr nicht in all ihren politischen Ansichten folgen. Ich werde niemals vergessen, was Sie in diesen fürchterlichen Kriegszeiten für mich waren und was wir gemeinsam durchgemacht haben. Ich werde nicht erwähnen, was für eine große Rolle Sie in meinem Leben spielen, aber Sie werden es erraten. Ich kann Ihnen nicht genug danken! Ich vermisse Sie so sehr und würde gern in Ihrer Nähe sein.«[20]

In anderen Briefen spricht Adolf Friedrich VI. der schönen Fürstin, die sich wohl zeitweise gar mit Selbstmordgedanken trägt, Mut und Trost zu. Auch schickt er ihr kleine Geschenke nach Bayern, unter anderem ein Kettchen mit einem Anker.

Später darf Daisy auf ihr Schloss Fürstenstein reisen und stattet schließlich Ende Juni 1915 auf Befehl des Kaisers Schloss Pleß, wo man vor einiger Zeit das Oberste Hauptquartier eingerichtet hatte, einen Kurzbesuch ab. Anfang Juli 1915 reist die ruhelose Fürstin dann mit zweien ihrer drei Kinder nach Bansin an die Ostsee. Das ist ein nach eigenen Angaben lange zuvor geplanter Besuch.[21] Doch Daisy muss ihren großherzoglichen Freund über ihre Absichten informiert haben, denn Adolf Friedrich VI. merkt am 29. Mai 1915 als Antwort auf einen ihrer Briefe an, dass er sehr gern mit ihr ans Meer fahren würde.[22] Auf der Insel Usedom wird die Fürstin nun von dem Mecklenburg-Strelitzer Regenten sehnsüchtig erwartet. Großherzog Adolf Friedrich hat im Sommer 1915 erstmals das sogenannte »Haus auf dem Hügel«

gegenüber der »Villa Irmgard« im Ostseebad Heringsdorf gemietet.[23] Der junge Mann teilt Daisy von Pleß bereits am 10. Juni 1915 mit, dass er sich aufgrund seines starken Heuschnupfens an die Ostsee begeben wolle. Da er von Daisys Reiseplänen weiß, sich aber nicht sicher sein kann, ob sie diese in die Tat umsetzen wird, fleht Adolf Friedrich VI. sie inständig an, auf die Insel zu kommen: »(...) Ich habe meinen Hofmarschall nach Bansin geschickt (...) um eine Villa oder ähnliches für mich zu besorgen. (...) Natürlich würde ich nach Strelitz zurückkehren, wenn Du dorthin kommen solltest; aber es wäre großartig, wenn Du jetzt nach Bansin kommen könntest. Ich habe natürlich diesen Ort gewählt, weil Du mir geschrieben hast, dass Du vorhast, dorthin zu reisen – und ich denke nur an Dich, D. (...) Bitte komm – Ich bin verrückt danach, Dich zu sehen, und ich habe Dir soviel zu erzählen, was ich unmöglich schreiben kann. (...) Ich muss Dich sehen; ich bin ganz verrückt. Oh D.! bitte sei so lieb und komm. (...)«[24]

Den Zeitungsmeldungen nach[25] begibt sich der Großherzog in Begleitung seines Hofmarschalls von Yorry am 19. Juni 1915 auf die Insel. Daisy von Pleß reist nach eigenen Angaben am 29. Juni 1915 von Fürstenstein nach Bansin ab.[26] Als sie Usedom erreicht, ist sie heiser und fühlt sich krank. Doch der Mecklenburg-Strelitzer Großherzog beweist Babysitterqualitäten. Obwohl er sichtbar unter seinem Heuschnupfen leidet, kümmert er sich um Daisys Kinder und spielt mit ihnen. In ihrem Tagebuch erinnert sich die Fürstin von Pleß an einige gemeinsame Erlebnisse auf der Insel. An einem Tag entführt Adolf Friedrich VI. sie und die Kinder zu einem Picknick an den Strand. Dort badet er mit Daisys Söhnen, man speist gemeinsam zu Mittag und hört sich Schellackplatten auf dem Grammophon an. Nach dem Essen klettert Daisy mit ihren Kindern auf die umstehenden Bäume – und das ganz leger in Badekleidung.[27]

Am 19. Juli 1915 verlässt Adolf Friedrich VI. kurzzeitig die Insel, da an diesem Tag seine geliebte Großmutter Augusta Caroline Geburtstag feiert. Am 22. Juli 1915 gedenkt der Großherzog gemeinsam mit seiner Mutter Elisabeth des Geburtstags seines verstorbenen Vaters Adolf Friedrich V. in der Mirower Fürstengruft. Für den 24. Juli 1915

Seebrücke Heringsdorf, alte Postkarte um 1910

wird vermeldet, dass sich Adolf Friedrich VI. wieder auf die Insel zurückbegeben habe.[28] Daisy von Pleß hält sich nachweislich noch am 21. Juli 1915 in Bansin auf. In der entsprechenden Tagebuchaufzeichnung berichtet sie kurz, dass sie mit dem »kleinen Großherzog« im Auto gefahren sei. Daisy wendet sich dann jedoch weiteren Adligen zu. So weilen zu dieser Zeit die Schwestern des Kaisers – Margarethe von Hessen und Victoria zu Schaumburg-Lippe – sowie der Schwager des Kaisers, Prinz Friedrich Carl von Hessen, auf der Insel. Mit der Mutter der Prinzessinnen, der Kaiserin Friedrich, war Daisy bis zu deren Tod im Jahr 1901 gut befreundet. Die Kaiserschwestern sind überdies Enkelinnen der britischen Queen Victoria und der englischen Lebensweise sehr zugetan. Kein Wunder also, dass sich die heimwehgeplagte Fürstin von Pleß in der Gesellschaft dieser hochadligen Damen sehr wohl fühlt. Man isst gemeinsam zu Abend, aber nicht mehr ganz so prunkvoll, wie man es von früher her gewohnt ist. »(...) all diese gewaltigen Abendessen, an die sich die Gesellschaft über so viele Jahre gewöhnt hatte, und nun muss sie ohne sie auskommen! Der

Mangel tut ihnen allen gut«, sinniert Daisy in ihrem Tagebuch. »Es ist nicht so, dass man keine Abendgesellschaft mehr geben kann, aber alle Köche sind draußen an der Front. Wenn es Gottes Wille ist, denke ich, werden sich die Menschen in Zukunft mit mehr Einfachheit zufrieden geben, es wird wohl Mode werden, mit weniger Pomp und Grandeur zu leben, was mich letzten Endes immer betrübt hat. Ich saß manchmal bei Abendessen in Pleß und schaute vom Tisch auf und blickte auf etwa 18 Lakaien, 5 Leibjäger, 6 Hilfsbutler, 2 Chefbutler und noch weitere, und dann dieses endlose Menü, dass ich trotz Mühen nie aufessen konnte; und ich denke an all das Geld, dass durch jeden Diener auf die Teller aller meiner Gäste geworfen wurde, während die Teller vieler armer Menschen leer blieben. (...) Ich sage das nicht, weil Krieg ist. (...) Jeder, der sich die Mühe macht, meine Tagebücher zu lesen, wird sehen, dass ich das schon vor Jahren gesagt habe.«[29] Auch Daisys Mann Hans Heinrich von Pleß ist kurzzeitig in Bansin zugegen und berichtet seiner Frau und der kaiserlichen Verwandtschaft von den Vorkommnissen im Obersten Hauptquartier zu Pleß. In dieser Tagebucheintragung macht Daisy von Pleß auch deutlich, dass sie nicht nur dem Mecklenburg-Strelitzer Großherzog Liebesgaben an die Front schickt. Auch der Kaisersohn Prinz Eitel Friedrich kommt in den Genuss Pleßscher Aufmerksamkeit und erhält von der Fürstin Fliegenfänger, Eau de Cologne und Chiffonschleier, um von Insektenstichen unbehelligt geruhsame Nächte an der Front verbringen zu können. Vermutlich Ende Juli 1915 erreicht die Fürstin von Pleß dann ein Telegramm, in dem man ihr mitteilt, dass an ihrem Ehegatten eine Blinddarmoperation vorgenommen werden musste, und sie reist unverzüglich ab. Hier ist der Großherzog von Mecklenburg-Strelitz wieder hilfsbereit zur Stelle und bringt Daisy von Pleß mit dem Auto nach Ducherow, damit sie dort nicht allzu lange auf den Zug warten muss.[30] Am 2. August 1915 hält sie sich nach einer Kurzvisite bei ihrem Mann in Pleß bereits wieder auf Schloss Fürstenstein auf. Großherzog Adolf Friedrich VI. kehrt am 7. August 1915 nach Neustrelitz zurück.

Am 12. August 1915 fährt Daisy jedoch nach Berlin, da sich nun auch ihr kleiner Sohn Alexander, genannt Lexel, einer Blinddarmoperation

Ostseebad Bansin, alte Postkarte

unterziehen muss. Wie empört ist die Fürstin, als sie just zu dieser Zeit ein Telegramm erhält, mit dem man sie geradewegs nach Pleß zurückbeordert! Dort wartet das Kaiserpaar auf sie und die aufgebrachte Daisy macht sich in ihren Tagebüchern Luft über die Behandlung durch die Kaiserin, über die nervige Etikette und die aufgeblasenen Höflinge des Kaisers: »Leben und leben lassen ist nicht ihr Motto, sondern es ist eher ›Lebe, wie ich es wünsche‹, ›Bewege dich, wie ich es dir sage‹, ›Sitze oder stehe, wenn ich es dir anweise‹, ›Denke, wie ich denke‹, ›spreche, wie ich es tue‹. (…) Wie oft habe ich an die Unsitte gedacht, dass alte Generäle und Höflinge eine Fürstin mit ›Durchlaucht‹ ansprechen, was ›Serene Highness‹ bedeutet. Kann man sich einen hochgeborenen Gentleman vorstellen, mit dem man seit Jahren bekannt ist, der eine englische Herzogin mit ›Your grace‹ anspricht? Diener tun dies, aber das ist auch alles. ›Sir‹ oder ›Madam‹ zu Mitgliedern der königlichen Familie zu sagen, das ist etwas anderes. Ich hasse es einfach, dass von mir erwartet wird, die Hand der Kaiserin zu küssen! Wie kann es eine Frau wagen, dies von einer anderen

Frau zu verlangen – außer wenn man es freiwillig tut, aus Liebe und Respekt. (…)«[31]

Großherzog Adolf Friedrich VI. frönt zur gleichen Zeit in Strelitzer Landen dem Waidwerk und erlegt im Begange Zechow einen kapitalen Zwölfender. Am 19. August 1915 begibt er sich abermals einige Tage an die Ostsee, kehrt jedoch schon am 26. August 1915 wieder in seine Residenzstadt zurück.[32] Vielleicht weil Daisy von Pleß an diesem oder am darauffolgenden Tag in Neustrelitz erwartet wird? Man kann es vermuten, denn der erste bekannte Neustrelitzer Tagebucheintrag der Fürstin ist auf den 28. August 1915 datiert. Eigentlich ist ihre Visite schon vor längerer Zeit verabredet worden, Daisy hat Adolf Friedrich VI. schließlich immer wieder gebeten, seine englische Großmutter besuchen zu dürfen. Da im kleinen Neustrelitz eine Menge Klatsch zu befürchten ist, hat der Großherzog die schöne Fürstin bereits in einem Brief, den er Ende Mai 1915 an sie richtete, instruiert: »(…) Ich denke, es wird das Beste sein, wenn Du dich freundlicherweise bei meiner Großmutter ankündigen würdest und es arrangierst, gemeinsam mit Muriel Münster[33] anzureisen. Sie hatte schon den Wunsch geäußert, hierher zu kommen und musste den Plan aber aufgeben, weil ihr Sohn von der Front heimkehrte. So wäre es nun ganz natürlich, wenn Du mit ihr anreist. Du weißt, dass die Leute hier so engstirnig sind, und ich als Junggeselle befinde mich in einer ziemlich schwierigen Position. Wenn Du kommst, dann wärest Du mein Gast und ich würde die große Ehre haben, Dich in meinem Haus zu sehen. Aber für die Leute bist Du hier, um meine Großmutter zu sehen, und ich zeige Dir nur den Ort.«[34] Damit ist zumindest ein wichtiger Grund genannt, warum die Zeitungen über Daisys Ankunft und Aufenthalt in Neustrelitz so beharrlich schweigen.

Es steht außer Frage, dass die Fürstin von Pleß nicht nur ihren großherzoglichen Freund besuchen will, sondern regelrecht darauf brennt, endlich die Großherzoginwitwe Augusta Caroline kennen zu lernen. Die alte Dame nimmt sie sogleich gefangen: »Man fühlt sich in ihrer Nähe so jung, und ihr kleines, stolzes Gesicht würde einen dazu bringen, alles zu tun. Ich fühle mich hier wie zu Hause, und ich

Großherzoginwitwe Augusta Caroline von Mecklenburg-Strelitz. Daisy von Pleß brannte darauf, die Großmutter des jungen Großherzogs Adolf Friedrich VI. persönlich kennen zu lernen.

liebe sie.«[35] Zwei Tage später nennt Daisy von Pleß in ihrem Tagebuch einen weiteren Grund, warum es sie nach Neustrelitz gezogen hat. Großherzog Adolf Friedrich VI. hat ihr von seinem Parkhaus erzählt: »Er hat sich ein kleines Haus für sich allein gebaut, da die beiden Großherzoginnen hier leben (seine Mutter und seine Großmutter). Wenn er heiratet, muss er ein eigenes gemütliches Heim haben. Ich habe ihm vor Monaten versprochen, ihm zu helfen, und nun ist unser Architekt Kimbel hier, und wir waren gestern im Haus.«[36] Der erste Eindruck ist jedoch ernüchternd. »Ich sehe es als absolut hoffnungslos an, es sei denn, er tut, was ich ihm vorschlage. (…) Er hatte von der Möglichkeit gesprochen, einen Garten anzulegen, aber sein Hofmarschall lebt in der Nähe und hat bereits eine kleine hölzerne Trennwand zwischen den Häusern errichtet. Natürlich muss diese durch eine hohe Steinmauer ersetzt werden, so dass wenigstens Rosen daran wachsen können. (…) Rings um den Garten wurde ein hohes Netz gezogen, um die Hasen und das Wild draußen zu halten, das kann nicht so bleiben, das muss viel niedriger sein. Man fühlt sich an eine Villa in einem kleinen Badeort erinnert (…)«[37] Aber auch mit der Inneneinrichtung des Parkhauses ist Daisy, die über einen erlesenen Geschmack verfügt, nicht ganz einverstanden. »Der arme, liebe Großherzog, er ist so reizend, und ich bin traurig, dass ich nicht lang genug bleiben kann, um alles zu ändern, und er sehnt sich nach einem kleinen, gemütlichen, eigenen Heim, und ich möchte ihm liebend gern helfen, aber ich wünschte, ich hätte ihm keinen Dekorateur empfohlen oder etwas gekauft, bevor ich das Haus gesehen habe. Die Sachen, die ich in München bestellt habe, sind zu fein für solch winzige Zimmer. (…) Dieses Parkhaus, welches er versucht, herzurichten, er begann damit, bevor sein Vater starb, ist eher etwas für einen Junggesellen.«[38]

Großherzog Adolf Friedrich VI. sorgt jedoch auch für Zerstreuung. Daisy folgt dem jungen Mann und seinem Leibjäger eines Tages in den Wald. Die Fürstin bekommt viel Wild zu sehen und vermutet, dass der Großherzog und sein Bediensteter von ihr erwarten, einen Hirsch zur Strecke zu bringen. Doch Daisy ist froh, dass sie das Tier verfehlt und es davonspringen kann. Die Jagd schmeckt ihr nicht, sie schießt nach eigenen Angaben nur, um den guten Freund und seinen Jäger nicht zu enttäuschen. »Aber in der Nacht davor hatte ich dem Großherzog fast unter Tränen erzählt, dass mich Blutvergießen in einer solchen Zeit mit Schaudern erfüllen würde. (…) Vor fünf Jahren pflegte ich, auf die Jagd zu gehen, aber nur um die Männer kennen zu lernen und alles über ihre Familien zu erfahren.«[39] Dennoch meint Daisy von Pleß, dem Großherzog zeigen zu müssen, dass sie eine gute Schützin ist. Sie heißt daher den Jäger, ein weißes Zeichen an einem

Daisy von Pleß mit ihren Söhnen Bolko (l.) und Alexander (r.)

Baum anzubringen und trifft es aus großer Entfernung. Den Respekt des jungen Großherzogs hat sich die Fürstin damit sicherlich ein weiteres Mal verdient.

Am 29. August 1915 erreichen Daisys Schwager Fritz und die beiden Söhne der Fürstin, Lexel und Bolko, das Neustrelitzer Residenzschloss. Großherzog Adolf Friedrich VI. benimmt sich den Kindern gegenüber ausnehmend reizend. Dies zeigt er auch bei einem Ausflug, den man nach Hohenzieritz unternimmt. Hier trifft man sich zum Mittagessen. Das Kindermädchen lässt jedoch den kleinen herzkranken Bolko etwas lange auf die Mahlzeit warten, da gewünscht ist, dass die Kinder mit der Fürstin und dem Großherzog speisen. Es kommt, was kommen muss: »(…) der arme Schatz, all die Aufregung in diesen Tagen und die Autofahrt hierher und immer mit uns und dem Großherzog speisen, das war zuviel für so ein kleines Kind. Während des Mittagessens sagte er plötzlich, dass er Bauchschmerzen hätte, und ich rannte hinaus, um etwas zu finden, worauf ich ihn setzen könnte. Als ich zurückkam, hielt der Großherzog Bolkos Kopf, der arme Schatz hatte sich auf seinen Teller übergeben.«[40] Daisy von Pleß kann über die ungewöhnliche Reaktion des jungen Regenten nur staunen: »Der kleine Großherzog ist wirklich ein Engel. Ich habe niemals gedacht, dass ein Mann so etwas tun würde! Er ist sicher jemand, der eine Frau sehr, sehr glücklich machen kann und der liebe kleine Kinder haben wird, bitte Gott, er verdient alles Gute. Ich will das Beste für ihn, so wie er für mich.«[41]

Diese wunderschönen und von einem besonderen Zauber erfüllten Tage in der Residenzstadt vergehen wie im Flug. Der Großherzog gibt sich alle Mühe, Daisy die schönen Seiten seines kleinen Landes zu präsentieren. Im Mirower Schloss fühlt sich die Fürstin in die Zeit Ludwigs XV. zurückversetzt. »(…) ein perfektes, göttliches, kleines Traumhaus. Ich habe wirklich vergessen, wer hier lebte, ich denke, Königin Louise und ihre Schwester. (…) Niemand war weiter bei uns, außer der Großherzoginwitwe. (…) Da ist ein Zimmer in Mirow, das blassblau ist mit einer kleinen Nische für das Bett. Dort hinein werden die vier wunderschönen silbergerahmten Spiegel gehängt, die der Großherzog in Innsbruck gekauft hat; und dort gibt es ein ausgemaltes charmantes Wohnzimmer und unten einen reizenden Speisesaal, eigentlich ein Juwel von einem Haus, so dass ich hoffe, dass der Großherzog es einrichten möge, hier zu leben, anstatt den Bau des Parkhauses fortzuführen. Diese neue Villa ist ihn und seinen Namen, der eben etwas gilt, nicht wert. (…) Oh, Tagebuch! Warum bringt alles im Leben – ob traurig oder glücklich – die Erinnerungen an Farben und Klänge zurück?«[42]

Natürlich stellt sich die Frage, warum sich die Fürstin auch in diesem Tagebucheintrag so intensiv um das Heim des jungen Großherzogs Gedanken macht. Dies mag in ihrer aufopfernden, hilfsbereiten, aber auch ehrgeizigen Natur begründet sein. Daisy ist eine Kameradin, die versucht, bei ihren Lieben und Freunden das Beste zu Tage zu fördern. Schon in der Vergangenheit hat sie beispielsweise große Anstrengungen unternommen, um ihrem Gatten Hans Heinrich von Pleß eine höhere Stellung zu verschaffen, weil er nicht den nötigen

Schloss Mirow auf einer alten Postkarte

Ehrgeiz mitbringt, um sich selbst entsprechend darum zu bemühen. Daisy steckt für sich, aber auch für ihre Umgebung, oft viel zu hohe Ziele und zeigt sich dann mehr als übereifrig. Ihre aufmunternde und begeisternde Art fasziniert sicher auch den zurückhaltenden Adolf Friedrich VI. von Mecklenburg-Strelitz über alle Gebühr. In seinen Briefen an die Fürstin schlägt er ab 1915 überaus vertraute und zuweilen sehr schwärmerische Töne an. Er scheint Daisy schon fast bis zur Besessenheit zu verehren. Das ist nicht weiter verwunderlich. Daisy von Pleß verfügt über das seltene Talent, Freunde und auch Fremde mit einer entspannten Atmosphäre zu umgeben, schnell hinter ihre Fassade zu blicken und zielgerichtet auf die emotionalen Defizite der Personen einzugehen. Selbst Kaiser Wilhelm II., der sich sonst sehr eitel und besserwisserisch gibt und selbst im privaten Kreis das Posieren nicht lassen kann, wird in Daisys Gegenwart stets ruhiger und natürlicher. Zudem kennt die Fürstin von Pleß keinerlei Berührungsängste und behandelt die Größen des Adels wie ganz normale

Menschen. Viele ihrer Handlungen zeugen von nahezu mütterlicher Wärme, die auch Adolf Friedrich VI. sicher schmerzlich vermisst. Von Kindesbeinen an bereitete man ihn ausschließlich auf seine Rolle als Thronfolger vor, und an dem vor Etikette strotzenden Neustrelitzer Hof blieben Liebe und kleine Zärtlichkeiten stets Mangelware. Die Eltern Adolf Friedrich V. und Elisabeth waren mehr mit sich und ihren Repräsentationspflichten beschäftigt.

Wie man mit den großherzoglichen Kindern am Neustrelitzer Hofe verfuhr, lässt sich am Beispiel von Adolf Friedrichs VI. älterer Schwester Jutta in den Annalen des »Hof- und Staatshandbuches des Großherzogtums Mecklenburg-Strelitz«[43] ablesen. Die Prinzessin, am 24. Januar 1880 geboren, wurde bereits im April im zarten Alter von drei Monaten an den Hof von Dessau gebracht, weil ihre Eltern nach London reisen wollten! Erst am 5. Juni 1880 kehrte das Erbgroßherzogspaar aus England zurück, die kleine Prinzessin erreichte Neustrelitz einen Tag später. Um die Ehe der Eltern steht es überdies nicht zum Besten. Adolf Friedrichs Vater ist als Weiberheld verschrien, der in seinem kleinen Großherzogtum so manche schöne Dame beglückt. Das kann er auch relativ ungestört tun, da seine Gattin Elisabeth vielfach zu Kuraufenthalten reist oder ihrer Dessauer Verwandtschaft Besuche abstattet, um sich von ihren Seelenqualen abzulenken. Zudem muss der junge Adolf Friedrich als Jugendlicher miterleben, wie man mit seiner Schwester Marie kurzen Prozess macht, als sich herausstellt, dass sich das junge Mädchen einem Lakaien hingegeben hat. Fels in der Brandung ist für die großherzoglichen Kinder daher stets ihre Großmutter Augusta Caroline, die zwar im Schloss resolut die Marschrichtung vorgibt, aber den Prinzen und Prinzessinnen etwas Wärme und Geborgenheit schenkt. Besonders der Thronfolger Adolf Friedrich ist dafür empfänglich, ist er doch das blanke Gegenteil seines schneidigen, militaristischen Vaters. Daisy von Pleß beschreibt den jungen Großherzog als äußerst sensiblen, intelligenten Menschen, der gern liest und sich sehr für Familiengeschichte interessiert. »Er liebte Blumen so sehr und war so zartfühlend, lebenslustig, galant und zuvorkommend, dass wir ihn zusammen Rosenkavalier getauft hatten, während meine beiden Jüngsten ihn immer Onkel Freddie oder Onkel Strelitz nannten«,[44] so Daisy über ihren guten Freund in Neustrelitz.

Viele haben eine Liebesbeziehung zwischen der schönen Fürstin und dem jungen Großherzog kolportiert, doch wer Daisys Aufzeichnungen aus den Kriegsjahren liest, wird davon Abstand nehmen. Natürlich ist die Fürstin von Pleß zu dieser Zeit schon lange in einer unglücklichen Ehe gefangen und sehnt sich wahrscheinlich nach einer romantischen Liebe, um die Schrecken des Krieges und die eigene Unzufriedenheit zu vergessen. Natürlich verbinden sie und den jungen Großherzog gemeinsame Interessen, vor allem die unbändige Liebe zu England. Natürlich ist er ein ausnehmend gut aussehender, charmanter und sagenhaft reicher Mann, der ihr trotz ihres nunmehr fortgeschrittenen Alters und ihres inzwischen verblassten Ruhms als Fixstern der Gesellschaft den Hof macht. Und natürlich sonnt sich Daisy von Pleß in der Aufmerksamkeit des Großherzogs und genießt sie in vollen Zügen. Es liegt wohl ein gewisses Knistern in der Luft, wenn sie sich begegnen, doch Daisy weiß, dass eine solche Beziehung keine Zukunft haben kann. Vermutlich begeht sie aber den Fehler, Adolf Friedrich VI. von Mecklenburg-Strelitz nicht frühzeitig und eindeutig in seine Schranken zu weisen. Die Konventionen wird sie jedoch gewahrt haben. Daisy hat schließlich mit dieser Form von Beziehung bereits Erfahrungen gesammelt. So lernte die schöne Fürstin 1896 einen hochgestellten Adligen kennen, mit dem sie erst eine Freundschaft und dann eine platonische Liebe verband, die sich nach seiner Heirat in eine Freundschaft zurückentwickelte.[45] Schon da soll Daisy die Liebesbezeugungen nie offen erwidert haben. Wer ihre Aufzeichnungen und Tagebucheinträge liest, kann sich des Eindrucks nicht erwehren, dass Daisy geradezu mütterliche Gefühle für Adolf Friedrich VI. hegt. Oft ist die Rede vom »kleinen Großherzog«, so, als spreche sie von einem Schuljungen, und sie weist ihn in manchen Situationen entschieden zurecht. Zu guter Letzt: welche liebende Frau wünscht sich ernsthaft, den Mann ihres Herzens mit einer anderen Dame zum Traualtar schreiten zu sehen? Daisy spricht mit Adolf Friedrich mehrfach über eine mögliche Ehekandidatin. »Ich glaubte fest daran, dass der Großherzog durch eine Heirat endlich glücklich werden könne. (…) Er war furchtbar allein und hatte niemanden, dem er sich anvertrauen konnte. Das waren die Umstände, die zu unserer Freundschaft führten. Wir sprachen oft über seine Heirat. Während des Krieges war es schwierig, Pläne zu schmieden oder auf diskrete Weise Begegnungen zu arrangieren. Wie auch immer, ich dachte schließlich an eine junge charmante Prinzessin aus unserer eigenen Familie. Der Vorschlag wurde von beiden Seiten akzeptiert und auch Hans, der von allem unterrichtet war, stimmte zu.«[46] Also keine Liebesgeschichte – oder vielleicht doch?

Der erste Besuch in Neustrelitz hinterlässt bei Daisy von Pleß bleibende Eindrücke. Doch die betreffen eine andere Person. Über Seiten hinweg berichtet die Fürstin in ihren Erinnerungen begeistert von der Großherzoginwitwe Augusta Caroline, mit der sie einige unterhaltsame Stunden verbracht hat. »Ich habe Neustrelitz mit einer größeren Liebe für England verlassen, seit ich die reizende großherzogliche Großmutter kennen gelernt habe«,[47] vertraut Daisy ihrem Tagebuch an. Die alte Dame zieht sie mit ihren Erzählungen und ihrem Auftreten regelrecht in ihren Bann. »Wenn ich nur ein Zehntel ihres Intellekts hätte, wäre ich dankbar. Ihr Erinnerungsvermögen ist absolut unheimlich. Die meisten Menschen, die alt werden, schweifen in ihren Gedanken ab, aber sie kann von der Gegenwart und der Vergangenheit erzählen. (…) Sie sprach vom Fürsten Bülow. (…) Sie erzählte vom Kaiser, wie sie ihn kennen gelernt hatte und fragte sich, wie es ihm im Moment ginge. Wir sprachen von der Kaiserin Eugénie von Frankreich, an die sie mich so sehr erinnert, obwohl die Kaiserin jünger ist, kann sie nur halb so viel tun oder so schnell laufen. Die Großherzogin erzählte auch von Pietri, der immer bei der Kaiserin ist und imitierte sogar die Art, wie er schaut und die Art, wie er beim Sprechen die Hände aneinander reibt. Sie schauspielerte wirklich und wechselte den Ausdruck in ihrem Gesicht, so dass man sehen konnte, von wem sie sprach. (…) Alles, was sie erzählt, ist für sie gegenwärtig. (…) Ich fühle mich ganz einsam und habe Heimweh, wenn ich über sie schreibe, die liebe, große, kleine Dame mit ihren

verständnisvollen Augen, die noch ganz klar sind. Die großen Gemächer, in denen sie sich bewegt, bilden eine großartige Kulisse für ihre Persönlichkeit. (...)«[48]
»Und ich sehne mich einfach danach, nach Strelitz zurückzukehren.(...)«,[49] seufzt Daisy. Der erste Besuch gerät viel zu kurz, vermutlich bleibt die Fürstin nur zwei oder drei Tage. Dafür spricht ein Brief, den die Großherzoginwitwe Augusta Caroline schon am 5. September 1915 an die Fürstin schreibt und aus dem hervorgeht, wie wohl sich Daisy von Pleß in Neustrelitz gefühlt haben muss:

Großherzog Adolf Friedrich VI. von Mecklenburg-Strelitz verehrte Daisy von Pleß fast abgöttisch.

»Meine liebe Fürstin Daisy, es war in der Tat eine große Freude, so schnell von Ihnen zu hören, so ein liebenswürdiger Brief, in dem so viel von Ihnen steckt, so als ob Sie geradewegs mit mir erzählen würden! Ich bin überglücklich, dass Sie sich ein bisschen wie zu Hause gefühlt haben, dass Sie hier Ihr armes, bekümmertes Herz zur Ruhe kommen lassen konnten, bei mir, der alten Dame des vergangenen Jahrhunderts, so wie Sie über mich denken, obwohl ich doch nicht anders bin als andere meines Alters oder wie sie sein würden, wenn sie noch am Leben wären (...) und nun bin ich glücklich, dass Sie mich mögen, wie ich bin und mir Ihre teure Zuneigung geschenkt haben. Wir waren sehr traurig, nachdem Sie uns verlassen hatten und riefen uns den Zauber Ihrer Erscheinung zurück, der uns nicht verlassen hat und an den wir uns erinnern. (...) Ich brauche Ihnen wohl nicht zu sagen, wie froh ich sein werde, Sie wieder zu sehen, es würde mir nur Kummer bereiten, wenn ich Sie nicht so unterhalten könnte, wie ich es gern täte. (...)«[50]

So fasziniert Daisy von Pleß auch von der Großherzoginwitwe ist, sie vergisst trotz der schönen Tage in Neustrelitz nicht, in welcher ausweglosen Situation sie sich als Engländerin in Deutschland befindet. Sie wird auf Schritt und Tritt beobachtet, ihre Briefe werden abgefangen und zensiert. Selbst Großherzog Adolf Friedrich VI. stellt sich schon im Februar 1915 die bange Frage, ob seine an die Fürstin gerichtete Post nicht geöffnet und gelesen wird und erinnert sich an ein zensiertes Telegramm der verehrten Freundin.[51] Jeder offene Kontakt Daisys zu ihrem Heimatland bleibt also nicht unbemerkt und schürt neue Spionagegerüchte. Was liegt da näher, als die Großherzoginwitwe, die als Tante der englischen Königin Mary und als eine der ältesten und klügsten Damen des Hochadels großen Respekt genießt, zu bitten, Briefe an die Queen und an die Königinwitwe Alexandra weiterzuleiten? Augusta Caroline erfüllt Daisys Wunsch sofort. Im Oktober 1915 erreichen die Fürstin in Salzbrunn zwei Briefe der Großherzoginwitwe. In einem teilt sie Daisy die Antwort der königlichen Damen aus England mit: »Liebe Fürstin Daisy, die Königin schrieb in ihrem Brief an mich: Würdest du Fürstin P. schreiben und ihr für den Brief danken und ihr sagen, dass ich ihre Nachricht an Queen A. weitergeleitet habe. Bitte sage ihr, dass G.[52] und ich an sie denken und dass es uns sehr leid tut, dass sie sich in einer solch schwierigen Lage befindet.«[53]

Die Fürstin von Pleß nimmt in den nächsten Wochen und Monaten die hilfreichen Dienste des »Postillons« Augusta Caroline mehrfach in Anspruch und die beiden Frauen pflegen in dieser Zeit eine umfangreiche Korrespondenz. Der Name des Großherzogs taucht in Daisys ersten veröffentlichten Tagebucheinträgen und Briefen kaum noch auf. Adolf Friedrich VI. begibt sich Mitte September 1915 an den westlichen Kriegsschauplatz und kehrt erst Ende Oktober 1915 über Ludwigslust wieder nach Neustrelitz zurück.[54] Doch die beiden Freunde stehen weiterhin in regem Briefkontakt. Adolf Friedrich VI. berichtet der Freundin hin und wieder von seinen Erlebnissen an der Front und hält sich mit seinen Ansichten nicht unbedingt zurück. So schreibt er Daisy nach einem Besuch am Strand von Ostende: »Als ich das Meer sah, das ich so gern überqueren wollte, sandte ich eine Liebesbotschaft von Dir nach England hinüber. Bitte behalte das für

Dich, wenn sie das wüssten, würden sie mich sofort töten!«[55] Trotz dieser Offenheit scheint sich Adolf Friedrich VI. manchmal doch der Tatsache bewusst zu sein, dass Daisys Post kontrolliert wird. So verwendet er kleine Chiffren und ergeht sich in Andeutungen, die die Fürstin sowie seine Gefühle ihr gegenüber betreffen.

Daisy ist zum Ende des Jahres 1915 erst teilweise rehabilitiert, nach wie vor tauchen weitere Gerüchte um ihre Person auf. Aber sie hat genug zu tun und vorzubereiten. Anfang November 1915 darf sich die Fürstin nach langem Warten und Hoffen endlich einem Lazarettzug nach Serbien anschließen und ist dann pünktlich wieder daheim, um mit ihren beiden Söhnen ein friedliches Weihnachtsfest zu verbringen.

Dass für das Jahr 1916 ein weiterer Besuch in Neustrelitz geplant ist, verrät ein Brief der Großherzoginwitwe Augusta Caroline. Am 2. April 1916 schreibt die greise Dame an die Fürstin: »(...) wenn Sie im Mai wirklich zu Besuch kommen, hoffe ich, dass Sie das kleine Strelitz von seiner besten Seite sehen, die vielen Veränderungen, einige Verbesserungen, die mein guter Fred[56] ausführt, es geht ihm gut, und er ist eine Stütze für die alte Granny, die oft zärtlich an Sie denkt!«[57] Doch Daisy schließt sich zunächst einmal einem weiteren Lazarettzug an, der sie diesmal nach Frankreich führt. Mitte Mai 1916 begibt sie sich dann auf ihr Schloss Fürstenstein und von da aus geradewegs nach Neustrelitz. Auch dieser Besuch dauert nicht allzu lange, die Fürstin weilt wieder nur wenige Tage auf dem Schlossberg. Dafür sprechen die Abstände zwischen ihren veröffentlichten Tagebucheinträgen. Während der letzte Eintrag vor ihrer Abreise am 14. Mai 1916 auf Schloss Fürstenstein vorgenommen wird, berichtet Daisy nach ihrer Rückkehr aus Neustrelitz am 26. Mai 1916 von ihren Erlebnissen in der Residenzstadt. Außerdem begibt sich Großherzog Adolf Friedrich VI. nachweislich bereits wieder am 23. Mai 1916 an den östlichen Kriegsschauplatz[58] und ist nach Angaben der Fürstin bei ihrer Visite noch vor Ort. Diesmal berichtet Daisy nicht mehr ganz so euphorisch von ihrem Besuch und scheint zudem von den Gegebenheiten am Neustrelitzer Hof fast ein wenig genervt zu sein: »Die Zeit in Strelitz war sehr angenehm. Der Großherzog war charmant wie immer, aber ich war zu müde, von einem Haus zum anderen zu gehen, von einem Zimmer ins andere, um ihm zu helfen, Dinge auszuprobieren und zu arrangieren. Er macht mit dieser kleinen Parkhaus-Villa weiter, die, wie ich finde, scheußlich ist (…)«[59] Daisy beschäftigt sich bei dieser Visite etwas eingehender mit Elisabeth, der Mutter des Großherzogs, und bekommt Gelegenheit, Adolf Friedrich VI. wie einen kleinen Jungen zurechtzuweisen. »Seine Mutter, die als Mädchen sehr schön gewesen sein muss, hat hübsche Augen. Eines Tages, als wir zum Tee in ihrem Salon waren, wollte mich der Großherzog neben seine Großmutter platzieren, aber ich sagte sofort: Nein, Sie sitzen dort, ich wurde von Ihrer Mutter zum Tee gebeten und sollte bei ihr sitzen und Deutsch sprechen, was ein Zeichen von Takt ist.«[60] In Neustrelitz geht es obendrein drunter und drüber. Schuld daran ist die Umstellung auf die Sommerzeit, die im Jahr 1916 erstmals in Deutschland eingeführt wird. Die prinzipientreue Großherzoginwitwe Augusta Caroline hat für diese modernen Neuerungen nichts übrig, sie hält eisern an ihrer guten, alten Zeit fest. Und so ist der Neustrelitzer Hof in zwei Lager gespalten und das Chaos regiert: »Die Hofdame der Mutter des Großherzogs wandte sich an mich und meinte ganz schüchtern: ›Gehen Sie nach der alten oder nach der neuen Zeit?‹ Ich antwortete: ›Ich gehe nach der Zeit, die in ganz Deutschland gültig ist.‹ Diese ganze Zeitfrage in Strelitz machte uns konfus (…) ich versprach, eine Dame um 10 und die andere um 9 aufzusuchen, und zum Tee mit der anderen um 5 zu gehen und zum Abendessen um halb 7. Keiner wusste, wie viel Uhr es war. An einem Tag (…) lag ich auf dem Sofa in meinem Schlafzimmer und ruhte mich aus. Ich sagte zu Elsa: ›Ich esse mit der Großherzoginwitwe zu ihrer Zeit zu Abend, also, wie viel Zeit bleibt mir bis dahin?‹ Sie meinte, anderthalb Stunden. ›Das ist gut, ich werde mich für eine Stunde hinlegen und mich in der anderen halben Stunde fertig machen.‹ Bald darauf klopfte es an der Tür. Ich war zu faul, mich zu bewegen und sagte daher einfach etwas gereizt: ›Herein‹ (…) Plötzlich steckte der Großherzog seinen Kopf zur Tür herein. Er sagte: ›Das Abendessen steht auf dem Tisch.‹ Und dann entgegnete ich: ›Ich verstehe nicht, wie es dort schon eine Stunde früher stehen kann‹, und so weiter. Wir diskutierten friedlich eine Weile und lachten und ich sagte: ›Nun, wegen der Zeitumstellung weiß auf jeder Seite des Hauses niemand, wo jemand ist oder wie spät es ist, warten Sie nicht auf mich, ich werde in einer halben Stunde fertig sein, seien Sie mir nicht böse‹, und er war es nicht.«[61]

Wenige Tage nach dieser Aufzeichnung befindet sich Daisy von Pleß bereits wieder in einem Lazarettzug in Frankreich. Sie ist hin und her gerissen. Sie, die Engländerin, hilft deutschen Soldaten, ist mit einem Deutschen verheiratet und muss ihre wahre Identität verleugnen. Schmerzlich ist für die Fürstin ein Erlebnis mit einem kleinen französischen Mädchen. Eigentlich will Daisy nur eine Blume haben, aber diese Bitte wird ihr abgeschlagen, da man sie doch tatsächlich für eine Deutsche hält. »Es verlangte mich danach, ihr die Wahrheit zu erzählen, aber die anderen hätten es hören können. Oh! Diese beiden Jahre haben mich gelehrt, gar nicht erst daran zu denken.«[62] Wie immer in diesen Kriegsjahren, wenn sie sich heimatlos fühlt, erinnert sich Daisy an ihre Besuche in Neustrelitz: »Ich sehne mich danach, nach Strelitz zurückzukehren und die reizende alte Großherzogin zu sehen. Es tröstet mich, nah bei ihr und bei diesem lieben, großen Gentleman, ihrem Enkel, zu sein.«[63] Nachdem Daisy von Pleß nach Frankreich abgereist ist, kehrt Adolf Friedrich VI. von Mecklenburg-Strelitz vom östlichen Kriegsschauplatz zurück. Am 12. Juni 1916 zieht es ihn bereits »zum Kuraufenthalt« nach Heringsdorf. Dieser wird am 17. Juni 1916 unterbrochen, da der Großherzog in Neustrelitz an einem Festgottesdienst anlässlich seines Geburtstags teilnehmen muss. Doch gleich danach reist er wieder auf die Insel Usedom zurück.[64] Am 22. Juni 1916 erhält er dort Besuch von seiner Mutter Elisabeth, die jedoch nicht bei ihrem Sprössling in seinem nach wie vor gemieteten »Haus auf dem Hügel«, sondern in einem der noblen Hotels der Insel absteigt.[65]

Daisy von Pleß bemüht sich derweil Anfang Juni 1916 in Frankreich, den bisher über sie verbreiteten Gerüchten endlich Taten folgen zu lassen. So spricht sie wirklich mit englischen Soldaten und steckt ihnen Zettel zu, auf denen sie sich zu erkennen gibt und ihnen alles

Gute wünscht. Doch Daisy ist sich bewusst, wie weit sie gehen kann: »Ich bin eine deutsche Krankenschwester in deutscher Uniform.«[66] Mitte oder Ende Juni 1916 darf sie den Lazarettzug für zehn Tage verlassen, um sich um ihren Sohn Bolko zu kümmern, der sich mit seiner Gouvernante in Heringsdorf aufhält und sich dort den Arm gebrochen hat. Hier trifft sie wieder auf Adolf Friedrich VI. von Mecklenburg-Strelitz. Die einzige Spur, die in den Neustrelitzer Zeitungen in dieser Zeit auf einen Kontakt des Großherzogs mit der verdächtigen Engländerin hinweist, ist eine kleine Meldung vom 23. Juni 1916, die besagt, dass Adolf Friedrich VI. in Heringsdorf einen Diener des Hauses Pleß ausgezeichnet habe.[67] Am 2. Juli fährt der Großherzog kurz nach Neustrelitz, kehrt aber schon einen Tag später wieder nach Heringsdorf zurück.[68] Vielleicht, weil er Daisy noch einmal sehen will, bevor sie wieder abreisen muss? Über diesen Besuch auf der Insel erzählt die Fürstin in ihren Erinnerungen nur wenig. Daisy begibt sich anschließend wieder zu ihrem Lazarettzug und versucht überdies, ihrer Freundin Victoria zu Schaumburg-Lippe zur Seite zu stehen, als deren Mann im Juli 1916 plötzlich stirbt. Adolf Friedrich VI. pendelt in den Monaten Juli und August 1916 wie ein Getriebener zwischen Neustrelitz und Heringsdorf hin und her. Am 31. August 1916 siedelt er endgültig in das von Daisy nicht sehr geschätzte Parkhaus über.[69] Die Fürstin wiederum besucht um diese Zeit die Schwestern des Kaisers, Margarethe von Hessen und Victoria zu Schaumburg-Lippe, auf Schloss Friedrichshof im Taunus und verbringt dann noch etwas Zeit mit Prinzessin Victoria in Nauheim.

Ende Oktober oder Anfang November 1916 führt sie ihr Weg wieder für drei Tage nach Neustrelitz. Auch hier schreibt Daisy zum wiederholten Mal in ihren Erinnerungen, dass sie die Großherzoginwitwe besuchen will, nicht den Großherzog. Augusta Caroline nimmt vermutlich insgeheim eine wichtige Rolle für die Fürstin ein – erstens durch die englische Herkunft und zweitens durch ihre Dienste als Postillon und Überbringerin von Nachrichten aus der Heimat. Adolf Friedrich VI. scheint diesmal nicht in der Stadt zu sein, obwohl er offiziell bereits am 23. Oktober 1916 von einem Besuch aus München

In den Jahren 1915/1916 weilte Daisy von Pleß mehrfach im Neustrelitzer Schloss.

zurückgekehrt ist.[70] Daisy fühlt sich nach eigenen Worten ziemlich einsam »ohne Fritz, die Kinder, den Großherzog oder sonst jemand«[71] und beklagt wieder einmal die allgegenwärtige Etikette. »(...) die Etikette an großen Höfen versteht man; aber wenn ein kleiner Hof soviel auf Etikette hält, langweilt es mich; (...) zum Beispiel spricht man bei mir vor und erwartet, dass ich dies erwidere, und dann sogar heute morgen, als der Großherzog von Mecklenburg-Schwerin[72] kam, um mich zu sehen, bevor der Zug fuhr, musste ich gehen und ihn offiziell in einem der Salons empfangen. Es ist so dumm. Der Schweriner Großherzog sandte eine offizielle Anfrage, wann er kommen und vorsprechen könnte, anstatt einfach zu sagen: ›Soll ich morgen um 5 oder zum Mittag kommen?‹, so wie wir es in den alten Zeiten in Frankreich oder England getan hätten. Die Großherzogin Elisabeth, die Mutter, sandte eine Nachricht, dass sie wünsche, vorbei zu kommen und bei mir vorzusprechen, aber ich (...) sagte nein, dass ich nicht fertig wäre, was auch stimmte. Ich dachte, dass sie nur nachschauen wollte, ob meine Zimmer behaglich sind – nun, ich fand sie später auf der vorderen Terrasse, und dann bat ich sie, zu mir herein zu kommen, und sie kam herein, als ob sie ein Gast wäre, was mir idiotisch vorkam.«[73] Daisy verbringt bei diesem Aufenthalt auch wieder viel Zeit mit der Großherzoginwitwe Augusta Caroline. Noch ahnt die Fürstin nicht, dass sie die große, alte Dame in diesen Tagen zum letzten Mal zu Gesicht bekommen wird. Die »Landeszeitung für beide Mecklenburg« meldet schon am 21. November 1916, dass die ehemalige Landesmutter von Mecklenburg-Strelitz erkrankt sei, und am 25. November 1916, dass sie immer schwächer werde. Am 28. November 1916 wendet sich Augusta Caroline ein letztes Mal an ihre Lieben und teilt ihrem Enkelsohn Adolf Friedrich VI. mit, dass sie spüre, dass ihr Ende nah sei und dass sie nur hoffe, ohne langes Leiden von dieser Welt gehen zu können.[74] Am 5. Dezember 1916 stirbt die Großherzoginwitwe im gesegneten Alter von 94 Jahren. Daisy von Pleß empfindet dies als besonders schmerzlich: »Es berührte mich fast mehr, als es der Tod von Granny Olivia[75] getan hatte. Wie war ich froh, diesen letzten Besuch bei ihr im November unternommen zu haben.«[76] Adolf Friedrich VI. ist am Boden zerstört. Er hat seinen wichtigsten Halt verloren. Das Band der Zuneigung, das Großmutter und Enkel verband, war außergewöhnlich. Auch Daisy von Pleß gibt an, niemals eine so enge Vertrautheit, Liebe und Gemeinschaft zwischen Jung und Alt gesehen zu haben.[77] Der Großherzog fühlt sich nun erst recht allein und kann sich in seinem Schmerz niemandem anvertrauen. Das Verhältnis zur Mutter ist eher unterkühlt und seine beiden Schwestern Marie und Jutta leben fernab von Neustrelitz ihr eigenes Leben. Doch er weiß, dass die treue Daisy am ehesten versteht, was in ihm vorgeht. Wohl hat sich auch die Fürstin von Pleß sofort tröstend an den Großherzog gewandt, nachdem man ihr die traurige Nachricht übermittelt hat. Adolf Friedrich VI. richtet seinerseits einen ergreifenden Brief an Daisy von Pleß, den sie in ihren Erinnerungen zitiert: »Ich habe keine Ruhe und keine Zeit, zu schreiben, aber die erste Zeile, die ich schreibe, sollst Du erhalten. Du weißt, was ich verloren habe und dass mein Herz gebrochen ist, niemand das ersetzen kann, was sie für mich war. Dein freundliches und herzliches Mitgefühl hat mir sehr geholfen, danke für alles, was Du geschrieben hast. Ich habe getan, worum Du mich gebeten hast und habe eine Deiner Lilien aus dem Blumenherz in den Sarg der lieben Granny gelegt. Solange der Sarg noch offen war, konnte ich hingehen und in ihr liebes Gesicht sehen und ihre allerliebste Hand küssen. Ich habe lange Zwiesprache mit ihr gehalten, eines Nachts ging ich hin, weil ich das Gefühl hatte, dass sie mich rief. Es war um Mitternacht, ich saß im Parkhaus und ging auf einmal zum Schloss, um sie zu sehen, und dort lag sie in ihrem Schlafzimmer so friedlich in ihrem Bett. Es war die letzte Nacht, am nächsten Morgen holte man sie, um sie in den Sarg zu legen. Ich saß dort für eine lange Zeit und hatte wirklich das Gefühl, dass ihr Geist bei mir war, und Frieden überkam mich. Und nun weiß ich, dass sie mein Leben lang bei mir sein wird. Der Schatz war und wird mir mein Leben lang mein bester und liebster Freund sein. Wenn ich ernste Dinge entscheiden muss, werde ich an sie denken, sie gab so gute Ratschläge. Gestern war der Tag ihrer Beerdigung, ich kann Dir nicht sagen, wie ich gelitten habe, nur Gott weiß, wie es in meinem Herzen aussieht. Oh! Bitte bete für mich. Ich weiß, dass Du es tun wirst. Ich kann nicht bis Weihnachten hier bleiben, ich werde am nächsten Samstag nach Frankreich reisen, erst nach Brüssel, wo ich Geschenke für die Soldaten besorgen werde, dann nach Douai oder in die Gegend. Ich schicke Dir meine Adresse, sobald ich sie weiß. Weihnachten werde ich bei den Verwundeten in den Lazaretten verbringen und versuchen, ihnen zu helfen und meinen eigenen Schmerz zu vergessen. Ich habe die so traurige Aufgabe, Dir den Brief zurückzusenden, den meine liebste Granny nicht mehr öffnen konnte.«[78] Am 17. Dezember 1916 begibt sich der Großherzog, wie er es angekündigt hat, an den Kriegsschauplatz[79] und verbringt das Weihnachtsfest an der Front.

Das Jahr 1917 beginnt für Daisy von Pleß mehr als schlecht. Sie, die bereits in den letzten Jahren mit ersten gesundheitlichen Problemen zu kämpfen hatte, wird zu Beginn des Jahres durch zunehmende Gehbeschwerden und Kreislaufprobleme erst einmal für mehrere Wochen ans Bett gefesselt. Zudem treffen betrübliche Nachrichten von Krankheit und Tod im Familien- und Freundeskreis ein. Im Frühjahr beschließt sie, sich gegen alle Warnungen aus der Familie nach

Fürstenstein zu begeben. Hier ist sie aufgrund der allgemeinen Stimmung und neuerlicher Gerüchte gezwungen, sich vor der Öffentlichkeit und selbst vor den Augen ihres Personals zu verbergen.[80] Großherzog Adolf Friedrich VI. schreibt der Fürstin in dieser Zeit Briefe, in denen er von den Angelegenheiten seiner Großmutter berichtet, die es zu regeln gilt. Er vermisst sie schrecklich und sorgt sicherlich auch bei Daisy für reichlich Sehnsucht und Schwermut, als er sich die guten, alten Zeiten in England in Erinnerung ruft, wo er seine besten Freunde kennen gelernt und seine schönsten Momente erlebt hat.[81] Deutschland ist der Fürstin inzwischen zuwider. Wie eine Fügung des Schicksals mutet daher die Nachricht an, dass Daisy wieder einen Lazarettzug begleiten kann. Ende Oktober 1917 begibt sie sich nach Belgrad und widmet sich mit vollem Einsatz der Pflege der Verwundeten. Nur zu Beginn des Jahres 1918 kehrt die Fürstin zu einem Heimaturlaub nach Deutschland zurück, Ende Januar 1918 weilt sie bereits wieder in Serbien. Hier erreichen sie knapp einen Monat später schreckliche Nachrichten. Adolf Friedrich VI. ist tot. Er hat sich vermutlich selbst gerichtet. »Ich konnte es nicht glauben. Ich hatte ihm zu Weihnachten geschrieben und erhielt eine nette, heitere Antwort aus Strelitz, wo er auf Urlaub war. Er sprach davon, dass es sein erstes Weihnachtsfest ohne seine liebe Granny wäre und dankte mir, dass ich es nie versäumte, sie in jedem Brief zu erwähnen und zu betonen, welch ein Schatz sie war. Er erzählte auch von den Fortschritten im Parkhaus, wo er kürzlich in den Korridoren einige alte kolorierte englische Stiche aufgehängt hatte. Das war auch eine Reverenz an die junge Prinzessin, die er – so hoffte ich – heiraten würde und auch an ihre Mutter. Es war ein lieber Brief, ganz hoffnungsvoll, datiert auf den 10. Januar. Und in weniger als sieben Wochen war er gegangen (...) freiwillig, sagt man. Aber war es freiwillig?«[82] Den besagten Brief des Großherzogs lässt Daisy in einem weiteren Teil ihrer Erinnerungen veröffentlichen, und kurioserweise kann man das Schreiben ganz anders interpretieren, als es die Fürstin tut. Denn Adolf Friedrich VI. spricht darin in Andeutungen und meint vermutlich nicht die Prinzessin, die Daisy ihm als Ehefrau empfohlen hat, sondern vielleicht sogar die Fürstin selbst.

In seinem Brief bedankt er sich bei Daisy für ihr Weihnachtsgeschenk und merkt an, dass er beim Öffnen stets an »jemanden« denke. Er weist darauf hin, dass die Möbel, die der Architekt Kimbel unter Daisys Anleitung arrangiert hat, unverändert am gleichen Platz stünden. In allem, was er im Parkhaus tue, frage er sich, ob es »ihr« gefalle. Er hoffe, dass »sie« eines Tages komme und bleibe. Er denke stets an »sie« und bete für »sie«. Zu guter Letzt fügt Adolf Friedrich VI. an, dass »sie« in kommenden, besseren Zeiten Patsy, Ruthin und alle lieben Freunde und Orte wiedersehen werde.[83] Patsy ist der Spitzname von Daisys Mutter und Ruthin der Familiensitz der Cornwallis-West. Träumte Adolf Friedrich VI. etwa von einer gemeinsamen Zukunft mit Daisy? Als bester Freund der Fürstin muss er gewusst haben, wie es um die Ehe des Fürstenpaares Pleß stand. Daisy war zudem seine Seelenverwandte, die einzige Vertraute, die ihm nach dem Tod der Großmutter blieb. Für ihn war die Fürstin keine alternde Frau, sondern glich einem ewig jungen Traumbild. Die glücklichsten Stunden seines Lebens verbrachte er in ihrer Gesellschaft.

Daisy sucht nachweislich in den Jahren vor dem Tod Adolf Friedrichs VI. fieberhaft nach einer Braut für den Mecklenburg-Strelitzer Regenten. Tut sie dies vielleicht, um ihn von seiner Schwärmerei für sie abzubringen? Schließlich hatte sich die Zuneigung eines früheren platonischen Freundes auch deutlich abgekühlt, als dieser zum Traualtar schritt und in seiner Ehe glücklich wurde. Aber vermutlich will Daisy der Realität – dass der Großherzog wohl mehr als Freundschaft bei ihr sucht – einfach nicht ins Auge blicken. Dies mag ihre wiedergegebene Version von Adolf Friedrichs letztem Brief erklären. Daisy wusste, dass sich der junge Mann vor einer Heirat mit einer fremden Prinzessin fürchtete. Das beweist beispielsweise ein nach dem Tod des Großherzogs verfasster Brief von Margarethe von Hessen. Die Schwester des Kaisers bezieht sich darin auf ein Schreiben Daisys, in dem ihr die Fürstin diesen Fakt mitgeteilt haben muss.[84]

Sofort nach dem Tod des jungen Adolf Friedrich VI. werden in den Zeitungen die wildesten Gerüchte verbreitet. Daisy fühlt sich trotz des Schocks um den Verlust des Freundes bemüßigt, ihre

Adolf Friedrich VI. v. Mecklenburg-Strelitz auf einer signierten Fotografie von 1913

Version der Geschichte in ihren Erinnerungen zu präsentieren: »So viel Unsinn ist über den Tod des Großherzogs zu dieser Zeit geschrieben worden, dass ich, um sein Andenken zu wahren, dagegen setzen muss, was ich weiß. Eine dumme Geschichte, die andauernd wiederholt wurde, ist die, dass der deutsche Geheimdienst herausgefunden habe, dass er für England spionierte und dass man ihn dann vor die Wahl gestellt hätte, als Verräter erschossen zu werden oder sich selbst das Leben zu nehmen. Die Klatschpresse ergriff die Gelegenheit, um anzudeuten, dass der Großherzog – so wie ich – mehr Engländer als Deutscher gewesen sei und dass ich irgendwie den Grund für seinen Tod darstellen könnte.«[85]

Da Daisy zum Zeitpunkt des Todes weit weg in Belgrad im Lazarett arbeitet, kann sie sich nur auf den Bericht einer guten gemeinsamen Freundin verlassen, der ihr detaillierte und vermutlich authentische Fakten über die Vorgeschichte und den Vorfall an sich liefert. »(…) Ende Januar verbrachten wir zusammen einige Tage in Berlin, wo er heiter und zufrieden und voller Zukunftspläne war. Man kann nicht verstehen oder begreifen, was diese entsetzliche Angelegenheit ausgelöst hat. Soweit ich das beurteilen kann, neigte sein Charakter nicht zur Melancholie. Natürlich war er einsam, aber ich hatte nicht den Eindruck, dass es ihn gestört hätte und fand, dass es ihm gut ging und dass er ständig mit Dingen beschäftigt war, die es zu ordnen und zu regeln galt. Der Tod seiner geliebten Großmutter hatte ihm sicher den besten Ratgeber genommen, und ihr Verlust war ihm schmerzlich bewusst. Daher hätte man vermuten können, dass er nicht länger so einsam leben wollte. (…) Was muss das arme Ding in den letzten Tagen gelitten haben, und da war niemand, der ihm half. Ich weiß, wie schwer Sie dieses Unglück getroffen hat. (…) Können Sie sich vorstellen, dass das reizende Parkhaus seinen Schöpfer für immer verloren hat? Welche Freude er daran hatte. (…) Die Fakten, die mir bekannt sind, sind folgende: er ging am 23. um 4 Uhr mit dem Hund spazieren. Als er bis zum Abendessen nicht zurück war, begannen seine Leute, unruhig zu werden. Sie begaben sich auf die Suche, aber fanden nichts. Militärpolizei mit Hunden suchte dann weiter, und am nächsten Tag um die Mittagszeit fand der Leibwächter zuerst seinen Hund, der bei seiner Mütze am Kanal saß. Als man den Kanal absuchte, fand man den Körper mit einer Schusswunde an der Schläfe.[86] Die Waffe wurde noch nicht gefunden. Das ist alles, was ich weiß.«[87]

Daisy merkt hierzu kurz an, dass sie ihrem Tagebuch anvertraute, wie sehr sie diese Angelegenheit mitnahm. Sie zieht es jedoch vor, diese Passagen in ihren Erinnerungen nicht wiederzugeben, da sie »zu intim« wären. Kommt ihr vielleicht kurz der schreckliche Gedanke, dass unerfüllte Liebe, falsch verstandene Loyalität und die Angst vor einer arrangierten Ehe ihren besten Freund zu dieser Tat getrieben haben könnten? Oder plagen sie gar Schuldgefühle? Der sinnlose Tod des jungen Adolf Friedrich VI. regt sie sehr zum Nachdenken an, da sie einige seiner Lebensumstände auf sich beziehen kann. »Ich denke, der Verlust seiner Großmutter, die scheinbare Endlosigkeit des Krieges, sein Herz in England und das Heim in Deutschland und dass beide Länder gegeneinander kämpften, zerriss ihn innerlich, und er konnte es nicht länger ertragen«[88], vermutet die Fürstin. Zudem bringt sie einen weiteren interessanten Fakt ins Spiel: »Und dann war da noch der furchtbar erschöpfende chronische Heuschnupfen, der, so sagte man mir, in äußerste Depression führen kann.«[89] In einigen Briefen hat ihr Adolf Friedrich VI. von den wiederkehrenden, quälenden Attacken erzählt, die ihn wohl bereits als Kind plagten. In den Jahren ihrer Freundschaft erlebt die Fürstin die Auswirkungen der Erkrankung auf die Lebensqualität des Großherzogs auch persönlich mit. In ihren Erinnerungen gibt sie an, bis zu ihrem Zusammentreffen mit dem jungen Mann nicht gewusst zu haben, wie ernst diese Krankheit sein kann.[90]

Doch während Daisy von Pleß noch um den Freund trauert, stürzen sich die deutsche und die englische Presse abermals auf sie und eröffnen die nächste Hetzjagd. Es geht vordergründig um Spionage, um eine angebliche Liebesbeziehung und somit um eine gewisse Mitschuld am Tod des Großherzogs. Die Fürstin erhält selbst aus dem Ausland Unterstützung von adliger Seite. Obwohl er sich zu dieser Zeit bereits Sorgen um andere Dinge machen muss, schaltet sich sogar Kaiser Wilhelm II. ein, um Daisys Namen zu rehabilitieren. Ihr Mann Hans Heinrich von Pleß, der seine Frau in den Kriegsjahren so gut wie gar nicht zu Gesicht bekommen hat, überzieht zudem einige Journalisten mit Klagen. Daisy stellt in ihren Erinnerungen einige der falschen Meldungen klar und betont, dass sie dem Großherzog seit dem Frühjahr 1916 nicht mehr begegnet sei.[91] Dies widerspricht jedoch nachweislich den Tatsachen. Daisy unterschlägt an dieser Stelle den zehntägigen Sommeraufenthalt des Jahres 1916 in Heringsdorf. Auch ein Brief ihres Mannes Hans Heinrich vom 23. Februar 1917 zeigt deutlich, dass der persönliche Kontakt auch danach nicht abriss: »Tante M. hat mir einen Expressbrief gesandt, in dem sie mir mitteilte, dass Du und der Großherzog am 27. Februar mit ihnen essen oder sie nur besuchen wollt. (...) Ich hatte dem Großherzog vor einigen Tagen geschrieben und ihn gefragt, ob er am 28. Februar mit mir speisen wolle. (...) Ich vermute, dass der Großherzog den Brief, den ich nach Strelitz gesandt habe, nicht erhalten hat; ich konnte nicht ahnen, dass er schon bei Dir in München oder Berchtesgaden war.«[92] Aber das Schreiben scheint zugleich zu bestätigen, dass die Beziehung zwischen der Fürstin und Adolf Friedrich VI. von Mecklenburg-Strelitz platonischer Natur war. Hans Heinrich von Pleß bezeichnet darin seine Frau als mütterliche Freundin des jungen Mannes und schreibt ganz offen, dass über eine Liebesbeziehung zwischen ihr und Adolf Friedrich VI. geklatscht werde, was aber natürlich nicht stimme.[93] Weiterhin liefert der Brief Beweise für Daisys unermüdliche Bemühungen, eine Frau für den Großherzog zu finden. Hans Heinrich von Pleß berichtet von dem geplanten Treffen von Tante M., ihrer Tochter und Adolf Friedrich VI. von Mecklenburg-Strelitz. Bei den beiden Damen handelt es sich wohl um die geborene Gräfin Magdalene von Solms-Laubach und ihre einzige Tochter, Benigna Prinzessin Reuß zu Köstritz. Der Fürst von Pleß bittet seine Frau in seinem Brief, nicht bei diesem Treffen zugegen zu sein, da er um die Ansichten Tante Magdalenes weiß – schließlich kennt wohl auch sie die zu dieser Zeit kursierenden Gerüchte um eine Liebesbeziehung zwischen Daisy und Adolf Friedrich VI. Für den Fall, dass die junge Prinzessin den

Geschmack des Großherzogs nicht treffen sollte, hat Hans Heinrich von Pleß zwei Ersatzkandidatinnen ins Auge gefasst. Die Auserwählten sind, den Abkürzungen im Brief nach zu urteilen, vermutlich Prinzessin Viktoria Irene von Schleswig-Holstein-Sonderburg-Glücksburg und Prinzessin Helene zu Waldeck-Pyrmont.[94]

Die Fürstin wünscht sich nach dem Tod des großherzoglichen Freundes und den allgegenwärtigen Hetzkampagnen der Presse nur noch etwas Urlaub und Zeit für sich. Der Krieg scheint inzwischen verloren, was Daisys Mann noch nicht so recht wahrhaben will. Fleißig schickt er Daisy Beschreibungen von Angriffen und Kämpfen und bemerkt in seinem Eifer überhaupt nicht, wie sehr dies seine englischstämmige Frau erschüttert. Daisy hält sich ab September 1918 wieder in Belgrad auf und als die allgemeinen Auflösungserscheinungen einsetzen, schlägt sie sich nach Budapest und später nach München durch. Im November 1918 ist der Krieg endgültig vorbei, die Monarchie Geschichte, und die Fürstin weiß nicht, wohin sie gehen kann. Ihr Ehemann weigert sich, sie nach Schlesien kommen zu lassen. Obwohl nun Frieden herrscht, bleibt Daisy von Pleß als Engländerin weiterhin vielen suspekt. Im Herbst 1919 darf sie ihre geliebte englische Heimat erstmals wieder betreten, aber dort wartet niemand auf sie. Schließlich hat sie in deutschen Diensten gestanden. Daisy irrt in den Jahren nach dem Krieg ziellos umher und kann erst 1921 offiziell zu ihrem Mann zurückkehren. Doch das Fürstenpaar Pleß, das nie eine liebevolle und erfüllende Beziehung führte, hat sich zu sehr voneinander entfernt. Zwar waren sich Daisy und ihr Gatte merkwürdigerweise in den Kriegsjahren, in denen sie sich kaum sahen und fast nur in Briefkontakt standen, näher als je zuvor, aber diese Verbundenheit lässt sich nach den schweren Zeiten nicht in den Alltag hinüberretten. In ihren Erinnerungen deutet die Fürstin zudem an, dass ihr Mann schon vor dem Krieg mindestens zwei Affären unterhielt. Also ist an einen Neuanfang nicht zu denken. Im Oktober 1922 kommt es zur Scheidung, die im Dezember 1922 für rechtskräftig erklärt wird. Daisy von Pleß erhält eine großzügige Apanage, zwei Wohnsitze und Personal zugesprochen, damit sie ihren gewohnten Lebensstil beibehalten kann.

Dennoch sind die folgenden Jahre geprägt von finanziellen Sorgen und Rechtsstreitigkeiten um das Geld. Die Inflation des Jahres 1923 lässt die vom Fürsten von Pleß überwiesenen Summen binnen kurzer Zeit zusammenschrumpfen. Aber auch er steckt bald aufgrund politischer Entwicklungen in Schlesien in finanziellen Schwierigkeiten. Dennoch führt er 1925 eine zweite Frau heim, die fast 40 Jahre jüngere Marquesa Clotilde de Silva y Gonzales de Candamo. Doch die Spanierin sorgt später für einen Familienskandal, als sie Daisys jüngsten Sohn Bolko verführt. Dieser wird dann eines Tages sogar mit seiner jungen Stiefmutter vor den Altar treten.

Obwohl sie rastlos durch die Lande irrt, vereinsamt Daisy von Pleß zusehends, und ihr gesundheitlicher Zustand verschlimmert sich rapide. Auch ihre finanzielle Situation wird immer prekärer. 1928 veröffentlicht sie den ersten Band ihrer Tagebücher und taucht so ein wenig aus der Versenkung auf. Doch jetzt schlägt der Fürstin aus den Kreisen des deutschen Adels Hass entgegen, hat sie doch in ihrer gewohnt offenen Art aus dem Nähkästchen geplaudert und damit so manchen Standesgenossen vor den Kopf gestoßen. Wenigstens bringen die Tagebücher etwas Geld ein, was jedoch Daisys Kontostand nicht entscheidend verbessert. Sie ist eine sogenannte Devisenausländerin, da sie mit ihrer Heirat ihre britische Staatsbürgerschaft aufgegeben hat und nach ihrer Scheidung nicht mehr als deutsche Staatsbürgerin gilt. Somit verringert sich in den 1930er-Jahren ihre Apanage weiter und wird nur mit großen Verzögerungen ausgezahlt.[95] 1935 geht Daisy von Pleß nach Fürstenstein zurück und bezieht mit ihrer Pflegerin Dolly eine kleine Wohnung im Torhaus. Ihre Gesundheit lässt weiter zu wünschen übrig und sie verarmt weiter. Außer zu ihrer Pflegerin und zu ihrem Arzt hat sie kaum noch Kontakt zu anderen Menschen, selbst die Aufenthaltsorte ihrer beiden noch lebenden Söhne Hans und Lexel sind ihr nicht mehr bekannt. 1940 muss Daisy nach Waldenburg umsiedeln, wo sie noch isolierter lebt. Aber trotz aller finanziellen Schwierigkeiten und einer fortschreitenden Lähmung, die bald den ganzen Körper ergreift, bleibt Daisy von Pleß heiter und gelöst. Einen Tag nach ihrem 70. Geburtstag, am 29. Juni

1943, legt sie ihren Kopf auf die Schulter ihrer Pflegerin Dolly und schläft friedlich für immer ein. Unter Anteilnahme der Bevölkerung und ehemaliger Angestellter wird Daisy im Mausoleum der Familie Pleß bestattet. Doch die Fürstin, die eigentlich gar nicht ihre letzte Ruhe in diesen düsteren Mauern finden wollte, bleibt dort nicht allzu lange. In den letzten Kriegstagen wird die Gruft geplündert und man beeilt sich, Daisy schnell außerhalb des Mausoleums zu beerdigen. Doch der Leichnam wird entdeckt und ausgegraben. Die Grabschänder sind vermutlich auf der Suche nach Daisys berühmten, sagenhaft teuren „Pleß-Perlen" und nehmen an, dass man die Fürstin mit ihnen bestattet hat. Das ist jedoch nicht der Fall. Daisy von Pleß wird später unter den alten Linden am Rande des Mausoleums erneut begraben. Das Grab wird diesmal vorsorglich dem Erdboden gleichgemacht.[96] Damit versucht man, die Fürstin zu schützen, so wie man es einst bei ihren heimlichen Besuchen in Neustrelitz tat.

Kurzvisiten bei bestem Hohenzollernwetter

Kaiser Wilhelm II. (1859–1941)
Kaiserin Auguste Viktoria (1858–1921)

Egal, wo er auch hinkommt: dieser Mann mobilisiert die Massen. Kaiser Wilhelm II. fasziniert seine Zeitgenossen über alle Gebühr. Liegt es an seinem theatralisch anmutenden, zackigen Auftreten? In der Öffentlichkeit erscheint der Kaiser fast immer in einer seiner unzähligen prächtigen Uniformen, die Enden seines Schnurrbartes sind stets akkurat nach oben gezwirbelt; und die linke Hand ruht auf dem Säbel oder wird majestätisch in die Hüfte gestützt. Oder sind es seine hellen, oft stechend dreinblickenden Augen, die Untertanen und auch Staatsmänner in ihren Bann ziehen? Oder die zahllosen Reden an das Volk, dessen Ton er gut zu treffen versteht? Noch heute kann man sich im Internet[1] eine Rede des Monarchen aus den ersten Kriegstagen des Jahres 1914 anhören. Die kaiserliche Stimme, die einen leichten Berliner Einschlag aufweist, klingt fest und entschlossen. Beim wiederholten Hören wird jedoch die uns heute oftmals etwas lächerlich anmutende Theatralik des Monarchen deutlich.

Sobald Wilhelm II. irgendwo im deutschen Reich seinen Besuch ankündigt, bemüht sich sein Volk, dem Monarchen einen unvergesslichen Empfang zu bereiten und scheut hierfür keine Kosten und Mühen. Auch die Neustrelitzer legen sich gehörig ins Zeug, als sie am 17. Februar 1893 gerüchtehalber erfahren, dass ihr Kaiser gedenke, der Residenzstadt wenige Tage später einen Besuch abzustatten. Schon einen Tag nach dieser ersten Meldung beginnen sie mit umfangreichen Vorbereitungen: »(…) Über den in Aussicht genommenen Schmuck des Straßenzuges, den Ihre Majestäten am Donnerstag passiren werden, erfahren wir, dass am Eingange der Strelitzerstraße eine Ehrenpforte errichtet werden soll, während die Strelitzerstraße, der Marktplatz und die Schloßstraße bis zum Schloßplatze mit durch

Guirlanden verbundenen großen Nadelhölzern geschmückt werden. Bei der Ehrenpforte an der Strelitzerstraße wird, dem Vernehmen nach, die Begrüßung Sr. Majestät durch den Bürgermeister unserer Stadt erfolgen. Längs der via triumphalis werden außer den Kriegervereinen und den Schützengilden des hiesigen Landes die Schulen, Gewerke ec. der Residenzstadt Spalier bilden. Damit die Ausschmückung der Straßen, die das Kaiserpaar passirt, eine einheitliche werde, wird dieselbe auf Kosten der Stadt-Verwaltung ausgeführt werden. Der Bau der Ehrenpforte ist dem Baumeister Wolter übertragen, während die Schmückung des Eingangs und des Endes der Schloßstraße die Zimmermeister Seyberlich und Reinke übernommen haben und die Herstellung der via triumphalis durch den Maurermeister Reinke erfolgen wird.«[2]

Die Ankündigung des Besuches trifft die Neustrelitzer aus heiterem Himmel. Kaiser Wilhelm II. ist allgemein für seine Rastlosigkeit und Spontanität bekannt. Was ihn letztlich bewogen hat, mitten im tiefsten Winter zum ersten Mal seinen Fuß auf Neustrelitzer Boden zu setzen, ist nicht bekannt. Vermutlich kommt er einer früher ausgesprochenen Einladung des Großherzogspaares Friedrich Wilhelm und Augusta Caroline nach, die ein Jahr zuvor in Berlin bei der Taufe des Kaisertöchterchens Viktoria Luise zugegen waren. Zudem sind Großherzogs ja auch relativ eng mit dem Kaiser verwandt. Schließlich stammt die berühmteste gemeinsame Vorfahrin, Königin Luise, aus dem Hause Mecklenburg-Strelitz und Großherzogin Augusta Caroline ist die Cousine von Wilhelms Großmutter Queen Victoria. Die Beziehungen des großherzoglichen Hofes zum Kaiserhaus sind jedoch nicht ganz ungetrübt. Für die Mecklenburg-Strelitzer Familie wiegt die 1866 erfolgte Annexion des Königreichs Hannover durch Preußen immer noch schwer, ist doch Großherzogin Augusta Carolines Vater einst Vizekönig von Hannover gewesen und sie selbst dort auf Schloss Monbrillant geboren. Auch die Kaiserproklamation von 1871 geht Großherzog Friedrich Wilhelm wohl etwas gegen den Strich, denn er schwänzt einfach dieses Ereignis. Damit es keinen Ärger gibt, muss an seiner statt der Thronfolger Adolf Friedrich nach Versailles reisen und der bundesfürstlichen Pflicht nachkommen. Zeitweise ist man in Preußen gar der Meinung, dass es vielleicht besser wäre, den quer schlagenden Großherzog Friedrich Wilhelm abzusetzen. Doch ab 1888 wendet sich das Blatt etwas. Für knapp 99 Tage folgt dem ersten deutschen Kaiser Wilhelm sein Sohn Friedrich nach und dessen Frau Victoria, die »Kaiserin Friedrich«, gehört als Tochter der englischen Queen zur näheren Verwandtschaft. Zwar scheint die Verbundenheit zwischen den Mecklenburg-Strelitzern und der einstigen Princess Royal nicht immer die engste gewesen zu sein, wenn man den Briefwechsel der 99-Tage-Kaiserin mit ihrer königlichen Mutter genau betrachtet – vor allem in ihren ersten Jahren am preußischen Hof warnt Queen Victoria ihre Tochter des Öfteren vor der Großherzogin Augusta Caroline. Doch zumindest sehen sich die Mecklenburg-Strelitzer Landesmutter und die spätere »Kaiserin Friedrich« von Zeit zu Zeit und wechseln wohl auch einige Briefe, wie manche Quellen vermuten lassen.[3]

Kaiser Wilhelm II.

Im August 1888 macht Großherzogin Augusta Caroline dann bei einem Aufenthalt auf ihrem Keppschloss bei Dresden die Bekanntschaft des dritten Kaisers des Jahres 1888. Wilhelm II. stattet dem sächsischen König zu dieser Zeit einen privaten Kurzbesuch ab. Vielleicht kennt Augusta Caroline den Enkel ihrer Cousine Queen Victoria sogar schon von Kindesbeinen an. Doch die Begegnung mit dem jungen Kaiser auf Schloss Pillnitz wirkt bei der Großherzogin so stark nach, dass sie in gleich zwei Briefen ausführlich darüber berichtet. Ihrem Bruder George, dem Duke of Cambridge, schreibt sie am 30. August 1888: »(...) Ich dachte, dass Du gern etwas über die Visite des jungen Kaisers Wilhelm II. hören möchtest, der den Sachsen einen freundschaftlichen Besuch (…) abgestattet hat. Ich war zum Essen in Pillnitz eingeladen, und natürlich bin ich hingegangen. Ich sprach ihn auf Englisch an, da ich von Anfang an wünschte, eine Beziehung zwischen uns herzustellen, und er antwortete frisch und frei. (…) nach dem Abendessen zogen wir uns mit der Familie in einen anderen Raum zurück, wo wir für eine Weile Konversation betrieben. Der König begann damit, einige taktlose Bemerkungen über England zu machen, so dass ich befürchtete, dass der junge Mann darauf eingehen könnte, daher wechselte ich das Thema. (…) Kaiser Wilhelm nahm dann ein Gespräch mit mir auf, sprach über das ›Fiasko‹ unserer Seemanöver. (…) Dann lobte er Dich, ›Onkel George‹, in den höchsten Tönen und sagte, dass sie immer deinem Rat folgen sollten. (…) All das war für die Sachsen, die verärgert dreinschauten, natürlich unerhört. Zu hören, dass er mit mir ganz frei über englische Angelegenheiten und Dinge sprach! (…)«[4] Ihrem Neffen Adolphus of Teck, genannt Dolly, vertraut Augusta Caroline an, dass der Besuch des Kaisers für jede Menge Aufregung am sächsischen Hof gesorgt habe: »(…) ihre überraschten Gesichter haben mich enorm amüsiert, als er auf mich zukam und ich ihn auf Englisch ansprach! und er schnell antwortete.«[5]

Nun also gelüstet es den hochadligen Hohenzollernspross danach, das kleine, winterliche Neustrelitz kennen zu lernen und die Verwandten auf ihrem eigenen Schloss zu besuchen. Großherzog Friedrich Wilhelm will dem Kaiser seine Residenzstadt von ihrer besten Seite präsentieren. Fieberhaft wird daher in den Tagen vor dem Besuch an der Ausschmückung der Stadt gearbeitet und man trifft weitere Vorkehrungen: »(…) Auf dem Marktplatze sowie in der Strelitzer und in der Schloßstraße waren heute Morgen zahlreiche Arbeiter thätig, um den Boden für die aufzustellenden Bäume auszuheben. Ganze Wagenladungen voll Grün wurden im Laufe des Tages in die Stadt gebracht, um zu Guirlanden, deren Anfertigung 4 hiesigen Gärtnern übertragen ist, verarbeitet zu werden. In der Nähe der Ehrenpforte, welche am Eingange der Strelitzer Straße errichtet wird, und in welcher außer den Mitgliedern des Magistrats ec. eine Anzahl von Ehrenjungfrauen Aufstellung nehmen werden, soll auch eine Tribüne von 2–300 Sitzplätzen erbaut werden, um den sich dafür interessirenden Publicum die Möglichkeit zu schaffen, während der Ansprache an die Majestäten einen guten Platz zu haben. Es werden hierzu Billets zu 2,00 und 1,50 Mk. ausgegeben. (...) Der Zufluß von Fremden dürfte nach den bisherigen Anmeldungen zu schließen, ein ganz kolossaler werden; (...) Die Kriegervereine aus der näheren Umgegend dürften fast vollständig zu diesem Tage erscheinen.«[6] Schon einen Tag später kündigt die »Neustrelitzer Zeitung« an, dass die Kriegervereine mit über 500 Mann vertreten sein werden. Aber auch der Großherzog möchte bei dieser Gelegenheit seine Garnison ins rechte Licht rücken: »(...) eine Compagnie des 2. Bataillons ist zum Absperren des Bahnsteiges und des Platzes vor dem Bahnhofsgebäude commandirt, die übrigen drei Compagnien und die 9. Batterie bilden zu beiden Seiten des Weges vom Erbgroßherzoglichen Palais bis zum Schloß Spalier, Musik zur Stelle. Vor den Gemächern der Allerhöchsten Herrschaften werden Doppelposten von Unterofficieren des Bataillons und der Batterie gestellt. Die Schloßwache wird mit einem Officier besetzt.«[7] Doch obwohl die Neustrelitzer fleißig weiter bauen und schmücken, läuft nicht alles ganz nach Plan. Das Wetter macht den tüchtigen Bürgern einen gehörigen Strich durch die Rechnung: »(...) zahlreiche Arbeitskräfte sind emsig bemüht, die Decoration zu beenden. Mehrfache Schwierigkeiten waren namentlich bei der Errichtung der Ehrenpforte zu überwinden, da das in letzter Zeit herrschende Thauwetter einen starken Wasserandrang zur Folge hatte, während der Frost noch nicht ganz aus dem Boden gewichen ist. Da aber mit allen Kräften an der Vollendung der Ausschmückung gearbeitet wird, so wird dieselbe zu rechter Zeit fertig gestellt sein.«[8] Ob Wilhelm II. weiß, was er den emsigen Neustrelitzern antut, als er einen Tag vor seinem Besuch verlauten lässt, dass er sich »im Hinblick auf die Jahreszeit und auf das ungünstige Wetter« jeden größeren Empfang verbitte?[9] Daraufhin verkündet Großherzog Friedrich Wilhelm leicht verschnupft, dass er von der Aufstellung der Ehrenwache auf dem Bahnhof und auf dem

Schlossplatz Abstand nehme und der Hof nicht in Uniform antreten werde. Jedoch will er »die Stadt in ihren Vorbereitungen zum Empfange nicht gestört wissen«.[10]

Doch der Vorfreude der Neustrelitzer tut dies keinen Abbruch. Schon einen Tag vor der geplanten Visite veröffentlicht die Zeitung ein etwas holpriges Gedicht, mit dem sie den meisten Bürgern und den zahlreich angekündigten Gästen sicher aus dem Herzen spricht:

> (…)
> Was nur als hehres Traumbild uns erschienen
> Und lange war des Herzens stilles Flehn
> Der hohe Flug der Phantasie, der kühnen,
> Soll heute endlich in Erfüllung gehen.
> (…)
> Und jubelnd klingt es heut in jedem Kreise,
> Es klingt überall so treu und wahr
> Nach biedrer Mecklenburger Art und Weise:
> Willkommen tausendmal, o edles Herrscherpaar![11]

Noch am Morgen des 23. Februars 1893, dem Tag des Besuches, legen die Neustrelitzer letzte Hand an den kaiserlichen Festschmuck, da am Vortag die Arbeiten durch dichtes Schneetreiben nicht beendet werden konnten. Die Häuser flaggen am frühen Vormittag. Gedränge herrscht in den Straßen, da viele Fremde mit Extrazügen in der Residenzstadt eintreffen und einen guten Platz mit freier Sicht auf das Kaiserpaar suchen. Gegen 10 Uhr sammeln sich bereits die Kriegervereine, Schützenzünfte, die hiesigen Vereine und Innungen und nehmen knapp eine Stunde später Aufstellung an den ihnen zugewiesenen Plätzen. Laut der »Neustrelitzer Zeitung« stehen an diesem Tag etwa 3000 Menschen Spalier.[12] Und wie sollte es auch anders sein: wenn der Kaiser kommt, hat im wahrsten Sinne des Wortes bestes Kaiserwetter zu herrschen. So auch in der Residenzstadt. Das Schneetreiben hört auf und die Neustrelitzer können bei schönstem Wintersonnenschein auf ihren Monarchen warten.

Kaiser Wilhelm II. und seine Gattin Auguste Viktoria auf einer alten Postkarte aus dem Jahr 1906

Pünktlich um 12:30 Uhr läuft der kaiserliche Extrazug mit sieben Salonwagen auf dem Bahnhof ein. Der Monarch und seine Gattin Auguste Viktoria werden dort von der großherzoglichen Familie erwartet. Großherzogin Augusta Caroline berichtet in einem Brief an ihren Bruder, welche Szenen sich am Neustrelitzer Bahnhof abspielten: »(...) er sprang aus dem Wagen, direkt in meine Arme! Er hat immer seinen Spaß mit mir. (...)«[13] Anschließend erhalten die Neustrelitzer Gelegenheit, einen Blick auf ihren Kaiser zu werfen. »Wilhelm II. fuhr mit Fritz und Dolphus – alle drei in Ulanen-Uniform – in einer offenen Kalesche mit 4 Pferden, 2 Vorreitern; dann kam ein Wagen mit der Kaiserin und mir, Elly folgte mit ihren vier Küken und neun weitere Kutschen mit der Suite, alle natürlich in roter Livree.«[14] An der Ehrenpforte bereitet der Bürgermeister der Stadt dem Kaiser einen gebührenden Empfang. Der Kaiserin wird wenig später von einer der Ehrenjungfrauen ein huldvolles Gedicht vorgetragen sowie ein geschmackvolles Blumenbouquet überreicht.[15] Gegen 13 Uhr erreichen die Kutschen unter Fahnenschwenken und dem ungebremsten Jubel der Bürger das Schloss. Hier hat man ein Mittagessen für 35 Personen vorbereitet und das Kaiserpaar nimmt zwischen den großherzoglichen Herrschaften Platz. »Die beiden aßen eine ganze Menge«, merkt Großherzogin Augusta Caroline zwei Tage später leicht amüsiert an, »sie machten den Eindruck, als ob sie den ganzen Winter nichts zu essen bekommen hätten.«[16] Natürlich wird fleißig Konversation betrieben, und der Großherzog wie auch der Kaiser glänzen als gewandte Redner. Die »Neustrelitzer Zeitung« veröffentlicht zwei Tage später die Inhalte der Tischreden, jedoch merklich pikiert, da bereits Berliner Blätter detailliert darüber berichtet hatten. Auch Großherzogin Augusta Caroline schildert ihrem Bruder George in ihrem Brief vom 25. Februar 1893 en detail, was ihr Gatte und auch der Kaiser zum Besten gaben. Im Vordergrund steht die Verbundenheit des kaiserlichen und des großherzoglichen Hauses auf verwandtschaftlicher Ebene. Kaiser Wilhelm II. gibt seiner Rede zudem einen sehr familiären Anstrich und redet das Großherzogspaar mit »Euch« an.[17] Nach dem Mittagessen bleibt nur noch ein wenig Zeit für die Besichtigung des großen Saales und für den üblichen Austausch von Orden. Augusta Caroline kann sich für ihren Sohn freuen: »Dolphus erhielt die Hohenzollern-Kette.«[18] Schon um 4 Uhr am Nachmittag tritt das Kaiserpaar die Rückreise nach Berlin an. Großherzogin Augusta Caroline kann den Besuch als vollen Erfolg werten: »Ich denke, sie waren erfreut über ihren Empfang, so sagten sie zumindest, und sie werden (...) eines Tages mit ihren Kindern wiederkommen, so meinte er. Ich kann gar nicht sagen, wie nett, wie liebenswert sie beide waren.«[19] Die Großherzogin bemüht sich nach eigenen Worten auch sofort, der Mutter des Kaisers und seiner englischen Großmutter einen Bericht über den Besuch des Monarchen zukommen zu lassen.[20]

Der nächste Besuch des Kaisers in der Residenzstadt hat keinen freudigen Anlass. Großherzog Friedrich Wilhelm ist am 30. Mai 1904 nach über 40-jähriger Regentschaft gestorben und Kaiser Wilhelm II. möchte nun dem »edelsten und ältesten der deutschen Bundesfürsten« persönlich die Ehre erweisen. In einem Telegramm vom 31. Mai

1904 an die nunmehr Großherzoginwitwe Augusta Caroline schlägt der Kaiser familiäre, ja einfühlsame Töne an:

»(...) in innigster antheilnahme gedenke ich deiner. du weiltest jetzt in der heimath deiner kindheit in traurigen erinnerungen, da du dort vor allem den vermisstest, der dir am naechsten stand und den mein herr groszvater immer den besten soldaten englands nannte.[21] nun rief dich gottes unerforschlicher rathschluss in deine mecklenburgische heimath zu neuem leid und tiefster trauer heimwaerts. ich hatte gehofft dem ehrwuerdigem lieben paare, wie im brillantschmuck, so auch zur eisernen hochzejtsfeier meine treuesten glueckwuensche darbringen zu koennen. gott der es anders beschloszen, moege nun in seiner gnade dir trost verleihen. lindern aber moege deinen schmerz nicht nur die trauer eurer mecklenburgischen lande, sondern auch meine und meines hauses tiefe antheilnahme, der ich ausdruck geben moechte, indem ich dem, nun in gott von segensreicher lebensarbeit ausruhenden, aeltesten bundesfuersten unseres deutschen vaterlandes die letzte ehre erweise: = wilhelm.«[22]

Kaiser Wilhelm II. reist am 6. Juni 1904 zur Trauerfeier in Neustrelitz an und kehrt anschließend sofort nach Berlin zurück. Die Feierlichkeiten müssen den Kaiser jedoch sehr bewegt haben, denn noch am gleichen Abend schickt er zwei Telegramme an die großherzogliche Familie. Das erste ist an die Großherzoginwitwe Augusta Caroline adressiert: »Ich stehe noch ganz unter dem Eindruck der wundervollen, vornehmen Feier, welche aufrichtiger Trauer um einen edlen Fürsten und Landesvater so warmherzigen Ausdruck gab. Dir aber, gnädigste Tante, habe ich aufrichtig zu danken, daß Du in all Deinem Schmerz die alte Herzensgüte und Herzensfreundlichkeit mir zu erkennen gabst, für die ich Dir ganz besonders dankbar und erkenntlich bleibe. Möge Gottes Gnade Dir weiter Trost und Stütze sein auch auf dem letzten Schmerzenswege. Schone Dich nur, und nicht nur für Dich, sondern auch für diejenigen, die Dich von Herzen lieb haben und verehren, und rechne zu diesen immerdar Deinen treuergebenen Neffen Wilhelm.«[23]

Trotz aller politischen und persönlichen Ressentiments, die die

Kaiser Wilhelm II. auf einer alten Postkarte aus dem Jahr 1907

alte Dame mehr oder weniger gegen Preußen und das Kaisertum hegt, lässt sie sich diese im Umgang mit Kaiser Wilhelm II. nicht anmerken und schließt ihn über all die Jahre wohl doch ein wenig ins Herz. Der Kaiser ist seinerseits von der hochgebildeten, politisch sachverständigen und mit einem messerscharfen Verstand ausgestatteten Großherzoginwitwe sicher hellauf begeistert. Zudem mag ihm ihre zugewandte, mütterliche Art gut getan haben, hat er doch solche Herzenswärme in seiner eigenen Familie nicht unbedingt erlebt. Aufgrund einer Geburtskomplikation ist der linke Arm des Kaisers verkümmert, was er bei offiziellen Anlässen oder bei Fotoaufnahmen zu kaschieren versucht, indem er stets die bekannten Posen einnimmt, die bald zu seinem Markenzeichen werden. Nach Möglichkeit macht er in der Öffentlichkeit auch nur wenig Gebrauch von der linken Hand. Der verkümmerte Arm verursacht zudem Haltungsschäden und der Monarch leidet oft unter Schmerzen. Zeitlebens wird ihm längeres Reiten schwerfallen, was er sich aber nie anmerken lässt. Angesichts dieser Tatsache mutet es fast schon ironisch an, dass der Kaiser an seinem Schreibtisch auf einem Stuhl in Form eines Reitersattels Platz zu nehmen pflegt, was nicht wenige Besucher irritiert. Die Mutter von Kaiser Wilhelm II., die Kaiserin Friedrich, empfindet es als Makel, einen »verkrüppelten« Thronfolger zur Welt gebracht zu haben und kann daher nur eine zwiespältige Beziehung zu ihm aufbauen.

Hinzu kommt, dass die Mutter den Kaiser später auch politisch sehr kritisch sieht und keinen Hehl daraus macht. Es wird schon seinen Grund haben, dass die Kaiserin Friedrich kurz vor dem Tod ihres Mannes Friedrich III. einen Großteil ihrer Korrespondenz nach England schmuggeln und Kaiser Wilhelm II. gleich nach seiner Thronbesteigung das Schloss seiner Eltern umstellen und durchsuchen lässt.

Nach dem Tod des alten, blinden Großherzogs Friedrich Wilhelm weht nun in Mecklenburg-Strelitz ein ganz anderer Wind. Ähnlich wie der Kaiser, mit dem er sich ausnehmend gut versteht, hat der neue Großherzog Adolf Friedrich V. ein Faible für alles Militaristische. Schließlich hat er 1870 am deutsch-französischen Krieg teilgenommen und kennt sich bestens in der Materie aus. Adolf Friedrich V. wird oft in Uniform und mit Pickelhaube fotografiert. Er, der sich gern als ganzer Kerl gibt, kann nun in Neustrelitz endlich seinem Hang zu zackiger Marschmusik, Vaterlandsliebe und militärischem Gepränge nachgeben. Dies allerdings sehr zum Leidwesen seiner Mutter Augusta Caroline, die von nun an gern mal offiziellen Anlässen fernbleibt, um sich den Anblick endloser Paraden zu ersparen.

Die Neustrelitzer können »ihren Kaiser« erst wieder im Jahr 1911 in der Stadt begrüßen. Wohl in weiser Voraussicht ist ein Besuch Anfang Juni 1911 avisiert worden, so dass bei den Vorbereitungen nicht wie anno 1893 mit unliebsamen Wetterkapriolen gerechnet werden muss. Auch diesmal gibt es im Vorfeld der Visite genug zu tun: »Mit der Herrichtung der Feststraße (...) sind in den letzten Tagen sichtliche Fortschritte gemacht, und heute legt man in eifriger Arbeit die letzte Hand an den prächtigen Festschmuck. Die Masten mit den Wimpeln, Fahnen und Guirlanden bringen in das Ganze einen einheitlichen Charakter, während der am Eingange der Einzugsstraße errichtete Baldachin sowie die an der Augustastraße erbaute Ehrenpforte in ihrer wuchtigen und doch geschmackvollen und künstlerischen Herrichtung auf den Beschauer einen durchaus vornehmen Eindruck hervorrufen. Auch die an der Feststraße liegenden Privathäuser sind bereits zum größten Teile dem Tage entsprechend geschmückt. Am weitesten zurück scheint man mit der Ausschmückung des Rathauses zu sein, (...). Wir erfahren jedoch, dass das alte würdige Gebäude morgen in aller Frühe sich in geschmackvollster Weise überraschend schön präsentieren dürfte.«[24] Diesmal richtet man für alle Fälle sogar Sanitätswachen ein und beschränkt auf bestimmten Straßen den Wagenverkehr. Dies ist auch nötig, denn schon in den frühen Morgenstunden des 7. Juni 1911 beginnt »ein fast beängstigender Menschenstrom die sonst so friedlichen, stillen Straßen (…) zu durchfluten«.[25] Nicht nur die Neustrelitzer, auch Bauern aus dem Umland sowie unzählige auswärtige Gäste wollen dem Kaiserpaar ihre Aufwartung machen. Allein über 4000 Personen beteiligen sich an diesem Tag an der Spalierbildung.

Zum Glück zeigt sich Petrus mehr als gnädig und beschert zur Feier des Tages »echtes Hohenzollern-, echtes Kaiserwetter«.[26]

Um 11:50 Uhr rollt endlich der mit zwei Lokomotiven bespannte Extrazug mit den kaiserlichen Herrschaften unter den Klängen von »Heil dir im Siegerkranz« in den Neustrelitzer Bahnhof ein. Welch ein Unterschied zum ersten Besuch in Neustrelitz! Deutlich ist zu spüren, dass sich die Zeiten seit der Visite von 1893 verändert haben. Kaiser Wilhelm II. und Kaiserin Auguste Viktoria werden am Bahnhof zunächst von einem in Ulanenuniform gekleideten Großherzog Adolf Friedrich V. sowie seinem Sohn empfangen. Zeitungsberichten nach trägt der Kaiser an diesem Tag eine Garde-Dragoneruniform und schreitet nach der offiziellen Begrüßung durch die großherzogliche Familie die Front der am Bahnhof postierten Ehrenkompagnie ab, die dann unter den Klängen eines zackigen Parademarsches an Kaiser Wilhelm II. vorbeimarschiert.[27] Vor dem Bahnhof werden derweil die Equipagen vorgefahren, die das Kaiserpaar und ihre großherzoglichen Gastgeber zum Schloss bringen sollen. Schon nach wenigen Metern muss jedoch bereits gehalten werden, da an der in der Augustastraße errichteten Ehrenpforte der Neustrelitzer Bürgermeister Wohlfahrt und weitere Honoratioren warten, um den Kaiser mit huldvollen Worten zu begrüßen. Kaiser Wilhelm II. antwortet, dass er sich sehr freue, wieder einmal nach Mecklenburg und nach Neustrelitz zu kommen und seine Verwandten, besonders die Großherzoginwitwe Augusta Caroline, zu besuchen.[28] Kaiserin Auguste Viktorias Equipage,

Eine seltene Aufnahme von den Vorbereitungen zum Kaiserbesuch 1911. Der Schmuck des Neustrelitzer Rathauses wurde kurz vor dem Eintreffen der Majestäten fertig gestellt.

in der auch die Großherzogin Elisabeth Platz genommen hat, hält derweil unter dem Baldachin, wo sie von neun Ehrenjungfrauen und zwei Senatorengattinnen empfangen wird. Vor allem die neun jungen Frauen geben ein hübsches Bild ab, sind sie doch in weiß gekleidet und tragen zu je drei die holsteinischen, deutschen und mecklenburgischen Farben.[29] Zwei Fräulein haben dann die ehrenvolle Aufgabe, die Kaiserin zu begrüßen und ihr ein Blumenbouquet zu überreichen. Auguste Viktoria fragt einige der Ehrenjungfrauen nach ihren Namen und lässt sich von Großherzogin Elisabeth die beiden Senatorengattinnen vorstellen. Unter dem Jubel der Menschenmassen nehmen die Equipagen des Kaisers und der Kaiserin ihren Weg zum Schloss, wo die angetretene Schlosswache feierlich das Gewehr für die hohen Herrschaften präsentiert. Und was machen die braven Neustrelitzer und ihre zahllosen Gäste, nachdem das Kaiserpaar an ihnen vorbei gefahren ist? Die »Neustrelitzer Zeitung« kennt die Antwort: »Die namentlich in der Augusta-, Elisabethstraße und am Markt in drangsalvoller Enge gestandenen Menschenmassen lösten sich auf und manche auswärtige Vereine begaben sich in die Lokale der Stadt, um sich bei einem Glase Bier von den Strapazen des Empfanges zu erquicken.«[30]

Derweil wird das kaiserliche Paar am Schloss vom Oberhofmarschall von Maltzan, dem Staatsrat von Dewitz sowie von drei Kammerherren empfangen. Im Gartensaal des Schlosses wartet die Großherzoginwitwe Augusta Caroline auf Kaiser Wilhelm II. und seine Gattin und begrüßt die Verwandten. Dem Kaiserpaar werden eigene Gemächer zugewiesen, damit sie sich während ihrer Visite kurz zurückziehen können. »Der Kaiser bewohnt, wie stets bei seinen Besuchen in Neustrelitz, die Königin-Zimmer, die Kaiserin die Cumberland-Zimmer. Beide liegen im älteren Teil des Schlosses parterre links und rechts und gestatten Aussicht nach dem herrlichen Schloßgarten.«[31]

Im Gelben Saal des Schlosses hat man inzwischen die Galatafel gedeckt. Großherzog Adolf Friedrich V. will den hohen Gästen wohl seine besondere Wertschätzung ausdrücken, indem er ihnen nur das

Kaiser Wilhelm II. und Großherzog Adolf Friedrich V. von Mecklenburg-Strelitz auf ihrem Weg durch die Stadt

Allerbeste präsentiert, was der großherzogliche Hof zu bieten hat: »Die wundervollen Schätze der Großherzoglichen Silberkammer, der herrliche Blumenschmuck, die silbernen Schalen, die goldenen und silbernen Uniformen, das Leuchten und Funkeln der Edelsteine bot ein berückendes Bild fürstlicher Pracht. Den Hauptschmuck der Tafel bildeten der St. Georgs-Aufsatz und die sogenannten Pilgrimm-Flaschen aus reinem Silber.«[32] Neben dem Kaiserpaar, ihrem Gefolge und der großherzoglichen Familie nehmen auch die Spitzen der Staats-, Militär- und Kommunalbehörden an dem prachtvollen Mittagsmahl teil. Die hohen Herrschaften haben sich hierfür extra besonders fein gemacht: »Ihre Majestät die Kaiserin trug eine wundervolle Robe aus schwarzem Chiffon mit Goldspitze und einen schwarzen Hut mit Straußenfedern, als Schmuck große Perlen und Saphire. Ihre Königliche Hoheit die Großherzogin hatte ein Kleid aus lila Seide mit schwarzem Tüll-Überwurf angelegt und trug dazu eine Toque mit Silberspitze. Als Schmuck dienten wunderbare Perlen. Ihre

Königl. Hoh., die Großherzoginwitwe trug ein schwarzes Seidenkleid mit Jetborte, dazu einen schwarzen Hut mit weißen Federn und einen Schmuck von Perlen und Brillanten. Die Majestäten und Se. Königl. Hoh. der Großherzog hatten den Schwarzen Adlerorden angelegt. Se. Maj. der Kaiser trug ferner den Hausorden der Wendischen Krone.«[33]

Auch beim Festmenü lassen sich die Mecklenburg-Strelitzer nicht lumpen und fahren eine wahre Fülle an Köstlichkeiten auf. So kann sich das Kaiserpaar Potage à la Montgelas, Fritures à la russe, Poulardes braisées à la Nathan, Homards à la dauphin, Selle de chevreuil rótie froide, Cambridge Salade, Petits pois à la l'anglaise oder Péches à la Victoria schmecken lassen. Zum Dessert reicht man Schokolade, die mit Ansichten von Neustrelitz und Hohenzieritz geschmückt ist. Die Speisen werden unter anderem durch einen 84er Madeira, einen 84er Chateau d'Yquem, einen 98er Irroy oder einen 93er Chat. Margaux stilvoll ergänzt. Auch für die musikalische Untermalung ist mit Werken von Wagner, Lehar, Strauß und Tschaikowsky hinreichend gesorgt. Zur Feier des Tages gelangt zudem ein vom Kaiser bearbeitetes Potpourri historischer Märsche zur Aufführung, und nach den üblichen Tischreden über die verwandtschaftlichen Beziehungen darf natürlich auch die Vandalia [Mecklenburg-Strelitzer Landeshymne] nicht fehlen.[34] Nach dem gehaltvollen Mahl nimmt die Gesellschaft dann ihren Kaffee im Roten Saal des Schlosses ein, bevor man sich gegen 15:15 Uhr für die Ausfahrt zum Schloss Hohenzieritz rüstet. Auch das kleine Dörfchen, etwa 12 Kilometer von Neustrelitz gelegen, hat ein Festtagsgewand angelegt und die Bewohner stehen eifrig Spalier, um dem Kaiserpaar und ihren großherzoglichen Gastgebern zuzuwinken. Bei der Anfahrt auf das Schloss kommt es jedoch zu einem kleinen Zwischenfall. Als die Schlosswache zu Ehren des hohen Besuchs Salut schießt, gehen zwei vor einen Gepäckwagen gespannte Pferde durch und reißen das Gefährt auseinander. Die Tiere sprengen auf das Schloss zu, werden aber schnell wieder eingefangen. Dem Kaiser sowie Großherzog Adolf Friedrich V. ist jedoch nichts geschehen, sie steigen ruhig aus dem Automobil aus und besehen sich den Schaden. Anschließend besichtigt das Kaiserpaar eingehend das

Neustrelitzer Zeitung

verbunden mit den Mecklenburg-Strelitzischen Anzeigen.

Organ für die amtlichen Bekanntmachungen sämtlicher Behörden des Grossherzogtums.

Der Besuch Ihrer Maj. des Kaisers und der Kaiserin in Neustrelitz

am 7. Juni 1911.

Titelseite der »Neustrelitzer Zeitung« vom 8. Juni 1911. Die Redakteure berichteten detailliert von den Ereignissen in der Stadt, im Schloss und in Hohenzieritz.

kleine Schloss und hält sich für eine längere Zeit im Sterbezimmer der Königin Luise auf. Wie so viele hochadlige Gäste vor ihm nutzt Kaiser Wilhelm II. an diesem Tag die Gelegenheit, sich an der berühmten Autographentür zu messen und seinen Namen hinzuzufügen.[35] Leider hat sich sein Schriftzug nicht erhalten.

Es bleibt noch etwas Zeit für ein gemeinsames Foto des Kaiserpaares mit Großherzog Adolf Friedrich V. und Großherzogin Elisabeth auf der Terrasse sowie für eine kleine Ausfahrt mit den Automobilen durch den Schlossgarten. Schon um 16:30 Uhr reist man wieder nach Neustrelitz zurück, und um 18 Uhr fährt auf dem Bahnhof der Residenzstadt der Sonderzug in Richtung Berlin ab.

Fast auf den Tag genau drei Jahre später sehen die Neustrelitzer ihren Kaiser wieder. Diesmal schallt ihm jedoch kein freudiger Jubel wie an jenem Junitag im Jahr 1911 entgegen. Die Mecklenburg-Strelitzer

Das Kaiserpaar und das großherzogliche Paar auf der Terrasse des Schlosses Hohenzieritz

trauern um einen weiteren verblichenen Landesvater. Großherzog Adolf Friedrich V. war am 11. Juni 1914 im Alter von 65 Jahren gestorben. Kaiser Wilhelm II. reist am 17. Juni 1914 zur Trauerfeier in die Residenzstadt. Die Neustrelitzer bekommen den Kaiser an diesem Tag nur kurz zu Gesicht, als er im Vierspänner gemeinsam mit dem neuen Großherzog Adolf Friedrich VI. durch die Straßen der Stadt fährt. Bereits zwei Stunden nach seiner Ankunft in der Residenzstadt begibt er sich wieder nach Berlin zurück – und kehrt nie wieder. Es ist der letzte Besuch des kaiserlichen Hohenzollern in Neustrelitz. Zwei Monate später bricht der Erste Weltkrieg aus und der Kaiser bekommt im Obersten Hauptquartier mehr als genug zu tun. Als im Jahr 1916 die von ihm hochverehrte Großherzoginwitwe Augusta Caroline stirbt und 1918 der letzte Großherzog Adolf Friedrich VI.

aus dem Leben scheidet, kann Kaiser Wilhelm II. keine Zeit für einen Kurzbesuch bei den Verwandten in Neustrelitz erübrigen. An seiner statt nehmen daher zwei kaiserliche Prinzen an den Trauerfeierlichkeiten für die vorletzte Großherzogin und den letzten Großherzog von Mecklenburg-Strelitz teil.

Mehr eine Tochter denn eine Nichte

Königin Mary (1867–1953)

Regelmäßig treffen sie im Neustrelitzer Schloss ein, die Briefe mit der schwungvollen, in die Breite gezogenen Schrift. Flach muten die Buchstaben an, die aussehen, als habe man sie über das Papier gegossen. Als besonders charakteristisch stechen die Formen des »t«, dessen oberer, energisch gezogener Strich oft in den nächsten Buchstaben hineinragt oder gar das ganze Wort krönt, oder das »y« hervor. In ebensolcher Regelmäßigkeit werden diese Briefe in Neustrelitz beantwortet, mit einer kleinen, unruhigen und schwer zu entziffernden Schrift, die im Laufe der Jahre immer größer und verwaschener wird und schließlich wohl nur noch für Eingeweihte lesbar ist.[1]

Großherzogin Augusta Caroline von Mecklenburg-Strelitz erhält jede Woche mindestens einen Brief von Victoria Mary of Teck und bemüht sich, diesen schnell zu beantworten. Die Mecklenburg-Strelitzer Landesmutter ist allgemein als eifrige Briefeschreiberin bekannt und pflegt eine umfangreiche Korrespondenz mit ihrer weitverzweigten Verwandtschaft. Doch der Tochter ihrer Schwester Mary Adelaide of Teck ist Augusta Caroline ganz besonders zugetan. Tante und Nichte haben sich stets viel zu berichten, korrespondieren über die Ereignisse des Tages, über politische und gesellschaftliche Entwicklungen oder über familiäre Angelegenheiten. Natürlich sehen sich die beiden Frauen so oft es nur möglich ist. Die Zusammentreffen finden nicht nur in beider Heimat England statt, sondern auch mehrfach in der Residenzstadt Neustrelitz.

Man kann sagen, dass Augusta Caroline ihre Nichte Victoria Mary von Geburt an durch das Leben begleitet hat. Die Großherzogin von Mecklenburg-Strelitz ist am 26. Mai 1867 im Kensington Palace in London zugegen, als die einzige Tochter ihrer geliebten Schwester

Brief von Großherzogin Augusta Caroline an ihre Nichte Victoria Mary of Teck

Mary Adelaide das Licht der Welt erblickt. Wie der Zufall es will, findet dieses Ereignis in den gleichen Räumen statt, in denen Queen Victoria geboren wurde. Ein Omen? Zu diesem Zeitpunkt ahnt noch niemand der Anwesenden, dass er soeben der Geburt einer bedeutenden Persönlichkeit der Zeitgeschichte beigewohnt hat. Zunächst ist jedermann froh, dass die Mutter Mary Adelaide of Teck die Niederkunft überhaupt überstanden hat, gilt sie doch wegen ihres fortgeschrittenen Alters und ihrer immensen Leibesfülle als Risikopatientin. Die kleine neugeborene Prinzessin weckt schon bald die Neugier von Queen Victoria. Die stattet der frischgebackenen Mutter und ihrem Töchterchen im Juni 1867 einen Besuch ab und teilt ihrer Tochter, der Kronprinzessin von Preußen, anschließend darüber mit: »Ich habe Mary Teck besucht und fand sie blass, aber – mit Ausnahme des Gesichts – nicht dünner vor, doch sehr glücklich. Das Baby (in Mrs. Innocents Armen) ist ein sehr prächtiges Kind mit einer Menge Haaren – die man oben auf dem Kopf zu einer Locke aufgekämmt hatte! – sehr hübschen Zügen und dunkler Haut.«[2] Die Queen kann auch damit zufrieden sein, dass ihre Cousine Mary Adelaide der Familientradition folgt, die vorsieht, dass alle erstgeborenen Jungen als ersten Namen den des verstorbenen Prinzgemahls Albert erhalten und die Mädchen nach Queen Victoria benannt werden sollen. Die neugeborene Prinzessin darf sich über die Vornamen Victoria Mary Augusta Louise Olga Pauline Claudine Agnes freuen, man entscheidet sich aber rasch dafür, die Kleine im Familienkreis einfach nach ihrem Geburtsmonat »May« zu rufen. Anders als ihre Mutter Mary Adelaide, die immerhin eine geborene Prinzessin von Großbritannien, Irland und Hannover ist und daher mit »Your Royal Highness« angeredet werden muss, kann Prinzessin May nur den Titel einer »Serene Highness« für sich beanspruchen. Schuld daran ist die nicht ganz standesgemäße Herkunft ihres Vaters Franz von Teck, der einer morganatischen Ehe des Herzogs Alexander von Württemberg mit der ungarischen Gräfin Claudine Rhédey von Kis-Rhéde entsprungen ist. Seit 1863 darf er sich zwar Fürst von Teck nennen, aber höhere englische Titel will ihm Queen Victoria nicht zugestehen. Die britische Königin hat jedoch ihre dicke Cousine Mary Adelaide ganz gern und erklärt sich daher bereit, Taufpatin der kleinen Prinzessin May zu werden. Wie üblich lässt sich die Queen bei der Zeremonie, die sogar vom Erzbischof von Canterbury abgehalten wird, zwar vertreten, aber die Riege der tatsächlich anwesenden Taufpaten kann sich sehen lassen: neben dem Prince of Wales, dem späteren König Edward VII., sind dies die Duchess of Cambridge und natürlich Augusta Caroline von Mecklenburg-Strelitz.[3]

Schon bald nach der Taufe gehen die Tecks mit ihrer kleinen Baby-Prinzessin auf Reisen und verbringen unter anderem längere Zeit bei den Verwandten in Deutschland. Mary Adelaide, die ja erst im Alter von fast 33 Jahren heiratete, legt danach in Sachen Familienplanung weiter mächtig vor, wohl wissend, dass ihr hierfür nur noch wenig Zeit bleibt. Im August 1868, knapp ein Jahr nach Prinzessin Mays Geburt, kommt bereits der kleine Adolphus zur Welt und im Januar 1870 komplettiert vorerst Prinz Francis das Tecksche Kindertrio. Im Jahr 1871 begibt sich die Familie wieder auf ausgedehnte Reisen und die drei Sprösslinge begleiten ihre Eltern nach Deutschland. Ihr Weg führt sie zunächst nach Rumpenheim, wo sich aufgrund der ausgedehnten

Verwandtschaftsverhältnisse des Hauses Hessen-Kassel fast der halbe Hochadel Europas immer wieder zu sogenannten Familientagen zusammenfindet. Zu dieser Zeit hält sich dort auch Augusta Caroline von Mecklenburg-Strelitz auf, die jedoch Anfang Oktober abreist, wohl, um alles für den Besuch ihrer Schwester und der drei Kinder in Neustrelitz vorzubereiten.[4] Die kleine Prinzessin May ist vier Jahre alt, als sie am 12. Oktober 1871 zum ersten Mal das Residenzschloss betritt und ihre Tante Augusta Caroline endlich einmal in deren eigenen vier Wänden erleben kann. Diese, inzwischen 49 Jahre alt, ist seit nunmehr elf Jahren Großherzogin von Mecklenburg-Strelitz und beherrscht den kleinen Hof wie eine Königin. Ähnlich wie ihre Schwester Mary Adelaide liebt sie aber Kinder abgöttisch und wird sich viele Stunden lang geduldig mit der kleinen Rasselbande beschäftigt haben. Anlässlich des Geburtstags ihrer Schwester studiert sie gar mit den Teck-Kindern ein kleines Tableaux ein, das erfolgreich aufgeführt wird. Und wer weiß, vielleicht fährt Augusta Caroline mit ihrer kleinen Nichte auch nach Hohenzieritz. Auf dem unteren Teil einer Autographentür im Schloss findet sich nämlich in einer etwas krakeligen Kinderschrift der Name »May«. Ob sich die kleine Prinzessin dort verewigt hat?[5] Von der Höhe des Schriftzugs her könnte diese Signatur zu dieser Zeit entstanden sein, da Prinzessin May stets als ein für ihr Alter sehr kleines sowie etwas kränkliches Kind beschrieben wurde. Zwei Tage nach Mary Adelaide reist ihre Mutter, die Duchess of Cambridge, am großherzoglichen Hof an und kurz vor Weihnachten 1871 kommt der frischgebackene Herzog Franz von Teck nach Neustrelitz, um das Fest mit seinen Lieben zu verbringen. Prinzessin May und ihre Geschwister können daher im engsten Familienkreis erstmals ein typisch norddeutsches Weihnachtsfest und den Jahreswechsel in Neustrelitz erleben. Dass sich Mary Adelaide und ihre Sprösslinge ein halbes Jahr in der Residenzstadt aufhalten werden, kann bei diesen Festlichkeiten noch niemand wissen. Doch dann streckt eine Scharlacherkrankung erst die Kinder und dann ihre Mutter nieder, so dass sich die Abreise bis in den April 1872 hinein verzögert.

Krankheit überschattet auch den zweiten Aufenthalt von Prinzessin

May und ihren Geschwistern in der Residenzstadt. Im Dezember 1873 eilt die gesamte Familie Teck nach Neustrelitz, um die schwerkranke Duchess of Cambridge zu sehen und sich an ihrer Pflege zu beteiligen. Prinzessin Mays Großmutter hat bei einem Besuch in Neustrelitz einen Schlaganfall erlitten und erholt sich nun im Erdgeschoss des Schlosses. Die alte Dame freut sich sehr über die Anwesenheit ihrer Enkelkinder aus England, bleibt aber ihrer einzigen Enkelin May stets etwas suspekt. Das Weihnachtsfest 1873 gerät etwas stiller als die vorangegangenen, auch wenn die Teckschen Kinder wieder mit Geschenken überhäuft werden. Obwohl sie sich aktiv an der Pflege ihrer Mutter beteiligt, nimmt sich Großherzogin Augusta Caroline bei diesem Aufenthalt der Teck-Familie sicher wieder viel Zeit für ihre Nichte May. Das kleine Mädchen ist von seiner Tante, die so lebendig von alten Zeiten erzählen kann, fasziniert. Augusta Caroline, die eine hochgebildete und sehr scharfsinnige Frau ist, prägt wohl schon sehr früh Prinzessin Mays Interessen für Musik, Kunst und Geschichte. In späteren Briefen tauschen sich die beiden Frauen immer wieder über die gemeinsame Vorfahrin Königin Sophie Charlotte aus, so dass es nicht wundern würde, wenn Augusta Caroline ihrer Nichte nicht schon als Kind den Geburtsort der Queen, das Untere Schloss in Mirow, gezeigt hätte. Da Mary Adelaide of Teck zum vierten Mal schwanger ist, reist die Familie jedoch bereits Anfang März 1874 nach England zurück. Einen Monat später wird Mays drittes Brüderchen, Alexander, geboren.

Die nunmehr 9-jährige Prinzessin May kommt im Jahr 1876 wieder nach Deutschland. Für den Oktober 1876 ist ein längerer Besuch in Rumpenheim belegt, im »Hof- und Staatshandbuch des Großherzogtums Mecklenburg-Strelitz« ist vermerkt, dass Mary Adelaide of Teck im November 1876 eine Woche am Neustrelitzer Hof weilte. Gleiches bestätigt eine Meldung in der »Neustrelitzer Zeitung«. Doch nur im »Hof- und Staatshandbuch« findet sich die Angabe, dass die Duchess of Teck in Begleitung ihrer kleinen Tochter angereist ist.[6]

May und ihre Brüder unterliegen wie so viele Kinder des viktorianischen Zeitalters der Reisewut ihrer adligen Eltern. Entweder sind diese allein unterwegs, so dass die Sprösslinge wochen- oder gar monatelang in der Obhut von Verwandten oder Bediensteten zurückgelassen werden, oder die Kinder müssen mit Mama und Papa durch die Lande reisen. Die Tecks ziehen es vor, ihre Rasselbande bei jeder Gelegenheit mitzunehmen. Prinzessin May und ihre Brüder lernen so neben der Verwandtschaft ihrer Mutter auch die württembergischen Onkel und Tanten kennen. Ansonsten spielt sich ihr Leben entweder im Kensington Palace oder in White Lodge ab, wo ihr Vater als einstiger »schöner Ulan« zur Untätigkeit verdammt ist und ihre Mutter unter anderem ihre zahlreichen Freunde empfängt. Von 1883 bis 1885 lebt die Familie in Florenz, um ihren Gläubigern in England zu entfliehen. Prinzessin May nutzt diese Zeit, um ihre Kenntnisse in Kunst und Literatur weiter zu vervollkommnen. An ihrem 18. Geburtstag betritt sie mit ihren Eltern erstmals wieder englischen Boden. Nach zwei Jahren Abwesenheit will sich ihre Mutter Mary Adelaide natürlich nicht sofort nach White Lodge zurückziehen, es gibt einfach zu viel, was sie ihren zahllosen Freunden erzählen muss. In London haben die Tecks jedoch kein Zuhause mehr, der Kensington Palace bleibt ihnen ebenso verwehrt wie die Gemächer der Duchess of Cambridge im St. James Palace. Also muss die Familie erst einmal mithilfe einer guten Freundin in einem fremden Haus in der Hauptstadt unterschlüpfen. Auch für Prinzessin May gibt es viel vorzubereiten. Sie ist noch immer nicht konfirmiert und noch nicht offiziell in die Gesellschaft eingeführt. Und sie, die als scheues, stilles Mädchen bekannt ist, zeigt nun, dass sie in Florenz zu einer Persönlichkeit herangereift ist. May verlangt zum Entsetzen ihrer weiblichen Verwandten doch tatsächlich, gemeinsam mit ihrem ältesten Bruder Adolphus, genannt Dolly, konfirmiert zu werden. Sie setzt diesen Wunsch auch durch und die gemeinsame Feier findet am 1. August 1885 statt. Anstelle ihrer Tante Augusta Caroline nimmt ihr Onkel, Großherzog Friedrich Wilhelm von Mecklenburg-Strelitz, an der Feier teil. Augusta Caroline weilt nach einem mehrmonatigen Aufenthalt in London seit Mitte Juli 1885 wieder auf ihrem Keppschloss bei Dresden.[7] Doch die Neustrelitzer Tante erhält kurz darauf von ihrer Nichte einen Bericht über diesen wichtigen Tag, in dem die junge Frau besonders das Konfirmationspräsent ihres Onkels George of Cambridge hervorhebt.[8] Der brummige Feldmarschall hat seiner geschichtsinteressierten Nichte eine Art Anhänger mit den Locken ihrer Urgroßeltern König George III. und Königin Sophie Charlotte verehrt. Für May, die sich der Mecklenburg-Strelitzer Urgroßmutter aus dem kleinen Mirow stets sehr verbunden fühlt, ist dies natürlich ein ganz besonderes Geschenk.

Im März 1886 darf die junge Prinzessin May erstmals offiziell bei Queen Victoria erscheinen, angetan in einer weißen Robe, die sie von Tante Augusta Caroline erhalten hat. Zudem hat die Großherzogin ihrer Nichte zur Konfirmation eine große Diamantenbrosche der Duchess of Cambridge geschenkt, die an diesem großen Tag ebenfalls ausgeführt wird. Prinzessin May scheint sich wacker geschlagen zu haben, denn bald rückt sie als – wenn auch nicht hochrangiges – Mitglied der königlichen Familie mehr und mehr ins Licht der Öffentlichkeit. So nimmt sie an größeren Festlichkeiten teil, so zum Beispiel an der Prozession zum Goldenen Thronjubiläum der Queen. Nach wie vor steht ihre Mutter Mary Adelaide im Mittelpunkt und ist vor allem beim Volk sehr beliebt. Doch da sie ihre Tochter in ihr karitatives Engagement involviert, gewöhnen sich die einfachen Leute schnell an den Anblick der jungen, scheuen Frau mit den hellbraunen Haaren und bringen Prinzessin May bald große Verehrung entgegen. Auch Queen Victoria beginnt, ein Auge auf die nicht ganz standesgemäße Großcousine zu werfen und lädt sie und ihre Eltern zu sich auf das Schloss Windsor ein. 1889 ist Prinzessin May eine der acht Brautjungfern bei der Hochzeit von Louise (der ältesten Tochter des Prince of Wales) mit dem späteren Duke of Fife.[9] Eine bei dieser Gelegenheit entstandene Fotografie zeigt May als junge, hübsche Frau von 22 Jahren. Sie trägt die schon damals für sie typische Frisur mit den am Vorderkopf aufgetürmten Löckchen. Ihre Züge sind ebenmäßig, die hellen Augen blicken etwas schüchtern. Die Prinzessin strahlt Charme und Klugheit, aber auch eine gewisse Contenance aus. Sie trägt nur dezenten Schmuck, drei schlichte Perlenstränge um den Hals sowie je ein kleines Blumenbouquet im Haar und am Revers ihrer Robe. Das helle Kleid, das rosa gewesen sein soll, verhüllt eine schlanke Figur. Da Prinzessin May stets die immense Leibesfülle ihrer Mutter und die daraus resultierenden Schwierigkeiten vor Augen hat, achtet sie sicher sehr auf ihre Taille. Alles in allem ist die junge Frau eine aparte Erscheinung, auch wenn ihre königlichen Verwandten dies nicht unbedingt auf den ersten Blick erkennen.

Die junge Victoria Mary of Teck auf einer alten Carte-de-visite

Schon seit einiger Zeit zerbricht sich Mays Großmutter, die Duchess of Cambridge, den Kopf über einen Ehemann für ihre Enkelin. Wohl schwebt ihr das Bild von Mutter Mary Adelaide vor, die mit Anfang 30 immer noch an Mamas Rockzipfel hing und sich langsam, aber sicher auf ein Leben als alte Jungfer vorbereitete. Von den drei Kindern der Duchess of Cambridge hat einzig Augusta Caroline mit dem Erben des Thrones von Mecklenburg-Strelitz eine einigermaßen standesgemäße Partie gemacht. Mays Onkel George of Cambridge hat die bürgerliche Schauspielerin Sarah Fairbrother geheiratet, ohne vorher Queen Victoria um Erlaubnis zu bitten. Das hatte bittere Konsequenzen: rechtlich gesehen existiert die Ehe nicht und die Frau des Duke darf keinen Titel tragen. Überall ist sie nur als Mrs. FitzGeorge bekannt. Die gemeinsamen Söhne des Paares können den Titel ihres Vaters nicht erben, so dass abzusehen ist, dass der Name der Familie Cambridge eines Tages aussterben wird.[10] Was liegt daher näher als dafür zu sorgen, dass nun die Enkel gute Partien machen können? Da sich das einzige überlebende Kind von Tochter Augusta Caroline, Adolf Friedrich, bereits 1877 mit Prinzessin Elisabeth von Anhalt vermählt hat, und die FitzGeorge-Kinder aufgrund ihres zweifelhaften Status in den Planungen keine Rolle spielen können, wendet sich die Duchess of Cambridge den Kindern ihrer Tochter Mary Adelaide zu. Prinzessin May hat nun ein Alter erreicht, in dem es langsam Zeit wird, zu heiraten. Doch wen? Die Duchess bringt die Namen eines Großherzogs, eines Prinzen von Anhalt und eines englischen Lords ins Spiel, aber ergebnislos. Ein nach dem Tod der Großmutter tatsächlich auftauchender Bewerber, Ernst Gunther, der Bruder der deutschen Kaiserin Auguste Viktoria, wird sofort abgelehnt. May sitzt ähnlich wie einst ihre Mutter Mary Adelaide in einer Zwickmühle. Für die in Frage kommenden englischen Adligen ist sie zu königlich und für die königlichen Häuser ist sie aufgrund ihres morganatischen Blutes nicht tragbar. Und an einen kleinen, engen, deutschen Fürstenhof will sie ebenso wenig wie ihre Mutter. Daher tut sich lange nichts in Sachen Heirat. Prinzessin May verbringt wie früher Mary Adelaide ihre Tage in der Gesellschaft ihrer Eltern. Sie kümmert sich um ihren kränkelnden Vater, unterstützt ihre Mutter bei deren karitativer Arbeit sowie als Sekretärin und steckt in jeder freien Minute ihre Nase in sämtliche Bücher, die sie finden kann.

Plötzlich wird Prinzessin May jedoch im Oktober 1891 von Queen Victoria nach Balmoral zitiert. Dies natürlich nicht ohne Grund. Die alte Königin will sich zum wiederholten Male ein eigenes Bild von der Tochter ihrer Cousine machen und sie auf Ehetauglichkeit prüfen. Schließlich ist die Hand eines britischen Prinzen zu vergeben. Prinz Albert Victor, der Duke of Clarence and Avondale, ältester Sohn des Prince of Wales und damit präsumtiver Thronfolger, macht seinen Eltern und seiner königlichen Großmutter einigen Kummer. Eddie, wie er von der Familie genannt wird, gilt als kränklich, apathisch und etwas zurückgeblieben. Außer für Polo und leichte Mädchen zeigt er nur für wenige Dinge Interesse, und er betreibt ähnlich wie sein Vater mit Alkohol und Zigaretten exzessiven Raubbau an seinem ohnehin schwächlichen Körper. Gerüchte über Homosexualität und eine Beteiligung des Duke of Clarence and Avondale am berüchtigten Cleveland-Street-Skandal 1889 machen ebenfalls die Runde. Albert Victor ist für sein flatterhaftes und oberflächliches Wesen bekannt und er macht unter anderem seiner Cousine Alix von Hessen-Darmstadt, der späteren letzten Zarin von Russland, sowie der französischen Prinzessin Heléne von Orleans den Hof. Nun suchen Queen Victoria und die Eltern des Duke nach einer Braut, die einen positiven und stabilisierenden Einfluss auf den jungen Mann ausübt und zudem verspricht, dereinst eine würdige Königin abzugeben. Wie groß müssen die Not und die Verzweiflung der Royals gewesen sein, dass sie auf eine nicht ganz standesgemäße Partie zurückgriffen. Doch es ist eigentlich mehr der Charakter Prinzessin Mays, der alle Vorbehalte vergessen lässt. Als ständige Vermittlerin zwischen ihren ungleichen Eltern hat sie ein vernünftiges, besonnenes Wesen entwickelt, sie ist klug, pflichtbewusst, loyal und besitzt großes Einfühlungsvermögen. Nun überreden die Royals den leicht beeinflussbaren Duke of Clarence and Avondale, der schönen Prinzessin May einen Antrag zu machen und sorgen dafür, dass die beiden jungen Leute schnell zusammentreffen, damit alles seinen rechten Gang gehen kann. Anfang Dezember 1891 sind Prinzessin May und ihre Eltern zu Gast in Luton Hoo, wo auch Prinz Eddie weilt. Einen Tag nach ihrer Ankunft tut der labile Duke of Clarence and Avondale das, was man ihm eingeschärft hat: er fragt May, ob sie seine Frau werden möchte. Sicher ist die junge Frau überrascht, stimmt aber sofort zu. Das mag erstaunen, aber man muss sich auch in ihre Lage hineinversetzen: May bleiben nicht viele Möglichkeiten, vorteilhaft zu heiraten. Nun bekommt sie die Chance, eines Tages Königin von Großbritannien und Irland zu werden! Prinzessin Mays Leben ist von Pflichtbewusstsein und einem großen Sinn für Tradition geprägt. Das Königtum wird von der Familie als eine Art Beruf angesehen, dem man nachgehen muss, ob man nun will oder nicht. Hinzu kommt, dass Prinzessin May ihren Cousin Eddie ganz gern mag, auch wenn da sicher eine Spur Mitleid mitschwingt. Eigentlich kennt sie ihn gar nicht sehr gut, aber für Zweifel ist es nun zu spät. Die Verlobung kann nicht lange geheim gehalten werden. Schon bei ihrer Rückkehr aus Luton Hoo ein paar Tage später wird Prinzessin May in London begeistert von den Volksmassen empfangen. Queen Victoria kann zufrieden sein:

»Gestern fand Eddies Verlobung mit May Teck statt«, schreibt sie ihrer Tochter, der verwitweten Kaiserin Friedrich. »Die Leute hier waren entzückt, und natürlich ist sie ein liebes, gutes und kluges Mädchen, sehr sorgfältig erzogen, selbstlos und nicht oberflächlich. Sie wird ihm eine große Hilfe sein. Sie ist sehr an Deutschland interessiert und sehr kosmopolitisch. Ich muss sagen, dass ich denke, dass sie einer kleinen deutschen Prinzessin, die nichts, was über kleine deutsche Höfe hinaus geht, weiß, vorzuziehen ist. Das würde niemals für Eddie funktionieren. Was Mary ohne May tun wird, daran mag ich gar nicht denken, für sie war sie ihre rechte Hand. (...)«[11]

Prinzessin May kann ihr Glück gar nicht fassen. Sie wird von der Familie ihres Bräutigams mehr als warmherzig aufgenommen, der Prince und die Princess of Wales sind, wie auch Queen Victoria, voll des Lobes für die zukünftige Schwiegertochter beziehungsweise Schwiegerenkelin und schwärmen bei jeder sich bietenden Gelegenheit von der jungen Frau. Dass einige hochrangige Adlige, allen voran die Kaiserin Friedrich, über die kleine, unbedeutende Serene Highness die Nase rümpfen, ist den Royals egal. Vor allem Queen Victoria ahnt, dass sie einst mit May of Teck eine mehr als würdige Nachfolgerin bekommen wird und teilt ihr dies in einem Brief mit. Prinzessin Mays beruhigender Einfluss auf den wankelmütigen Duke of Clarence and Avondale zeigt sich schon nach sehr kurzer Zeit. Das verlobte Paar unternimmt viel gemeinsam und sucht bereits die Tapeten für ihr zukünftiges Heim im St. James Palace aus.

Die frohe Kunde gelangt natürlich auch auf schnellstem Wege nach Neustrelitz. Mary Adelaide of Teck schreibt ihrer Schwester Augusta Caroline ein Telegramm, das diese sofort überschwänglich beantwortet. Ihre Nichte wird dereinst Königin werden! Der einzige Wermutstropfen für die Strelitzer Landesmutter ist zu dieser Zeit jedoch die beschwerliche Reise zur Hochzeit nach London. Das Ereignis soll schließlich Ende Februar 1892 stattfinden. Doch trotz der zu erwartenden Strapazen steht für Augusta Caroline fest: diesen besonderen Tag im Leben ihrer geliebten Nichte wird sie sich nicht entgehen lassen.

Augusta Caroline von Mecklenburg-Strelitz nahm im Leben ihrer Nichte Victoria Mary of Teck eine bedeutende Rolle ein.

Doch das Schicksal will es anders. Im Januar 1892 erkranken erste Mitglieder der Royal Family. Während die einen mit einer schlimmen Erkältung und andere mit dem Typhusfieber darniederliegen, streckt den Duke of Clarence and Avondale die Grippe nieder. Prinzessin May, obwohl selbst stark erkältet, weicht ihrem Verlobten nicht von der Seite und pflegt ihn voller Hingabe. Doch am 14. Januar 1892 stirbt der schwächliche Prinz Eddie, gerade einmal 28 Jahre alt, an den Folgen seiner Krankheit. Der Traum vom Aufstieg in die höchsten Ränge der königlichen Familie zerplatzt damit für die Tecks wie eine Seifenblase. Überall wird der armen Prinzessin May tiefste Anteilnahme entgegengebracht, auch die Neustrelitzer erfahren zeitnah von dem Unglück, das den Royals und der Nichte der Großherzogin Augusta Caroline widerfahren ist. Am 15. Januar 1892 berichtet die hiesige Zeitung: »(...) wie die gestern aus London eingetroffenen Depeschen berichten, ist die greise Königin Victoria von England durch den Todesfall auf das Tiefste erschüttert. (...) Die Prinzessin von Wales ist vom Schmerz überwältigt. (...) In London giebt sich lebhafte Theilnahme besonders auch für die hohe Verlobte des Verblichenen, die Prinzessin von Teck, kund, welche in der Pflege des Kranken von Anbeginn der Prinzessin von Wales unausgesetzt Beistand geleistet hat. (...) Die Londoner Zeitungen erschienen mit Trauerrand, sie beklagen den frühen Tod des Herzogs von Clarence, durch dessen Hinscheiden die schönsten, an die nahe Vermählung geknüpften Hoffnungen vernichtet seien. (...)«[12] Die folgenden Tage und Wochen müssen für Prinzessin May ganz besonders schmerzlich gewesen sein. Zum ersten Mal überhaupt in ihrem Leben hat sie dem Todeskampf eines Menschen beigewohnt und ihre Zukunft sieht nun alles andere als rosig aus.

Aber auch die Zukunft eines anderen Menschen ist zu dieser Zeit ungewiss. Nach dem Tod seines Bruders Albert Victor ist George, der zweitgeborene Sohn des Prince of Wales, zum präsumtiven Thronfolger avanciert. Allerdings erholt sich der junge Mann, der sich vom Tod seines Bruders tief erschüttert zeigt, immer noch vom Typhusfieber. Wenn er nun auch noch sterben sollte, würde das für die englische Krone die Katastrophe schlechthin bedeuten. Thronerbin wäre dann die älteste Tochter des Prince of Wales, Louise, die Duchess of Fife. Die verfügt aber über ähnliche Anlagen wie ihr Bruder Albert Victor und scheint daher für verantwortungsvolle Regierungsaufgaben nicht geeignet zu sein. Für Queen Victoria steht daher fest: Trauer und Krankheit hin oder her, Prinz George muss schleunigst heiraten und die Thronfolge sichern. Eine geprüfte und für gut befundene Kandidatin gibt es ja bereits: Prinzessin May of Teck. In der Familie hat es zudem einige Jahre zuvor einen ähnlichen Fall gegeben. Die Schwester der Princess of Wales, Dagmar von Dänemark, war 1865 mit einem Zarewitsch verlobt worden, der jedoch vor der Hochzeit verschied. Daraufhin führte der jüngere Bruder des Verstorbenen die dänische Prinzessin ein Jahr später zum Altar und die einst so untröstliche Dagmar trug nun bereits seit über zwanzig Jahren unter dem Namen Maria Feodorowna stolz die Zarenkrone von Russland. Im Übrigen beschrieb jedermann diese Ehe als sehr glücklich. Warum sollte das jetzt nicht auch in England funktionieren? Queen Victoria und die Familie ihres Thronfolgers haben May of Teck so oder so schon fast adoptiert. Auch nach dem Tod Albert Victors geht Prinzessin May beim Prince und der Princess of Wales ein und aus und kann sich der uneingeschränkten Zuneigung Queen Victorias sicher sein.

Erst einmal soll May aber auf andere Gedanken kommen. Die junge Frau reist mit ihren Eltern nach Frankreich, wo sie – ob Zufall oder nicht – auf den Prince of Wales und Prinz George trifft. Anschließend ist eigentlich ein Besuch der immer noch trauernden Prinzessin in Neustrelitz geplant, aber Augusta Caroline von Mecklenburg-Strelitz hat es sich anders überlegt und widerruft ihre Einladung, da sie lieber selbst nach London reisen möchte.[13] Daher weichen die Tecks nach Stuttgart und Ludwigsburg aus, wo May ihren 25. Geburtstag feiert. Zurück in England vergehen die Tage gleichförmig wie immer, nur mit dem kleinen, aber feinen Unterschied, dass sich der schüchterne Prinz George, nunmehr Duke of York, und die Verlobte seines verstorbenen Bruders langsam etwas annähern und sich hin und wieder einige Zeilen schreiben. Zum Weihnachtsfest 1892 erhält Prinzessin May vom Prinzen eine Brosche und der erste Todestag des Duke of Clarence and Avondale eint die beiden jungen Leute in ihrem Schmerz.[14] Dennoch ist eine Zeit lang noch eine zweite Heiratskandidatin im Gespräch, Prinzessin Marie of Edinburgh. Doch die exzentrische Dame mag den Duke of York nicht und verlobt sich lieber mit dem Kronprinzen von Rumänien. Damit ist der Weg für May of Teck bald wieder frei und Großherzogin Augusta Caroline unternimmt nun auch alles, um ihren Bruder George of Cambridge endgültig für die Nichte einzunehmen, was ihr letztlich auch gelingt. Aus unerklärlichen Gründen hat der Feldmarschall schon über die erste Verlobung der Prinzessin die Nase gerümpft und sträubt sich nun mehr denn je gegen den Gedanken, dass seine Nichte dem nächsten präsumtiven Thronfolger angetraut werden soll. Als die Zeitungen in London und in anderen Städten beginnen, über eine Verlobung zu spekulieren, gibt man dem Duke of York einen kleinen

Wink und er fasst sich endlich ein Herz und bittet Prinzessin May um ihre Hand. »Mittwoch Abend (...) erhielt ich ein Telegramm von Georgie, in dem er mich über die Verlobung informierte und um meine Zustimmung bat, die ich ihm natürlich sofort gab. Am Donnerstag kam er, um mich zu sehen und erzählte mir alles. Sie hatten sich am Dienstag zum Dinner in White Lodge getroffen und dann fuhren sie am nächsten Tag ohne Mary, die sich nicht wohl fühlte, nach Sheen, und Georgie ging mit ihr im Garten spazieren, wo alles stattfand. Er scheint zufrieden und glücklich zu sein. (...) Die Hochzeit wird Ende des nächsten Monats oder Anfang Juli stattfinden. Mehr kann ich im Moment noch nicht sagen«,[15] kann Queen Victoria ihrer Tochter in Deutschland mitteilen.

Für die Hochzeit gibt es natürlich viel vorzubereiten, so dass die jungen Leute nur wenig Zeit miteinander verbringen können. Vor allem Mama Mary Adelaide macht dem Paar das Leben ein wenig schwer, da sie ihre Tochter für alle nützlichen und nutzlosen Dinge einspannt und bei den Zusammenkünften dabei sein möchte.[16] Langsam aber sicher wächst die Verbundenheit zwischen den Brautleuten. Der schüchterne und stets ein wenig kühl wirkende George ist tief im Innern ähnlich wie Prinzessin May ein sehr sensibler Mensch, der seine Gefühle am ehesten auf dem Papier ausdrücken kann. Fünf Jahre nach der Trauung wird er beispielsweise an seine Gattin schreiben: »(...) Du bist immer in meinen Gedanken, mein süßer Schatz, und Du hast keine Vorstellung davon, wie sehr ich mich danach sehne, Dich wieder zu sehen. Meine Liebe für Dich ist sogar größer und stärker, als sie es ein oder zwei Jahre zuvor war, ich verehre und schätze Dich einfach, mein süßer Engel, obwohl ich das, wenn ich bei Dir bin, vielleicht nicht zeige, aber es ist wahr. Gott schütze Dich, meine anbetungswürdige süße Frau. (...)«[17]

Unterstützung bei den Hochzeitsvorbereitungen erhält Prinzessin May unerwartet aus dem kleinen Neustrelitz. Zu dieser Zeit gehört es sich für eine junge Braut, eine Aussteuer zu besitzen, wenn sie in den Stand der Ehe tritt. Das bedeutet natürlich enorme Kosten für die Familie. May hat schon anlässlich ihrer ersten Verlobung eine Aussteuer zusammengestellt, aber die Mode hat sich inzwischen so gewandelt, dass die ausgewählte Kleidung nicht mehr getragen werden kann. Also muss eine neue Aussteuer bezahlt werden, was die chronisch verschuldete Familie Teck natürlich nicht zu leisten vermag. Augusta Caroline und Großherzog Friedrich Wilhelm von Mecklenburg-Strelitz stellen daher die nicht unbedeutende Summe von 1000 Pfund zur Verfügung, damit Prinzessin May angemessen ausgestattet werden kann.

Am 6. Juli 1893 schreiten Prinzessin Victoria Mary of Teck und George, der Duke of York, endlich zum Altar. Es wird erzählt, dass der Bräutigam die ausstaffierte Braut bereits vor der Zeremonie zu sehen bekam und sich bei ihrem Anblick tief vor ihr verneigte. Prinzessin May soll diese Geste nie vergessen haben.[18]

Neben den Größen des europäischen Adels nimmt natürlich auch Großherzogin Augusta Caroline an den Hochzeitsfeierlichkeiten teil. Für Mays Mutter Mary Adelaide ist dieser Tag ebenso einer der schönsten in ihrem Leben. Wie genießt sie das Bad in der Menge, die endlosen Jubelrufe und die Ehre, in der Kutsche der Queen fahren zu dürfen. Ihre einzige Tochter hat nun etwas erreicht, was ihr und ihrer Familie immer verwehrt blieb. Und wie muss sich erst der Herzog von Teck fühlen, der nach all den Jahren immer noch unter dem Makel seiner Geburt leidet. Vor seiner geliebten Tochter, die durch die Hochzeit endlich zu einer Royal Highness aufsteigt, wird sich eines Tages jedermann verneigen müssen.

Doch erst einmal bekommt es die frischgebackene Duchess of York mit den Animositäten der lieben Verwandtschaft zu tun. Die Princess of Wales pflegt eine abgöttische Liebe zu ihren Kindern und zeigt sich nun etwas irritiert, dass ihr Sohn George ihr nicht mehr seine ungeteilte Aufmerksamkeit schenkt. Die unverheirateten Schwägerinnen machen May plötzlich hinter ihrem Rücken schlecht. Doch auf die alte Queen kann sich die junge Frau verlassen: »Ich kann gar nicht sagen, wie zufrieden ich (...) mit der lieben May bin. (...) Ich bin wirklich sehr glücklich über diese Verbindung, die Gott schützen und segnen möge.«[19] Vor allem beginnt die Queen damit, May auf kommende Aufgaben vorzubereiten und weist sie zurecht, wenn ihr etwas an ihrem Auftreten nicht behagt. Doch die Duchess of York nimmt diese Hinweise gern an und genießt die gemeinsame Zeit mit der greisen Königin. Derweil richten sich May und ihr Gatte George im York Cottage in Sandringham und im St. James Palace häuslich ein und am 23. Juni 1894 kommt ihr erster Sohn Edward zur Welt.

Nicht nur in England, auch im fernen Neustrelitz sorgt dieses Ereignis für Begeisterung. Großherzogin Augusta Caroline ist über die frohe Kunde so erfreut, dass sie erst lange vor Glück weint und dann ihre verdutzte Kammerfrau und danach alle Leute umarmt, die ihr im Residenzschloss über den Weg laufen.[20] Queen Victoria sieht das ganze etwas pragmatischer: »(...) es ist eine große Freude und Genugtuung, aber auch nicht so ein Wunder; wenn Alicky Eddy nicht '89 abgewiesen hätte, hätte ich bereits vier Jahre früher ein Urenkelkind haben können. Aber, wie auch immer, es ist wahr, dass es in diesem Land nie drei direkte Erben gab, während der Souverän noch am Leben ist.«[21]

»Amused« kann die Queen aber nicht unbedingt sein, als sie erfährt, dass die Yorks in Sachen Namensgebung ein wenig mit der Familientradition brechen wollen. Wie auch immer, May und George setzen sich durch und der kleine Prinz wird auf den Namen Edward Albert Christian George Andrew Patrick David getauft. Im Familienkreis nennt man den kleinen Knirps nur David. Die Yorks sollen von nun an keine Ruhe mehr haben. Ist es schon schwierig, mit Georges Mutter Alexandra auszukommen, gibt es nun auch wieder Probleme mit Mays Mutter Mary Adelaide. Die Duchess of Teck mischt sich nach wie vor stark in die Beziehung ein und kommt ständig in den St. James Palace. Zum Glück ist sie bald etwas abgelenkt, da sich ihr erstgeborener Sohn Adolphus mit Margaret Grosvenor, der Tochter des Herzogs von Westminster, verlobt.

Am 14. Dezember 1895 stellt sich wieder Kindersegen bei den Yorks ein. Wie der Zufall es will, wird der Sprössling am Todestag des Prinzgemahls Albert geboren. Diesmal kommt Queen Victoria endlich zu ihrem Recht, denn der kleine Junge wird auf den Namen Albert Frederick Arthur George getauft. Die greise Queen schreibt zufrieden an ihre Tochter: »(…) Es freut mich sehr, dass er Albert genannt wurde, aber tatsächlich konnte er auch keinen anderen Namen erhalten.«[22]

In den kommenden Jahren wächst May mehr und mehr in ihre Pflichten als Mitglied der royalen Familie hinein und vertritt unter anderem das Königshaus bei offiziellen Terminen. Regelmäßig korrespondiert sie in dieser Zeit mit ihrer Tante Augusta Caroline und verbringt, so oft es möglich ist, Zeit mit ihr und mit ihrer Mutter Mary Adelaide. Im Frühjahr 1897, als sich die Duchess of York noch von der Geburt ihrer Tochter Mary erholt, wird ihr mitgeteilt, dass sich Mary Adelaide of Teck einer Operation unterziehen muss. Der Eingriff gelingt und im Juni 1897 präsentiert sich die Duchess of Teck im Rahmen der Prozession zum Diamantenen Thronjubiläum der Queen. Es wird ihr letzter großer Auftritt in der Öffentlichkeit. Eine weitere Operation im Oktober 1897 überlebt sie nicht. Nun muss sich Prinzessin May um alles kümmern, vor allem um ihren inzwischen pflegebedürftigen Vater und um die nötigen Formalitäten nach dem Tod der Duchess of Teck. Große Unterstützung – wenn auch vorerst nur in schriftlicher Form – erhält sie von ihrer Tante Augusta Caroline. Die Großherzogin von Mecklenburg-Strelitz übernimmt von nun an die Mutterrolle für die Prinzessin und die beiden Frauen rücken noch enger zusammen.

Im Frühjahr 1898 treffen sich May und ihre Tante in Mentone. Doch die alte Großherzogin ist nicht allein nach Südfrankreich gereist, sondern wird von ihrer Enkelin Marie begleitet. Augusta Caroline ist das einzige Mitglied der großherzoglichen Familie, das offen für das unglückliche Mädchen eintritt, das ein Kind von einem Lakaien zur Welt gebracht hat. Prinzessin May unterstützt die Tante, indem sie sich in Südfrankreich demonstrativ mit deren Enkelin zeigt und für sie Partei ergreift.

Die Jahre 1900 und 1901 bringen für May große Veränderungen mit sich und lassen sie noch intensiver mit ihrer Tante Augusta Caroline korrespondieren. Zunächst muss die Duchess of York am 21. Januar 1900 den Tod ihres Vaters Franz von Teck verkraften. Fast auf den Tag genau ein Jahr später, am 22. Januar 1901, stirbt Queen Victoria und Prinzessin May kommt dem Thron einen bedeutenden Schritt näher. Sie und ihr Mann dürfen nun die Titel eines Duke und einer Duchess of Cornwall and York für sich beanspruchen. Entgegen der Tradition muss das Paar jedoch noch einige Monate warten, bis ihnen endlich die Titel eines Prince und einer Princess of Wales verliehen werden; eine Tatsache, über die sich Augusta Caroline im fernen Neustrelitz ziemlich aufregt. May wird in dieser Zeit zur eifrigen Berichterstatterin über die Ereignisse am englischen Hof und bringt ein Stück Großbritannien in das kleine Neustrelitz. Obwohl zwischen Augusta Caroline und ihrer königlichen Cousine Victoria nicht immer eitel Sonnenschein herrschte, betrauert sie sie doch aufrichtig und freut sich daher sehr über die getrockneten und gepressten Blumen vom Totenbett der Queen, die ihr die Nichte in die Residenzstadt sendet.[23] In den darauffolgenden Monaten wechseln May und ihre Tante immer umfangreichere Briefe, unterstützt doch die alte Großherzogin die Vorbereitungen zur Krönung des neuen Königspaars Edward VII. und Alexandra. May und ihren Mann George hat man zu dieser Zeit auf eine fast achtmonatige Reise nach Australien, Neuseeland, Südafrika und Kanada geschickt. Bei ihren Ausführungen zu den Krönungsmodalitäten denkt Augusta Caroline nicht nur an die neue Königin Alexandra, sondern auch bereits an ihre Nichte und lässt ihr daher detaillierte Aufzeichnungen zukommen. Sie weiß um Mays Geschichtsinteresse und um ihr Traditionsbewusstsein und kann sich daher sicher sein, dass man ihre Anweisungen einst befolgen wird. Der Krönung von Edward VII. am 9. August 1902 wohnen May und ihre Tante Augusta Caroline selbstverständlich gemeinsam bei.

Zwei Jahre später wird Prinzessin May ihre Tante, die bislang soviel für sie getan hat, einmal in der Not unterstützen können. Augusta Caroline besitzt das seltene Talent, grundsätzlich an einem anderen Ort zu weilen, wenn jemand aus ihrem engsten Familienkreis verstirbt. So ist es bereits bei ihren Eltern und Geschwistern gewesen und auch Ende Mai 1904 kann sie sich nicht von einem Sterbenden verabschieden. Ihr Mann Friedrich Wilhelm schließt nach 61 Jahren Ehe für immer die Augen, als Augusta Caroline gerade in England weilt, um einige Erbstücke zu sortieren und für den Transport nach Neustrelitz vorzubereiten. Als sie die Nachricht vom Tod ihres Gatten erreicht, reist sie überstürzt nach Deutschland ab. Am 3. Juni 1904 verfasst sie – wohl überwältigt von den Ereignissen seit ihrer Ankunft in Neustrelitz und in Eile – in recht unleserlicher Schrift auf mehreren Bögen dunkel umrandeten Papiers einen Bericht an ihre Nichte in England. Darin beschreibt sie, was man ihr in Neustrelitz vom Todeskampf ihres Mannes erzählt und wie sie ihren aufgebahrten Gatten bei ihrer Ankunft vorgefunden hat: »Seine Züge sind noch wunderschön im Tode, so fein wie Marmor und so wie er dort liegt, kann man sehen, welch wahrer Gentleman er war und welches Blut in seinen Adern floss, seine Hautfarbe ist etwas nachgedunkelt, ansonsten ist er unverändert. Ich bin froh, dass ich sein liebes Gesicht noch sehen kann! Aber alles ist so furchtbar traurig. (...)«[24]

Für Prinzessin May ist sofort klar, dass sie ihre Tante in ihrem Schmerz nicht allein lassen will und sie kündigt schon bald darauf einen Besuch in Neustrelitz an. Ein Hinweis darauf ist ein Brief der nunmehr Großherzoginwitwe Augusta Caroline vom 23. Juni 1904, in dem sie bereits ihrer Freude über die geplante Visite Ausdruck verleiht und eine gemeinsame Reise zum Keppschloss anregt. Nach über 40 Jahren als Großherzogin des kleinen Mecklenburg-Strelitz muss die alte Dame nun ihren Platz für ihre Schwiegertochter Elisabeth räumen und tut sich mit ihrer neuen Rolle am Neustrelitzer Hof zunächst noch recht schwer: »Mein Leben hier ist so still, so totenstill, dass es fast erschreckend ist, es ist so eigenartig, nicht nach Anweisungen oder nach irgend etwas gefragt zu werden; ich fühle mich so nutzlos und kann noch nicht begreifen, dass der liebste Onkel gegangen ist und dass ich ihn nie mehr sehen oder seine liebe sonore Stimme hören kann. (...)«[25] Prinzessin May trifft am 28. Juli 1904 in Neustrelitz ein und wird von der großherzoglichen Familie und einigen Höflingen am Bahnhof der Residenzstadt empfangen. In den ersten zwei Tagen stehen zunächst Familiendiners und Spazierfahrten auf dem Programm, dann gesteht Augusta Caroline ihrer Nichte auch weitere

Zerstreuungen zu. »Ihre Kgl. Hoh. die Prinzessin von Wales nahm gestern Abend an einer von Frau von Heyden-Linden, Exzellenz, gegebenen Abendgesellschaft teil«[26], weiß die »Neustrelitzer Zeitung« zu berichten. Am 3. August 1904 unternimmt Prinzessin May gemeinsam mit ihrer Tante eine Ausfahrt ins Schloss Hohenzieritz, wo die beiden Damen mit dem neuen Großherzogspaar Adolf Friedrich und Elisabeth sowie deren Sohn Karl Borwin zusammentreffen. Bei dieser Gelegenheit entsteht die vermutlich zweite Signatur der Prinzessin auf der Autographentür des Schlosses. »Princeß of Wales May 1904« ist in ihrer charakteristischen Schrift zu lesen und das in einer Höhe von 1,81 Metern. Die zukünftige Königin von Großbritannien und Irland ist demnach eine recht stattliche Erscheinung.

Die nächsten Tage sind ausgefüllt mit Abendgesellschaften bei ausgewählten Neustrelitzer Exzellenzen sowie mit Ausflügen nach Berlin und nach Neubrandenburg. In der Vier-Tore-Stadt besichtigt die geschichtsbegeisterte May unter anderem die Johannis- und die Marienkirche und lässt sich von den Pastoren durch die Gotteshäuser führen.[27] Auch der Stadtwall hat es der Princess of Wales angetan. Kurz vor Ende ihres Aufenthalts fahren May und ihre Tante dann noch einmal nach Mirow, sicher auch, um in der Fürstengruft der Johanniterkirche des toten Friedrich Wilhelms zu gedenken. Und natürlich bleibt viel Zeit für gemeinsame Gespräche, nicht nur mit der Tante. Die Princess of Wales mag auch die restliche großherzogliche Familie sehr gern und verbringt viele Stunden in ihrer Gesellschaft. Während ihres Aufenthalts kann May zudem einer Aufgabe nachgehen, die ihren und auch Augusta Carolines Interessen und Neigungen sehr entgegenkommt. Die Großherzoginwitwe besitzt sehr viele Familienerbstücke, die bislang nicht katalogisiert sind, und May beginnt sofort damit, ihrer Vorliebe für Listen jeglicher Art zu frönen.[28] Sicher wird sie bei diesem Besuch mit dieser Aufgabe nicht fertig, aber es ist anzunehmen, dass die Arbeit später mit der gleichen Akribie von ihrer Tante fortgesetzt wird, die sich damit etwas von ihrem Kummer ablenken kann. Am 15. August 1904 reisen May und Augusta Caroline dann Richtung Keppschloss ab und verbringen dort noch ein paar gemeinsame Tage.

Ein Jahr nach dem Besuch in Neustrelitz bringt Prinzessin May mit dem kleinen John ihr sechstes und letztes Kind zur Welt. Ob sie auch Tante Augusta Caroline später von der Krankheit des Prinzen in Kenntnis setzt? Der Kleine leidet ab seinem vierten Lebensjahr an Epilepsie und Autismus. Daher entfernt man den Prinzen bald aus der Familie und John hat kaum noch Kontakt zu seinen Eltern und Geschwistern. Aber auch seine Brüder und seine Schwester Mary bekommen ihre Eltern nicht oft zu Gesicht. Der Prince und die Princess of Wales müssen in den nächsten Jahren immer mehr offizielle Termine übernehmen und das Königshaus im Ausland repräsentieren. Monatelang reist das Paar beispielsweise durch Indien, wohnt dann einer Adelshochzeit in Spanien und anschließend der Krönung des norwegischen Königspaares in Trondheim bei. Doch trotz der immensen Belastung findet Prinzessin May immer wieder Zeit für die wöchentlichen Briefe an ihre geliebte Tante Augusta Caroline. Die alte Dame ist inzwischen fast 90 Jahre alt, geistig nach wie vor rege, aber es stellen sich erste gesundheitliche Probleme ein. Die Großherzoginwitwe, die seit ihrer Hochzeit im Jahr 1843 ihrer Reisewut nach Herzenslust frönte und oft mehrere Monate im Jahr gar nicht in Mecklenburg-Strelitz weilte, kann die Strapazen einer Reise in ihre englische Heimat nicht mehr auf sich nehmen. Ihre vermutlich letzte Visite in London findet im Jahr 1905 statt, in den darauffolgenden Jahren sucht sie wohl nur noch ihr geliebtes Keppschloss bei Dresden auf.[29] Augusta Caroline kann zwar nicht mehr zu ihrer Nichte kommen, aber Prinzessin May immer noch zu ihr. So berichtet die »Neustrelitzer Zeitung« im Sommer 1907 von einem Besuch der Princess of Wales bei ihrer alten Tante im Keppschloss: »Wie wir aus Dresden erfahren, ist Ihre Kgl. Hoh. die Prinzessin von Wales dort seit einiger Zeit eingetroffen und hat im Savoy-Hotel Wohnung genommen. Die hohe Frau besucht fast täglich Ihre Kgl. Hoh. die Großherzogin-Witwe im Keppschloß, woselbst Ende der vorigen Woche eine Frühstückstafel stattfand, an welcher Ihre Kgl. Hoh. die Prinzessin von Wales nebst Gefolge teilnahm. (…)«[30] Prinzessin May trifft in Dresden auch auf Augusta Carolines Enkelin Marie, die nach der unerfreulichen

Angelegenheit mit dem Lakaien den französischen Grafen Jametel geheiratet hat, aber in ihrer Ehe alles andere als glücklich ist und daher bereits getrennt von ihrem Gatten lebt. May nimmt sich der unglücklichen jungen Frau an und zeigt sich mit ihr ebenso wie 1898 in Südfrankreich demonstrativ in der Öffentlichkeit: »Wie wir weiterhin aus Dresden erfahren, unternahm Ihre Kgl. Hoh. die Prinzeß v. Wales am Donnerstag voriger Woche mit Ihrer Hoh. der Herzogin Marie eine größere Automobilfahrt in die Sächsische Schweiz nach der sogenannten Rainwiese. Hier wurde das vorher bestellte Frühstück eingenommen, und am Abend kehrten die hohen Herrschaften nach Dresden bezw. dem Keppschloß zurück. Am Freitag mittag 2 Uhr gab Ihre Kgl. Hoh. die Prinzeß v. Wales auf der Brühlschen Terrasse ein größeres Frühstück, an welchem Ihre Kgl. Hoh. die Großherzogin-Witwe nebst Ihrer Hoh. der Herzogin Marie teilnahmen; außer dem Gefolge hatten auch der englische Gesandte Mr. Findley in Dresden nebst Gemahlin und der erste Sekretär Einladungen erhalten.«[31] Natürlich muss Prinzessin May bei dieser Visite auch noch anderen ihre Aufwartung machen und auch einer Einladung des Königs von Sachsen zur Familientafel nachkommen, aber immer wieder zieht es sie zu Tante Augusta Caroline ins Keppschloss. Die beiden Frauen müssen viele unterhaltsame Stunden miteinander verbracht haben: »Ihre Kgl. Hoh. die Prinzessin von Wales folgte am Mittwoch einer Einladung Ihrer Kgl. Hoh. der Großherzogin-Witwe zum Frühstück im Keppschloß und blieb daselbst zum Nachmittagstee.«[32] Als Prinzessin May am 16. August 1907 aus Dresden abreist, wird sie natürlich von ihrer Tante und deren Enkelin Marie zum Bahnhof begleitet.

Im Frühjahr 1910 verschlägt es Prinzessin May wieder nach Neustrelitz. Ahnt sie bereits, was bald auf sie zukommen wird und nutzt die Zeit in der Residenzstadt, um noch einmal tief durchzuatmen und sich für die nächsten Monate zu wappnen? Der Gesundheitszustand von König Edward VII. hat sich rapide verschlechtert. Er ist seit Jahrzehnten ein exzessiver Kettenraucher und leidet nun zunehmend an Bronchitis. Immer wieder plagen ihn Anfälle extremer Atemnot. Im März 1910 zieht sich Edward VII. bei einem Besuch in Biarritz eine starke Erkältung zu und erholt sich davon nur langsam. Prinzessin May ist sicher klar, dass bald eine schwere Bürde auf ihr lasten wird. Will sie daher noch ein paar unbeschwerte Tage bei Tante Augusta Caroline verbringen? Am 7. April 1910 erreicht die Princess of Wales die Residenzstadt in Begleitung des getreuen Ehepaares Dugdale und wird am Bahnhof von ihrer Tante sowie Großherzogin Elisabeth und einigen Hofchargen empfangen. Vermutlich zieht sich Prinzessin May in den nächsten Tagen viel mit Augusta Caroline zurück, denn erst einige Tage später wird über eine größere Hoftafel im Schloss berichtet.[33] Die weiteren Unternehmungen haben für Prinzessin May wohl einen gewissen Symbolcharakter. Am 11. April 1910 unternimmt sie in Begleitung von Großherzogin Elisabeth und den Dugdales eine Fahrt nach Rheinsberg, um das Schloss zu besichtigen. Aufgrund ihrer umfassenden Studien weiß sie, dass Friedrich der Große als Kronprinz in diesem Hause lebte. Am 14. April 1910 fährt Prinzessin May mit Großherzog Adolf Friedrich V. nach Mirow. Dort besichtigen die hohen Herrschaften das Schloss und die Fürstengruft. Prinzessin May kennt Mirow bereits von früheren Besuchen. Da sie ihrer Ahnin Sophie Charlotte so große Verehrung entgegenbringt, verwundert es nicht, dass sie in dieser für sie so wichtigen Zeit unbedingt nach Mirow will, um dort der früheren britischen Königin nahe zu sein. Sophie Charlotte und sie verbindet ein ähnliches Schicksal: Die kleine Prinzessin aus dem unbedeutenden Mecklenburg-Strelitz war einst unerwartet Königin von Großbritannien geworden und nun wird bald die schüchterne May of Teck, deren Vater so sehr unter seiner morganatischen Herkunft gelitten hat, diese Position einnehmen. Welche Gedanken der Princess of Wales durch den Kopf gehen, als sie die Mirower Schlossinsel an diesem Tag wieder verlässt, kann man nur erahnen. Nach dieser Kurzvisite bleiben ihr noch drei Tage, die sie mit Tante Augusta Caroline verbringt. Am 17. April 1910 muss Prinzessin May bereits wieder nach England zurückreisen.

Zehn Tage später kehrt der von seiner Erkältung genesene König Edward VII. aus Biarritz zurück – um sich kurz darauf auf seinem Gut Sandringham die nächste Bronchitis zuzuziehen. Innerhalb weniger Tage verschlechtert sich sein Zustand derart, dass er am 6. Mai 1910 stirbt. Die kleine, nicht standesgemäße Prinzessin May aus dem Hause Teck ist nun die neue Königin von Großbritannien und Irland. Doch »May« existiert ab jetzt nur noch im engsten Familienkreis. Als Queen Consort kann die Prinzessin in der Öffentlichkeit nicht mehr mit ihrem Kosenamen gerufen werden. Offizielle Papiere hat sie bislang stets mit ihrem offiziellen Rufnamen Victoria Mary unterzeichnet, aber ihr Mann George hasst Doppelnamen. Also muss sich May nun entscheiden. Da Victoria aus verständlichen Gründen nicht in Frage kommt und auch die gleichnamige Queen wünschte, dass keine Königin nach ihr diesen Namen tragen solle, wählt May »Mary« als Königsnamen. Ihrer Tante Augusta Caroline, die sich im fernen Neustrelitz sehr für die Nichte freut, teilt die neue Queen mit, dass es sich für sie anfühle, als sei sie im Alter von 43 Jahren neu getauft worden.[34] Die Wochen und Monate nach dem Tod König Edwards VII. halten für das frischgebackene Königspaar viele anstrengende und neue Aufgaben bereit. Königin Mary vernachlässigt trotzdem den Briefwechsel mit ihrer Tante in Neustrelitz nicht und holt sich von der alten Dame den einen oder anderen Rat. Natürlich tauschen sie sich auch intensiv über ihre Auffassungen aus. Für Augusta Caroline wie auch für ihre Nichte ist die Monarchie eine heilige Institution, an der es nichts zu rütteln gibt. Daher gilt es, den König in allem zu unterstützen. Königin Mary bleibt ihrem Gatten George eine außerordentlich verlässliche Stütze und die beiden Ehepartner rücken noch enger zusammen, um die Bürde der Krone gemeinsam zu tragen.

Mit der neuen Rolle als Queen ist auch Ende 1910 der Umzug in den Buckingham Palace verbunden, in dem sich Mary zunächst überhaupt nicht wohl fühlt. Das erste große Ereignis des Jahres 1911 ist für das Königspaar die Eröffnung des Parlaments, worüber Königin Mary ihre Tante in Neustrelitz ausführlich in Kenntnis setzt. Die fällt kurz darauf im Residenzschloss fast vom Stuhl, als sie erfährt, dass König George V. geruhe, ihren Sohn Adolf Friedrich V. zum Ritter des Hosenbandordens zu ernennen. Zumindest kann die alte Großherzoginwitwe mit dem daraufhin einsetzenden Sinneswandel ihres

Das britische Königspaar George V. und Mary auf einer alten Postkarte anlässlich ihrer Krönung im Juni 1911. Die Großherzoginwitwe Augusta Caroline konnte zu diesem gesellschaftlichen Ereignis nicht mehr anreisen.

Sohnes recht zufrieden sein. Adolf Friedrich V., der bislang als eher deutschtümelnd bekannt war, gefällt sich in seiner neuen Rolle als Ordensritter und schlägt eine ausgesprochen anglophile Richtung ein.[35]

Nun muss die Krönung des Paares vorbereitet werden und Tante Augusta Caroline ist wieder einmal in ihrem Element und schickt Brief um Brief mit Erläuterungen und Anfragen nach England. Am 22. Juni 1911, dem Tag der Krönung, muss sich die alte Dame aber damit begnügen, im Neustrelitzer Residenzschloss still für ihre Nichte und deren Mann zu beten beziehungsweise im Laufe des Tages die zahlreichen Glückwünsche der Mecklenburg-Strelitzer entgegenzunehmen. Königin Mary schreibt ihrer Tante wenige Tage nach den Feierlichkeiten einen Brief, in dem sie bekennt, dass sie Augusta Carolines Anwesenheit schmerzlich vermisst und die ganze Zeit an sie gedacht habe.[36]

Ab Dezember 1911 erhält die alte Großherzoginwitwe dann Briefe aus dem fernen Indien, da das englische Königspaar dort im Rahmen eines Durbar zum Kaiser beziehungsweise zur Kaiserin von Indien gekrönt wird. Diebisch freut sich Augusta Caroline dabei über die Information, dass ihre Nichte bei dieser bedeutenden Zeremonie die Juwelen ihrer Großmutter, der Duchess of Cambridge, getragen hat.[37]

Am 19. Juli 1912 feiert die Großherzoginwitwe in Neustrelitz ihren 90. Geburtstag. Obwohl die alte Dame trotz einiger körperlicher Einschränkungen nach wie vor geistig sehr agil ist und ihre Scharfzüngigkeit noch nicht verloren hat, ist sich Königin Mary bewusst, dass ihr vielleicht nicht mehr viele Möglichkeiten bleiben, die Tante zu sehen. Daher bittet sie Augusta Caroline Anfang Juli 1912 in einem Brief, ihr einen Besuch abstatten zu dürfen und hofft, im nächsten Brief eine positive Antwort zu erhalten. Überschwänglich setzt Augusta Caroline als Antwort in ihrer inzwischen größer und verwaschener gewordenen Schrift drei Worte auf das Papier: »Ja! Ja! Ja!«, und schreibt weiter: »Meine über alles geliebte May! Ich bin so angetan von dem köstlichen Gedanken, Dich bald wieder zu sehen, dass ich kaum weiß, wie ich meine Freude ausdrücken soll. Mein Herz hüpft [vor Freude], während ich Deinen Brief lese (...) ich habe nicht zu träumen gewagt, dass Du so kommen kannst, nur gehofft, dass Du es während eines Staatsbesuches nebenan[38] ermöglichen könntest, für einen Tag herüberzukommen. Nun bin ich, oh, so glücklich und dankbar. (...) wie werde ich die Gespräche mit Dir genießen. Ich bin mir sicher, dass sie mich wieder zu neuem Leben erwecken werden!«[39]

Auch wenn Königin Mary wünscht, dass der Besuch einen eher privaten Charakter haben soll, ist natürlich klar, dass dem schon aus Gründen der am großherzoglichen Hof allgegenwärtigen Etikette nicht ganz entsprochen werden kann. Schließlich betritt nicht mehr die kleine May of Teck das beschauliche Neustrelitz, sondern die Königin von Großbritannien und Irland sowie Kaiserin von Indien. Daher rollen die Neustrelitzer an diesem 15. August 1912 auf dem Bahnhof den sprichwörtlichen roten Teppich aus und heißen Ihre Majestät gebührend willkommen. Augusta Caroline freut sich unbändig, endlich wieder ihre geliebte Nichte in die Arme schließen zu können. Die Begrüßung der beiden Frauen auf dem Neustrelitzer Bahnhof wird von einem Fotografen festgehalten. Auf dem Bild ist die alte Großherzoginwitwe zu sehen, die, ganz in schwarz gekleidet und mit einem kleinen Hütchen mit weißer Feder angetan, über das ganze Gesicht strahlt und ihre Hand innig in die der Königin legt. Diese, ähnlich wie ihre Tante gekleidet, lächelt. Die anderen Anwesenden, darunter Großherzog Adolf Friedrich V., Großherzogin Elisabeth und Herzogin Marie, wirken fast wie Statisten, da der Fokus des Bildes eindeutig auf die Wiedersehensfreude der beiden Frauen gelegt ist. Königin Mary selbst hat dieses Bild, das auch in einigen Zeitschriften abgedruckt wurde, sogar in ihrem privaten Album aufbewahrt und eigenhändig beschriftet. Das Zusammentreffen von Tante und Nichte wird auch von Filmkameras festgehalten, so dass sich die alte Großherzoginwitwe noch Monate später an den Aufnahmen erfreuen kann.[40]

Nach dem herzlichen Empfang am Bahnhof fahren die Herrschaften ins Residenzschloss, damit sich Königin Mary und ihr Gefolge bei einem Frühstück stärken können. Die Queen ist nicht allein nach Neustrelitz gekommen, neben dem Ehepaar Dugdale hat sie diesmal auch ihre 15-jährige Tochter Mary mitgebracht. Kurz nach dem offiziellen Programm setzt sich Königin Mary vermutlich gleich an den Schreibtisch, um ihrem Mann die Eindrücke des Wiedersehens in Neustrelitz zu schildern: »(…) Wir fanden Tante Augusta am Bahnhof vor, ebenso wie Dolphus, Elly, Fritz und Marie. (…) Tante ist wundervoll, sie sieht dünner aus und ist ziemlich taub, aber ansonsten unverändert. Meine Gemächer sind ganz in ihrer Nähe, Marys darunter, Mary ist erfreut, hier zu sein und etwas Neues zu sehen. (…) Ich konnte kurz mit Tante vor dem Mittagessen mit den Dolphus' um eins sprechen, und später soll ich mit Elly ausfahren, um etwas Luft zu schnappen.«[41] Am nächsten Tag unternimmt die Queen in Begleitung ihrer Tochter Mary und der Herzogin Marie, für die sie wohl nach wie vor die wärmsten Gefühle hegt, eine Spazierfahrt in die nähere Umgebung. Abends wird dann zur Tafel im engen Kreis gebeten.[42] Am 17. August 1912 berichtet Königin Mary ihrem Gatten

THE GRAPHIC

AN ILLUSTRATED WEEKLY NEWSPAPER

The entire contents of this paper, both Illustrations and Letterpress, are copyright.

No. 2230 — Vol. LXXXVI
Registered as a Newspaper

SATURDAY, AUGUST 24, 1912

WITH SUPPLEMENT

Price Sixpence
By Post, 6½d.

QUEEN MARY'S HOLIDAY: HER MAJESTY WELCOMED BY HER AUNT AT NEU-STRELITZ

Queen Mary has been spending a week at Neu-Strelitz on a private visit to her Majesty's aunt, the Dowager Grand Duchess of Mecklenburg-Strelitz, who, in spite of her ninety years, faced the inclement weather from which Germany has been suffering as much as this country, and met the Queen and Princess Mary at the railway station.

Königin Mary und ihre Tante Augusta Caroline auf dem Neustrelitzer Bahnhof. Die britische Queen bewahrte diese Aufnahme auch in ihrem privaten Album auf.

von ihren Erlebnissen des Tages: »(...) es ist so schön wieder bei Tante Augusta zu sein, und ich habe es eingerichtet, sie oft zu sehen, da es ihr nicht möglich ist, bei diesem kalten und regnerischen Wetter auszufahren. Dolphus und alle hier sind sehr freundlich zu mir, und sehr aufmerksam, und Marie und Fred[43] sind so nett zu Mary und zeigen ihr alles (...) und sie fühlt sich fast wie zu Hause. Gestern fuhren wir mit dem Automobil nach Hohenzieritz (...) und endlich habe ich Dolphus überredet, die beiden schönen Chippendale-Tische umzustellen, worum ich ihn schon vor Jahren gebeten habe! Auf meinen Wunsch hin wird man sie hierher bringen. Wir nehmen alle unsere Mahlzeiten mit Dolphus ein, und die Tante kommt dazu, wenn sie mag und sich fühlt. Gestern Abend kamen 2 oder 3 Leute dazu, und Tante sah in einer Abendrobe und mit ihren Juwelen so schön aus. Später saß ich mit Dolphus und Elly zusammen, und wir rauchten ein bisschen. Mary wird wahrscheinlich am Freitag für einen Tag nach Berlin fahren, um zu sehen, was sie kann. Wirklich, der neue Teil des Schlosses ist schön eingerichtet und so gemütlich. (...)«[44]

Während sich Königin Mary ganz dem Leben en famille hingibt, besichtigt ihre Tochter interessiert die Residenzstadt: »Ihre Kgl. Hoh. die Prinzessin Mary unternahm heute Vormittag in Begleitung einer Hofdame einen Spaziergang in den Straßen unserer Residenz und machte in einigen Geschäften Einkäufe«, weiß die hiesige Zeitung zu berichten. »In dem Papierwarengeschäft von F. Rogge in der Glambeckerstraße kaufte die Prinzessin mehrere sog. Ansichtsartikel.«[45] Am Abend wird dann zum wiederholten Male zur großen Tafel im Schloss geladen. Am 18. August 1912 sorgt dann die sonst so altmodische Großherzoginwitwe für eine Überraschung, als sie ihre königliche Nichte nach Mirow begleiten möchte: »(...) ich habe etwas getan, was ich nie für möglich gehalten habe, [ich bin] nämlich mit Tante in einem Automobil nach Mirow gefahren!!!«,[46] teilt die Queen ihrem Gatten aufgeregt zwei Tage später in einem Brief mit. »Kannst Du dir unsere Überraschung vorstellen, als sie uns am Sonntag Nachmittag ihren Wunsch mitteilte, uns im Auto nach Mirow zu begleiten, 20 Meilen von hier, wo sich ein schönes altes Schloss und die Familiengruft befinden?

Natürlich fuhren wir nicht schnell, aber sie war nicht aufgeregt und klagte nach unserer Rückkehr nur über leichte Rückenschmerzen. Es war ein köstlicher warmer Tag, und wir nahmen einen wundervollen Nachmittagstee im Garten in Mirow ein.«[47] Weiterhin erzählt die Königin ihrem Mann in diesem Brief, dass sie gemeinsam mit der Tante und Großherzogin Elisabeth eine Ausfahrt mit einem Schimmel-Vierergespann in die Kalkhorst unternommen habe.[48] Die Zeitungen berichten zudem über weitere Erlebnisse der Queen in der Residenzstadt: »Ihre Maj. die Königin und Ihre Kgl. Hoh. die Großherzogin besuchten heute Nachmittag gegen 5 Uhr das Herzog Carl Borwin Gedächtnis-Heim und besichtigten das Haus eingehend. (...) Zwei kleine Waisenkinder überreichten den fürstlichen Damen beim Eintritt in das Haus Blumensträuße.«[49] Wie die Abende im Residenzschloss verbracht werden, schildert Königin Mary ihrem Mann ebenfalls: »An den letzten beiden Abenden hatten wir nur kleine Tischgesellschaften. Danach sahen wir uns wunderschöne alte Alben mit Zeichnungen, Bildern und Aufnahmen der Familie an, wirklich sehr amüsant, und Tante Augusta und ich halfen dabei, alle zu benennen, da nur wenige Namen darunter standen.«[50] In diesen Tagen erhält die Queen auch eine Einladung des Großherzogspaars von Mecklenburg-Schwerin zu einem Ausflug nach Heiligendamm. Doch Königin Mary bleibt in Neustrelitz: »Drei Stunden dort, drei Stunden zurück, aber ich lehnte dankend ab, da es bedeutete, die Tante den ganzen Tag allein zu lassen, was sie sicher nicht gewollt hätte.«[51]

Derweil geht Prinzessin Mary mit dem Erbgroßherzog Adolf Friedrich und seiner Schwester Marie auf Entdeckungsreise durch das Großherzogtum und lernt auf recht amüsante Weise einige Bewohner kennen. Eine Fahrt führt sie in die Feldberger Seenlandschaft: »Die Herrschaften besichtigten zuerst die Anlagen am Schmalen Luzin und fuhren dann zum Wald. Ungefähr eine Stunde verweilten Höchstdieselben auf dem Ziegenberg. Die Automobilfahrt vom ersten Heckenhaus bis zur Kastanienallee machte der zweite Sohn des Jagdgehülfen Schmidt mit, bei dem sich die Dienerschaft nach dem Wege zum Walde erkundigte. Der kleine Kerl erzählte gestern begeistert davon, mit den Allerhöchsten Herrschaften schon Automobil gefahren zu sein.«[52] Natürlich unternimmt Prinzessin Mary auch ihren geplanten Tagesausflug nach Berlin und Potsdam und verbindet ihr von der Mutter geprägtes Interesse für Geschichte mit dem Angenehmen. So kauft sie nach einer Ausfahrt bis hin zum Charlottenburger Schloss inkognito bei Wertheim und in der Straße »Unter den Linden« ein. In Potsdam besichtigt die Prinzessin natürlich das Schloss Sanssouci und das Neue Palais und stattet auch dem Mausoleum mit den Sarkophagen ihrer verstorbenen preußischen Verwandten einen Besuch ab. Das junge Mädchen bekommt an diesem Tag auch noch den Park von Sanssouci, das Stadtschloss und den Park von Babelsberg zu sehen, bevor es am Abend nach Neustrelitz zurückkehrt. Am nächsten Tag wandelt die Prinzessin weiter auf den Spuren Friedrichs des Großen und fährt mit Erbgroßherzog Adolf Friedrich und Lady Dugdale mit dem Automobil nach Rheinsberg.[53]

Langsam aber sicher heißt es bald für Königin Mary und ihre Tochter, Abschied von den Neustrelitzer Verwandten und von Tante Augusta Caroline zu nehmen. Zur Erinnerung an ihren Besuch lässt die Queen den diensttuenden Hofchargen eine handsignierte Fotografie und den großherzoglichen Hofbediensteten wertvolle Geschenke aushändigen.[54] Am 23. August 1912 ist die herrliche Zeit in der Residenzstadt endgültig vorbei. Königin Mary, ihre Tochter und die Dugdales verlassen Neustrelitz zunächst in Richtung Berlin, wo sie das Kaiser-Friedrich-Museum besichtigen und eine ausgedehnte Rundfahrt durch die Stadt unternehmen. Am Abend tritt die Queen dann in einem Sonderzug die Heimreise nach London an.[55]

Wenige Tage später erreicht Tante Augusta Caroline ein fast wehmütiger Brief der Königin aus dem schottischen Balmoral: »Meine geliebte Tante, (...) ich bin sehr bewegt über die netten Dinge, die Du über meinen Besuch bei Dir erzählst. Ich bin so dankbar, dass ich es, wenn auch nur für eine kurze Zeit, einrichten konnte und ich habe jeden Moment meines Aufenthaltes in Strelitz genossen, wo ich so eine glückliche Zeit mit euch allen hatte und so viel Liebenswürdigkeit erfahren habe. Wie ich unsere langen morgendlichen Gespräche

Königin Mary schenkte den Neustrelitzer Hofchargen eine Fotografie zur Erinnerung an ihren Besuch im Sommer 1912.

genossen habe und dass ich wieder einmal bei Dir sein konnte, meine geliebte Tante. Es war mir so ein Vergnügen, zu sehen, wie wundervoll Du trotz Deines Alters von 90 Jahren bist. (…) Ich war sehr traurig, abreisen zu müssen (…) Wie schnell die Zeit in Strelitz vergangen ist, ich kann mich kaum an eine Woche erinnern, die schneller vergangen wäre. Beider, Dolphus und Ellys Liebenswürdigkeit hat mich sehr gerührt, sie behandelten mich wie eine richtige Cousine und ich habe mich fast wie zu Hause gefühlt, in der Tat war alles ›sehr gemüthlich und verwandtschaftlich‹. (…) Ich bin froh, dass sich alle über meine Geschenke und die Fotografien gefreut haben und dass ich einen guten Eindruck hinterlassen habe. (…)«[56]

Die Königin unterzeichnet den Brief sinngemäß unter anderem mit »Mit einem Herzen voll von Dankbarkeit für Deine Freundlichkeiten, Liebe und Zuneigung für mich, immer Dein dich liebendes, treu ergebenes Nichten-Kind May«.[57]

Daran lässt sich die große Verbundenheit der beiden Frauen deutlich erkennen. Königin Mary spürt aber, dass die Tage ihrer alten Tante gezählt sind. »Nächstes Jahr« sagt sie der Großherzoginwitwe daher beim Abschied auf dem Neustrelitzer Bahnhof. Augusta Caroline, die ebenso weiß, wie es um ihre körperlichen Kräfte steht, antwortet: »Gebe Gott, dass sich diese Hoffnung erfüllt.«[58] Schon in ihrem Brief aus Balmoral teilt Königin Mary ihrer geliebten Tante mit, dass sie mit dem König über eine weitere Visite in Neustrelitz im kommenden Jahr gesprochen habe. Eine Begegnung ließe sich sicher leicht von Berlin aus arrangieren.[59] Das Königspaar hofft nämlich, dem Kaiser endlich im Jahr 1913 einen längst fälligen Staatsbesuch abstatten zu können und spielt daher bereits mit dem Gedanken, diesen offiziellen Termin mit einer Kurzreise nach Neustrelitz zu verbinden. Für eine Verwirklichung dieses Traums sieht es jedoch zunächst recht düster aus, da im Verlaufe des Jahres 1912 die politischen Spannungen in Europa zunehmen. Die Lage auf dem Balkan wird immer verworrener und in Deutschland wachsen die Ressentiments gegenüber England. Aber auch im Vereinigten Königreich ist man schon seit längerer Zeit nicht gut auf den Kaiser und die Deutschen zu sprechen. Wie ein Wink des Himmels platzt da im Februar 1913 die Nachricht herein, dass sich Viktoria Luise, die einzige Tochter des Kaisers, mit dem Prinzen Ernst August aus dem Hause Cumberland verlobt habe. Eine politisch eigentlich brisante Verbindung, die jedoch den seit 1866 schwelenden Konflikt zwischen den hannoverischen Welfen und den Hohenzollern beenden wird. Kaiser Wilhelm II. ist überglücklich und verschickt ungeachtet der politischen Entwicklungen Einladungen an alle gekrönten Häupter in Europa. Schon kurz nach der Verlobung spekuliert man in den Zeitungen über eine Teilnahme des englischen Königspaares an den Feierlichkeiten, doch eine endgültige Zusage wird erst im April 1913 offiziell verbreitet, allerdings immer wieder mit dem Hinweis, dass es sich nicht um einen Staatsbesuch, sondern um eine Visite rein privaten Charakters handle. Kurz darauf wird auch bekannt gegeben, dass der Zar von Russland gedenke, zur Hochzeit nach Berlin zu kommen. Ein Schelm, der jetzt noch an eine private Feier denkt. Schließlich bedeutet die Zusage des Zaren, dass die drei größten Herrscher ihrer Zeit in Berlin aufeinandertreffen werden!

Am 21. Mai 1913 betreten König George und Königin Mary wieder deutschen Boden und werden vom Kaiserpaar auf dem Lehrter Bahnhof empfangen. Am folgenden Tag feiern die begeisterten Berliner den Zaren von Russland. Und so geht es in den nächsten Tagen weiter: »Die Ankunft der vielen Hochzeitsgäste bot ein großartiges Bild«, erinnert sich Jahre später die Kaisertochter Viktoria Luise. »Die

Reichshauptstadt war Schauplatz eines Fürstentreffens, wie man es wohl selten erlebt hat. »Ein ununterbrochener Korso von Kaisern, Königen, Herzögen, Prinzen unterhielt die Zuschauer dieser hochzeitlichen Fürstenparade«, hieß es in der »Berliner Illustrierten Zeitung«. In den Straßen und auf den Plätzen, die von den Hochzeitsgästen befahren wurden, drängten sich Menschenmassen, wie sie die Stadt noch nicht gesehen hat.«[60] In den Tagen vor der Hochzeit zeigen sich die unterschiedlichen Interessen Königin Marys und ihres Gatten wieder recht deutlich. Während sich der König Gefechtsübungen vorführen lässt, an einer Parade teilnimmt und die englische Botschaft besucht, nutzt Königin Mary die Zeit, um die Schlösser und Gärten von Potsdam eingehend zu besichtigen. Der Zar wiederum genießt das freiere Leben in Berlin und ist auf Ausfahrten, bei Besichtigungen des Zeughauses und der Ruhmeshalle sowie bei Regimentsbesuchen anzutreffen. Am 24. Mai 1913 findet dann die Hochzeit der Kaisertochter statt. Königin Mary geht die Trauung sehr nahe. Sie soll sogar laut schluchzend in Tränen ausgebrochen sein.[61] Dass sie, wie viele später meinen, in diesem Moment das bald über Europa hereinbrechende Unglück vorausgesehen habe, ist natürlich Unsinn. Vielmehr hängt die Queen der welfischen Familie sehr an und ist sich dessen bewusst, dass ein jahrzehntelanger Streit, der auch das Leben von Tante Augusta Caroline und der Mecklenburg-Strelitzer Verwandten überschattete, durch diese Eheschließung nun endlich ein Ende findet.

Am Abend wird Königin Mary dann zur Zeugin und Mitwirkenden des traditionellen Fackeltanzes, einer Art Polonaise, bei der dem Zug der Tänzer große, schwere Kerzen vorangetragen werden. Der Tanz wird bei dieser Gelegenheit zum letzten Mal vor dem Ende der Monarchie in Deutschland aufgeführt, was zu diesem Zeitpunkt jedoch noch keiner der faszinierten Anwesenden ahnen kann. »Es war ein Anblick von Licht und Glanz, voll Würde und Anmut. Wie dieser eigenartige Zug im langsamen Tempo den Saal umschritt, der Oberst-Marschall mit dem hohen Marschallstab, die zwölf jungen, schönen, großen Menschen in ihren roten Pagenröcken mit Spitzenjabot und Degen, die hellflammenden Fackeln, das Brautpaar (...), dann die vier

Die Hochzeit der Kaisertochter Viktoria Luise. Neben Königin Mary und ihrem Gatten George V. war auch der russische Zar zugegen.

Ehrendamen in Rosa, die Schleppe tragend, so zogen sie an der dichtgescharten Hochzeitsgesellschaft vorüber. Nunmehr näherte sich die Braut dem Kaiser und forderte ihn und den Herzog von Cumberland durch eine Verbeugung zum Tanze auf. Gleichzeitig näherte sich der Bräutigam der Kaiserin und der Herzogin von Cumberland in gleicher Absicht, und es erfolgte ein neuer Rundgang. Sodann forderte die Braut den Zaren und den König von England und der Bräutigam die Königin von England sowie die Kronprinzessin zum Tanz.«[62] Besonders sind die Anwesenden vom Anblick der Kaisertochter zwischen dem Zaren und dem englischen König angetan: »Es war ja auch kein alltägliches Bild, das sich da bot: die Herrscher zweier der mächtigsten Staaten der Erde, in ihrer Mitte die Tochter des deutschen Kaisers geleitend, beim Tanz.«[63] Sicher schildert Königin Mary ihrer Tante Augusta Caroline ihre Eindrücke von den Hochzeitsfeierlichkeiten im Detail, als sie sie am 26. Mai 1913 für einige Stunden in Neustrelitz besucht.

Die »Landeszeitung für beide Mecklenburg« druckte nach dem Besuch des britischen Königspaars diesen Stich von der Begrüßung am Bahnhof ab.

Ihr Versprechen vom Vorjahr löst die königliche Nichte damit ein. Vermutlich verspürt sie den unbändigen Drang, die Tante angesichts ihres Alters und der sich immer weiter verschlechternden politischen Stimmung in England und Deutschland bald wieder in die Arme zu schließen. Augusta Caroline, die sonst immer etwas schäbig gekleidet umherzugehen pflegt, wirft sich für die Nichte und ihren sie diesmal begleitenden Mann George noch einmal ordentlich in Schale. Denn es ist nicht nur die Familie, die nach Neustrelitz kommt, sondern es kommt das britische Königspaar. Der Großherzoginwitwe, die sich am Neustrelitzer Hof oft britischer gibt als die Briten und die man regelrecht von der täglichen Lektüre der »Times« und anderer englischer Zeitungen wegreißen muss,[64] bedeutet der Besuch weitaus mehr. Ihr Souverän ist zu Gast und das muss entsprechend gewürdigt werden. Ein ungezwungener, fast privater Empfang wie im vergangenen Jahr ist damit unmöglich, die Etikette verlangt Vorbereitungen wie für einen Staatsbesuch. Schon in den Tagen vor der Visite herrscht daher in der Residenzstadt rege Geschäftigkeit: »Bei dem Bahnhof und vor dem Eingang zur Tiergartenstraße werden je zwei Obelisken und dazwischen Flaggenmasten mit Girlanden errichtet. Im Übrigen ist selbstverständlich erwünscht, dass die Häuser Flaggenschmuck tragen.«[65]

An diesem schönen Maitag des Jahres 1913 rollt dann um 12:30 Uhr der Sonderzug mit den britischen Majestäten in den Neustrelitzer Bahnhof ein. Die großherzogliche Familie ist mit großem Gefolge gekommen, um die königlichen Gäste in Empfang zu nehmen. »(…) nachdem der Oberbahnhofsvorsteher den Zug gemeldet hatte, traten

Königin Mary wird am 26. Mai 1913 auf dem Bahnhof gebührend empfangen

die Allerhöchsten Herrschaften auf den mit Teppichen belegten und durch grüne Pflanzen dekorierten Bahnsteig hinaus. Se. Königliche Hoheit der Erbgroßherzog führte Ihre Königliche Hoheit die Großherzogin-Witwe, deren bewunderungswürdige Elastizität wieder auf das Erfreulichste in Erscheinung trat. Sobald der Zug hielt, entstieg ihm Se. Majestät König Georg in glänzender, ordengeschmückter Uniform und begrüßte Ihre Königliche Hoheit die Großherzogin-Witwe außerordentlich herzlich, indem er sie umarmte und auf beide Wangen küsste. In derselben Weise begrüßte Ihre Majestät die Königin die greise Fürstin.«[66] Diese Szenen werden natürlich vielfach fotografiert sowie von Filmkameras aufgezeichnet. Königin Mary erhält von Großherzog Adolf Friedrich V. noch auf dem Bahnsteig ein Bouquet von roten Rosen mit einer Schleife in den englischen Farben, da die Queen an diesem 26. Mai 1913 ihren 46. Geburtstag feiert. Ein schöneres Geschenk als den Besuch bei Tante Augusta Caroline konnte sie sich also gar nicht machen. Bei strahlendem Sonnenschein fahren die englischen Majestäten und die großherzogliche Familie unter dem Jubel der Spalier stehenden Neustrelitzer in Schimmel-Vierergespannen zum Schloss. Hier präsentiert die Schlosswache das Gewehr und die Equipagen kommen unter Trommelwirbel vor dem

Mittelportal des Schlosses zum Stehen. In der Residenz hat man eine Frühstückstafel für die hohen Gäste und ihr umfangreiches Gefolge vorbereitet. Gleich nach dem Mahl zieht man sich in die Gemächer zurück. Königin Mary nutzt die wenige Zeit vermutlich ausgiebig, um mit der geliebten Tante zu plaudern, während ihr Mann geruht, einigen Hofchargen und Dienern Auszeichnungen zu verleihen. Schon um 16 Uhr heißt es auf dem Neustrelitzer Bahnhof, wieder voneinander Abschied zu nehmen. Spüren Königin Mary und Augusta Caroline, dass es diesmal vielleicht ein Abschied für immer ist? Was geht der Queen durch den Kopf, als sie gemeinsam mit dem König vom Fenster des Salonwagens aus die auf dem Bahnsteig Zurückbleibenden grüßt?[67] In einem Brief nach dem Besuch deutet die Königin an, dass ihre Gedanken in diesem Moment um ihre Ahnen kreisten. Sie war sich dessen bewusst, dass an diesem Tag ein englischer König und eine englische Königin – zum ersten Mal überhaupt – gemeinsam die Heimat ihrer Vorfahrin Sophie Charlotte betreten hatten. Ebenso dachte Königin Mary an ihre geliebte Tante und an den verstorbenen alten Großherzog Friedrich Wilhelm.[68] Wehmut und alte Erinnerungen lagen also in der Luft. Fakt ist, dass Königin Mary ihre Tante Augusta Caroline an diesem Tag zum letzten Mal in ihrem Leben gesehen haben sollte.

Ein Jahr später bricht der Erste Weltkrieg über Europa herein. Tante Augusta Caroline befindet sich nun in Feindesland und bekommt die Folgen der Kriegspropaganda am eigenen Leib zu spüren. Bereits im September 1914 titelt die »New York Times«: »Princess loses pension.«[69] Die britische Regierung beschließt einfach, der greisen Dame die ihr einst von Queen Victoria gewährte Apanage von umgerechnet 15000 Dollar zu streichen, da in diesem Krieg kein englisches Geld in Feindesland gehen soll.[70] Auch wenn Augusta Caroline ein gewisser übertriebener Geiz nachgesagt wird, kümmert sie die Einstellung der Zahlungen wohl wenig, schwimmt doch die großherzogliche Familie aufgrund der eisernen und cleveren Sparpolitik ihres Gatten Friedrich Wilhelm geradezu in Geld. Augusta Carolines Herz ist dennoch nach wie vor ganz in England und sie frönt ihrem

Ein Stück Großbritannien im kleinen Neustrelitz: Zum ersten Mal überhaupt betraten ein britischer König und eine britische Königin gemeinsam die beschauliche Residenzstadt. Königin Mary sah ihre Tante Augusta Caroline an diesem Tag zum letzten Mal in ihrem Leben.

schon immer ausgeprägten Patriotismus jetzt umso stärker. Gemeinsam mit ihrem Enkel, dem nunmehr regierenden Großherzog Adolf Friedrich VI., forscht sie nach dem Verbleib englischer Kriegsgefangener und versucht zu helfen, wo es nur geht. Trotz des Krieges hält sie weiterhin den Kontakt zu Königin Mary aufrecht. Zwar können die Briefe nicht mehr mit der regulären Post befördert werden, aber die Kronprinzessin von Schweden, Margaret of Connaught, sorgt dafür, dass Tante und Nichte ohne die lästige Zensur genau wissen, was im Leben der jeweils anderen gerade geschieht. Daher muss die Großherzoginwitwe auch kein Blatt vor den Mund nehmen und kann der Nichte in ihren Briefen die Zustände in Neustrelitz ganz genau schildern. Demnach ist wohl im Zuge des Krieges kaum mehr Dienerschaft im Residenzschloss vorhanden, um der alten Dame bei ihren täglichen Verrichtungen behilflich zu sein.[71] Die Queen wiederum kann ihrerseits der geliebten Tante ihr Herz ausschütten und sie in allen Dingen um Rat fragen. Doch die beiden Frauen werden bald durch den Tod endgültig getrennt. Ende des Jahres 1916 erkrankt die 94-jährige Großherzoginwitwe und erholt sich nicht mehr. Noch auf dem Sterbebett versichert sie König George V. ihrer treuen Ergebenheit. Das letzte, verständliche Wort, das die alte Dame von sich gibt, ist der Name »May«.[72] Den tiefen Schmerz, den die Todesnachricht bei Königin Mary auslöst, kann man nachempfinden, wenn man sich in Erinnerung ruft, was sie neun Jahre zuvor nach einem Besuch bei Augusta Caroline im Keppschloss an ihren Mann geschrieben hat: »Ihre Ergebenheit mir gegenüber bewegt mich sehr, und ich bin mehr ihre Tochter denn ihre Nichte.«[73]

Viel Zeit zum Trauern bleibt nicht. In den Kriegsjahren wachsen Königin Mary und König George V. über sich hinaus und zeigen unermüdlichen Einsatz für die britische Bevölkerung. Doch ihre Untertanen bleiben angesichts der antideutschen Stimmung skeptisch, und auch der König muss so manche Beleidigung hinnehmen. Daher entschließt er sich, den deutschen Familiennamen Sachsen-Coburg-Gotha abzulegen und proklamiert 1917 das durch und durch britische Haus Windsor. Dieser Schritt geht in die richtige Richtung. Auch wenn Kaiser Wilhelm II. noch witzelt, dass er sich auf die Aufführung des Stückes »Die lustigen Weiber von Sachsen-Coburg-Gotha« freue, erlangt das Königspaar durch diese Umbenennung ungeheure Popularität in ihrem Land. Während der spöttelnde Kaiser wie so viele europäische Monarchen und Adlige 1918 abdanken muss, sitzt das britische Königshaus fest im Sattel. In den nächsten Jahren widmen sich George V. und Mary gewissenhaft ihren königlichen Pflichten und erfreuen sich beim Volk allgemein großer Beliebtheit. In den 1920er-Jahren beginnen sie auch damit, die modernen Medien für sich zu nutzen. Im Internet kann man zum Beispiel eine Ansprache des Königspaares hören, die 1923 anlässlich des Empire Days im Buckingham Palace aufgezeichnet wurde.[74] Dabei mag man kaum glauben, dass die Frau mit dieser angenehm warmen, zunächst etwas zurückhaltend wirkenden Stimme in den Jahren nach dieser Aufzeichnung so resolut für die Interessen der Monarchie eintreten und letztlich für ihre Aufrechterhaltung sorgen wird.

Während Königin Mary, ähnlich wie Tante Augusta Caroline, über die sprichwörtlich unverwüstliche »Cambridge-Konstitution« verfügt, kann man von König George V. nicht das Gleiche behaupten. Ende der 1920er-Jahre häufen sich seine Erkrankungen. Anfang 1936 geht es dem König immer schlechter und als er am 20. Januar 1936 für immer die Augen schließt, ergreift Königin Mary noch am Sterbebett die Hand ihres ältesten Sohnes Edward und küsst sie. Der junge Mann ist nun der neue britische Herrscher. Doch Edward VIII. wird nie gekrönt und da er nicht von seiner bürgerlichen und zweifach geschiedenen Geliebten Wallis Simpson lassen will, dankt er auf Druck der Regierung im Dezember 1936 ab.

Sein scheuer, jüngerer Bruder Albert tritt ungewollt und unvorbereitet an seine Stelle und wird am 12. Mai 1937 als George VI. zum König gekrönt. Nun zeigt seine Mutter Mary Größe, indem sie mit der Tradition bricht. Bis zu diesem Tag ist keine einzige Königinwitwe zur Krönung des neuen Monarchen erschienen. Aber Mary will ihrem Sohn bei diesem wichtigen Ereignis moralische Unterstützung geben und wohnt daher demonstrativ der Zeremonie bei. Sie steht ihm auch weiterhin hilfreich zur Seite. Die ehemalige Queen hat jedoch ihre Prinzipien, was ihren ältesten Sohn Edward betrifft. Das Königtum ist für sie nach wie vor etwas Heiliges, das man nicht einfach aus persönlichen Interessen von sich weisen darf. Daher weigert sie sich strikt, ihren Sohn und dessen Frau jemals gemeinsam zu empfangen. Tante Augusta Caroline hätte vermutlich genauso gehandelt.

Als Königinwitwe wird Mary nun zur grauen Eminenz der britischen Königsfamilie. Während des Zweiten Weltkrieges zieht sie sich aufs Land zurück und geht karitativen Aufgaben nach. So oft es möglich ist, verbringt sie Zeit mit ihren Enkelkindern Elizabeth und Margaret oder widmet sich ihren Interessen für Kunst und seltenen Sammlerobjekten. Vor allem für ihre älteste Enkeltochter Elizabeth nimmt Mary wohl eine ähnlich wichtige Rolle ein wie einst Tante Augusta Caroline für sie. Es kann davon ausgegangen werden, dass die Königinwitwe Mary die spätere Elizabeth II. in ihren Jugendjahren sehr stark geprägt und ihr das Pflichtbewusstsein und die Einstellung zur Monarchie vorgelebt hat, für die die Queen heute allgemein bekannt ist. Sicher steht Mary der jungen Frau auch als erfahrene Ratgeberin zur Seite, als diese nach dem Tod ihres Vaters George VI. im Februar 1952 den britischen Thron besteigt.

Die Krönung ihrer geliebten Enkelin Elizabeth erlebt die Königinwitwe Mary jedoch nicht mehr. Sie stirbt am 24. März 1953, nur wenige Wochen vor diesem Ereignis. Ihr letzter Wunsch zeugt noch einmal von ihrer Einstellung zur Monarchie: Ihr Tod möge die Feierlichkeiten nicht stören und die junge Königin daher zum festgesetzten Termin gekrönt werden. Damit bleibt Mary auch dem Motto treu, das ihr vielleicht einst von Tante Augusta Caroline mit auf den Weg gegeben wurde: »Denke daran, dass das Leben aus Loyalität besteht: Loyalität gegenüber deinen Freunden, Loyalität gegenüber den schönen und guten Dingen, Loyalität gegenüber dem Land, in dem du lebst, Loyalität gegenüber deinem König; und darüber hinaus, was alle Loyalität zusammenhält, die Loyalität gegenüber Gott.«[75]

Der Prinz aus dem Land der schwarzen Berge

Danilo von Montenegro (1871–1939)

An einem Junitag des Jahres 1897 herrscht Krisenstimmung im erbgroßherzoglichen Palais zu Neustrelitz. Soeben ist Elisabeth von Mecklenburg-Strelitz von einem mehrwöchigen Kuraufenthalt in Wiesbaden in die Residenzstadt zurückgekehrt. Nachdem sich die Erbgroßherzogin in ihren eigenen Gemächern wieder häuslich eingerichtet hat, erkundigt sie sich nach dem Wohlbefinden ihrer Kinder. Zunächst wird ihr vermeldet, dass die Söhne Adolf Friedrich und Karl Borwin sowie Herzogin Jutta wohlauf seien. Nur Herzogin Marie sei unpässlich. Die 39-jährige Elisabeth begibt sich unverzüglich zu ihrer Tochter und macht eine folgenschwere Entdeckung. Die 19-jährige Marie ist schwanger und das, ohne verheiratet zu sein! Welch Skandal! Sicher werden bereits die ersten Neustrelitzer tuscheln, denn die erbgroßherzoglichen Kinder haben erst wenige Tage zuvor ein Konzert in der Fasanerie mit ihrer Anwesenheit beehrt.[1] Maries Zustand mag dabei manch kundigem Blick nicht verborgen geblieben sein. Der Verursacher des Malheurs ist schnell gefunden: es ist Heinrich Hecht, ein gewöhnlicher Lakai im erbgroßherzoglichen Palais. Zu seinen Aufgaben gehört unter anderem das abendliche Anzünden der Lampen im Zimmer der erbgroßherzoglichen Töchter Marie und Jutta. Die starren Regeln der Etikette am Neustrelitzer Hof schreiben vor, dass diese Aufgabe nur von den Lakaien ausgeführt werden darf.[2] Bei seiner Arbeit ist Hecht stets allein mit den jungen Herzoginnen. Da bleibt genug Gelegenheit zu schändlichem Treiben. Die erbgroßherzoglichen Herrschaften haben die Erziehung der vier Kinder in die Hände von Gouvernanten und Privatlehrern gelegt und sind ohnehin ständig mit Reisen und Repräsentationspflichten beschäftigt, so dass die Sprösslinge nahezu komplett abgeschirmt von ihren Eltern aufwachsen. Daher sind Erbgroßherzogin Elisabeth und auch ihrem Gatten Adolf Friedrich die unerhörten Vorgänge im Palais so lange verborgen geblieben. Gleich nach dieser unangenehmen Entdeckung berät sich das Erbgroßherzogspaar mit dem Hofarzt. Da die Schwangerschaft bald jedem Außenstehenden auffallen wird, muss Marie von nun an entweder verborgen oder, besser noch, unauffällig aus der Stadt geschafft werden. Auch gilt es zu prüfen, ob nicht auch die zweite Tochter Jutta in den Vorfall involviert ist. Für Adolf Friedrich und Elisabeth steht fest: Maries Schande ist auch ihre, und damit können sie nicht leben. Die verdorbene Tochter muss fort und sollte ihnen am besten nicht mehr unter die Augen treten. Daher wird Marie und Jutta noch am gleichen Tag eröffnet, dass sie schleunigst ihre Sachen packen sollen. Den Neustrelitzern wird in der Zeitung kundgetan, dass sich die beiden Herzoginnen zur Kur in die Schweiz begeben.[3]

Noch ahnen Erbgroßherzog Adolf Friedrich und seine Gattin Elisabeth nicht, dass die »Mecklenburg-Strelitzer Affäre« weite Kreise ziehen und selbst in Queen Victorias Briefe Eingang finden wird. Schlimmer noch: Maries Fehltritt wird Unheil über die ganze großherzogliche Familie bringen. Dabei geschehen solche »Unfälle« auch in anderen hochadligen Familien. So lässt sich beispielsweise Prinzessin Thyra von Dänemark 1871 heimlich mit einem Leutnant ein. Doch durch besonnenes Eingreifen ihrer Familie, die die schwangere Tochter zu ihrem Bruder nach Griechenland schickt, und durch eine schlaue Manipulation der dänischen Presse, der man erzählt, dass sich die Prinzessin in den südlichen Gefilden von einer Krankheit erholen müsse, kann die Angelegenheit erfolgreich vertuscht werden. Das uneheliche Kind wird gleich nach der Geburt zu fürsorglichen Adoptiveltern gegeben. Die nicht mehr jungfräuliche Prinzessin Thyra kann dennoch eine gute Partie auf dem Heiratsmarkt machen und avanciert im Jahr 1878 zur Herzogin von Cumberland.[4]

Doch im Hause Mecklenburg-Strelitz geht alles gründlich schief. Die großherzogliche Familie entledigt sich natürlich sofort des unverantwortlichen Lakaien Hecht. Als sich dieser an anderer Stelle verdingen will, fragen seine künftigen Arbeitgeber am Neustrelitzer Hof an, warum denn der Diener aus den hochherrschaftlichen Diensten ausgeschieden sei. Hier begeht man einen folgenschweren Fehler, indem man behauptet, dass der junge Mann gestohlen habe. Der Lakai Hecht will dies nicht auf sich sitzen lassen und wendet sich an einen sozialdemokratischen Anwalt in Berlin. Dieser leitet die skandalöse Geschichte an einige monarchiekritische Blätter weiter, so dass bald auch jeder kleine Mann auf der Straße weiß, was sich in Neustrelitz zugetragen hat. In Adelskreisen ist es die Kaiserin Friedrich, die genüsslich in vielen Briefen Andeutungen über die Affäre verbreitet. Selbst ihrer Mutter Queen Victoria wird es irgendwann zu bunt: »Ich muss Dich wirklich schelten, dass Du immer weiter über etwas Schreckliches sprichst, das, wenn es wahr ist, die ganze Familie Strelitz und Anhalt[5] für immer ins Unglück stürzen würde, und dass Du es ablehnst, genaueres darüber zu erzählen, aber in jedem Brief davon schreibst! Du solltest niemals etwas [herum]erzählen, wenn Du nicht sagen kannst, was genau vermutet wird. Ich werde nun versuchen (ohne Deinen Namen zu erwähnen) mehr über andere Quellen herauszufinden, da es unerfreulich ist, dass solch mysteriöse Andeutungen geäußert werden, ohne zu sagen, worum es sich handelt! (…)«[6] Bald weiß aber der Hochadel Europas genauestens Bescheid und ergeht sich in Mutmaßungen, wie das Malheur passiert sein könnte. Erstaunlich ist jedoch dabei, dass die meisten Mitleid für Herzogin Marie empfinden und dem Lakaien Hecht die alleinige Schuld geben. Dies trifft aber nicht auf die Eltern

Herzogin Marie sorgte mit ihrer Schwangerschaft für einen Skandal. Vermutlich entstand diese Aufnahme zu dieser Zeit.

der jungen Frau zu. Die bestehen laut mehrerer Quellen sogar darauf, dass der Name der Tochter in der Familie nicht mehr erwähnt werden darf.[7]

Die Neustrelitzer erfahren nur noch in zwei weiteren Zeitungsmeldungen etwas über die unglückliche junge Herzogin. Demnach treffen Marie und Jutta Ende Juli 1897 nach ihrem Schweiz-Aufenthalt im Keppschloss ihrer Großmutter Augusta Caroline ein.[8] Hier werden die Mädchen bereits von der alten Dame erwartet. Augusta Caroline, die erst Ende Mai 1897 gemeinsam mit ihrem Gatten Friedrich Wilhelm ihre alljährliche Englandreise angetreten hatte,[9] ist wohl per Brief vom Unglück ihrer ältesten Enkelin sowie vom »Kuraufenthalt« der beiden Mädchen informiert worden. Auch wenn das »Hof- und Staatshandbuch des Großherzogtums Mecklenburg-Strelitz« in den Annalen für das Jahr 1897 verzeichnet, dass Großherzogin Augusta Caroline erst am 23. September 1897 aus London nach Neustrelitz zurückkehrte, ist die Großherzogin bereits viel früher nach Deutschland zurückgeeilt. Eine Zeitungsmeldung besagt, dass Augusta Caroline ab dem 21. Juli 1897 ihren »gewohnten Sommeraufenthalt« in ihrem Keppschloss zu nehmen gedenke.[10] Demnach kommt sie gerade rechtzeitig, um alles für den Empfang ihrer Enkelinnen vorzubereiten. Auch bleibt ihr noch etwas Zeit, um sich erst einmal einen Überblick über die verzwickte Lage zu verschaffen und vielleicht erste Pläne zum Wohle ihrer Enkelin Marie zu schmieden.

Wenige Tage später treffen dann die übrigen Mitglieder der erbgroßherzoglichen Familie im Keppschloss ein – offiziell, um die Großherzogin zu besuchen.[11] Hält man dort auf neutralem Boden Familienrat über die weitere Zukunft der gefallenen, jungen Herzogin? Oder bringt Marie in diesen Tagen vielleicht schon das Kind des Lakaien zur Welt? Fakt ist, dass die Familie erst nach einer Woche nach Neustrelitz zurückreist – laut einer Zeitungsmeldung gemeinsam.[12] Das ist jedoch sehr unwahrscheinlich. Vermutlich verlebt Marie noch einige tröstliche Wochen bei ihrer Großmutter auf dem Keppschloss, bevor man sie außer Landes bringt und das eventuell schon geborene Kind zu Pflegeeltern gibt. Eine zweite Möglichkeit ist die, dass bei diesem

Die großherzogliche Familie von Mecklenburg-Strelitz auf einer Postkarte aus Montenegro um 1912: v.l. Herzogin Marie, Großherzogin Elisabeth, Großherzog Adolf Friedrich V. und die einstige Herzogin Jutta. In der Mitte sitzt die Großherzoginwitwe Augusta Caroline. Das kleine Mädchen ist die Gräfin von Nemerow, Herzogin Maries Tochter aus der Ehe mit dem Grafen Jametel.

Familientreffen beschlossen wird, Marie nach London zu bringen, damit sie dort im Verborgenen niederkommen kann und dass man gemeinsam alles für die Reise und die weitere Versorgung von Mutter und Kind vorbereitet. Vermutlich kann Großmutter Augusta Caroline dabei auf die Unterstützung ihrer englischen Verwandtschaft zählen. Denkbar wäre eine Komplizenschaft ihrer großherzigen Schwester

Mary Adelaide oder gar ihres Bruders George. Schließlich ist ja auch der Duke of Cambridge schon vor seiner nicht standesgemäßen Ehe mit der Schauspielerin Sarah Fairbrother Vater geworden. Augusta Carolines Nichte May, die Duchess of York, hält man dagegen vermutlich aus der Sache möglichst heraus, um sie als künftige Thronfolgerin nicht zu kompromittieren.

Augusta Caroline wird das einzige Mitglied der Neustrelitzer Familie bleiben, das sich schützend vor die gefallene Herzogin Marie stellt. Die Großherzogin nimmt die Enkelin unter ihre Fittiche, wohl auch gegen den Widerstand ihres Sohnes Adolf Friedrich, mit dem sie ohnehin wenig verbindet. In der großherzoglichen Familie herrscht daher wohl richtig dicke Luft, denn der Erbgroßherzog, seine Frau und die Kinder verbringen das Weihnachtsfest und den Jahreswechsel 1897/1898 bei den Verwandten der Erbgroßherzogin Elisabeth in Dessau.[13] Wer weiß, vielleicht nehmen diese auch eine nicht unbedeutende Rolle im Versteckspiel um Herzogin Marie und ihr uneheliches Kind ein? Marie und ihre Schwester Jutta haben schließlich im Frühjahr 1897 mehrere Wochen am Dessauer Hof verbracht und Erbgroßherzogin Elisabeth wird bis zum Ende des Jahres 1897 immerhin noch zweimal bei ihren Eltern auftauchen.[14]

Die junge Herzogin Marie verschwindet für die Neustrelitzer komplett von der Bildfläche. Ihr Name taucht ab Sommer 1897 in Zeitungsmeldungen oder weiteren Einträgen in den Annalen des Hof- und Staatshandbuchs überhaupt nicht mehr auf. Auch an ihrem 20. Geburtstag am 8. Mai 1898 wird in der Residenzstadt nicht mehr für die junge Herzogin geflaggt. Ein Umstand, der verwundert, wenn man bedenkt, dass dies an den Geburtstagen aller Mitglieder der großherzoglichen Familie Brauch ist und dass darüber stets in den Zeitungen berichtet wird. Nur Augusta Caroline wird sich in den kommenden Monaten intensiv für ihre Enkelin einsetzen und mit allen Mitteln versuchen, den Ruf der jungen Frau wiederherzustellen. Im Frühjahr 1898 reist sie mit Marie nach Mentone in Südfrankreich und hat hier Gelegenheit, Queen Victoria die ganze Geschichte im Detail zu erzählen. Augusta Caroline erhält zudem Schützenhilfe von

Erbgroßherzog Adolf Friedrich und seine Gattin Elisabeth versuchten, zugunsten ihrer zweiten Tochter Schadensbegrenzung zu betreiben. Herzogin Jutta musste schnell unter die Haube gebracht werden.

prominenten Angehörigen des britischen Hochadels. So bestärken unter anderem der Prince of Wales und der Duke of York, der spätere König George V., die alte Großherzogin in ihren Ansichten.[15]

Derweil versuchen Erbgroßherzog Adolf Friedrich und Erbgroßherzogin Elisabeth in Neustrelitz zu Gunsten ihrer zweiten Tochter Jutta Schadensbegrenzung zu betreiben. Schließlich fragt sich sicher so mancher, ob sich der tolle Hecht nicht auch diese Herzogin geangelt haben könnte. Inwiefern dies der Wahrheit entspricht, darüber kann nur spekuliert werden. Der Skandal schadet jedenfalls auch dem Ansehen Juttas. Daher bringen die Eltern ihre Zweitgeborene zunächst aus der Schusslinie und nehmen sie zu den Verwandten nach Dessau mit. Adolf Friedrich und Elisabeth zerbrechen sich in diesen Tagen sicherlich verzweifelt den Kopf darüber, wie sie die verbliebene Tochter erfolgreich und möglichst schnell unter die Haube bringen können. Je länger damit gewartet wird, desto mehr Getuschel wird es geben – und das nicht nur in Adelskreisen. Vermutlich wird die Mecklenburg-Strelitzer Herzogin in dieser Zeit ohnehin von allen

Seiten neugierig beäugt. Ein falsches Wort zur falschen Person, ein falscher Blick, ein Missverständnis und die junge Dame wäre sofort kompromittiert und für einen Ehemann ihres Standes untragbar. Für Marie ist eine vorteilhafte Heirat komplett ausgeschlossen, aber für Jutta muss doch noch eine standesgemäße Verbindung möglich sein. Doch die großherzogliche Familie weiß, dass ein deutscher oder englischer Prinz nicht in Frage kommt. Dafür hat der Skandal um Marie zu weite Kreise gezogen. Da hilft es auch nichts, dass Kaiser Wilhelm II. das Erbgroßherzogspaar und Herzogin Jutta zu seiner Geburtstagsfeier nach Berlin einlädt, auf der sich gewiss viele heiratsfähige Adlige tummeln.[16] Also heißt es, seine Fühler in Richtung Russland auszustrecken. Bis dahin sollte sich der Skandal um Marie sicher nicht herumgesprochen haben, und irgendein Großfürst wird sich dort schon für Jutta finden lassen. Der Gedanke muss dem Erbgroßherzogspaar schon recht früh gekommen sein, denn interessanterweise häufen sich im Herbst des Jahres 1897 im Neustrelitzer Schloss die Besuche einer ganz bestimmten Dame. Prinzessin Helene von Sachsen-Altenburg ist eine Verwandte aus der russischen Linie des Hauses Mecklenburg-Strelitz und verfügt als Tochter der Großfürstin Katharina Michailowna Romanowa über gute Kontakte zur hohen Gesellschaft in Russland. Wie der Zufall es will, ist Helene über ihren Mann Albert von Sachsen-Altenburg auch entfernt mit der Familie Anhalt-Dessau verwandt, aus der Erbgroßherzogin Elisabeth stammt.[17] Nachweislich taucht Prinzessin Helene im Oktober und im November 1897 im Neustrelitzer Residenzschloss auf.[18]

Schon im Januar 1898 wird Jutta dann in Begleitung der besagten Dame nach St. Petersburg geschickt, um dort an den traditionellen Winterfesten teilzunehmen.[19] Ende April 1898 kehrt die junge Herzogin unverrichteter Dinge wieder nach Neustrelitz zurück.[20] Im Februar 1899 verlässt Jutta abermals die Residenzstadt in Richtung St. Petersburg, diesmal jedoch gemeinsam mit ihren Eltern Adolf Friedrich und Elisabeth.[21] Über die Abenteuer der erbgroßherzoglichen Familie in Russland erfahren die Neustrelitzer nur wenig, außer, dass Erbgroßherzog Adolf Friedrich während seines Aufenthalts zwei

Die junge Herzogin Jutta wurde in den Jahren 1898 und 1899 an den Zarenhof nach St. Petersburg geschickt.

Jutta als Kronprinzessin von Montenegro auf einer alten Postkarte

Bären erlegt und zwei junge Bären einfängt.[22] Es kann jedoch davon ausgegangen werden, dass Erbgroßherzogin Elisabeth bei diesem Aufenthalt mit tatkräftiger Unterstützung von Prinzessin Helene von Sachsen-Altenburg bei Hofe fleißig Ausschau nach geeigneten Heiratskandidaten hält. Sicher fällt den beiden Damen bald der junge, dunkelhaarige Prinz aus dem kleinen Balkanstaat Montenegro auf, der in St. Petersburg weilt, um seinen nach Russland verheirateten Schwestern Militza und Anastasia einen Besuch abzustatten.

Vermutlich sind Erbgroßherzog Adolf Friedrich und Erbgroßherzogin Elisabeth einer Verbindung mit dem aufstrebenden Fürstenhaus Montenegro nicht ganz abgeneigt, stellt diese Partie doch vielleicht Juttas einzige gute Chance dar. Und umgekehrt ist für die Montenegriner aus politischer Sicht die Verlockung sicher groß, sich eine Prinzessin aus einem alten deutschen Adelsgeschlecht ins Land zu holen, die über ihre Großmutter mit der britischen Königsfamilie verwandt ist und somit über gute Kontakte verfügt. Davon einmal abgesehen, ist Jutta auch noch eine hübsche und anmutige junge Dame.

Das Erbgroßherzogspaar verlässt Russland jedenfalls Mitte März und lässt seine Tochter Jutta in der Obhut von Prinzessin Helene von Sachsen-Altenburg in St. Petersburg zurück.[23] Treibt die ehemalige Mecklenburger Prinzessin mit russischen Wurzeln mit dem Segen der erbgroßherzoglichen Herrschaften alle weiteren Angelegenheiten vor Ort voran? Das wird der Fall gewesen sein.

Am 17. April 1899 schlägt in Neustrelitz die Nachricht von der Verlobung Juttas mit dem Erbprinzen Danilo von Montenegro wie eine Bombe ein.[24] Wo bitte liegt denn eigentlich dieses Land und ist der Bräutigam überhaupt standesgemäß? Montenegro, das Land der schwarzen Berge, ist erst 1878 nach dem Osmanischen Krieg auf dem Berliner Kongress als souveränes Fürstentum anerkannt worden. Fürst Nikola, Danilos Vater, wird vom russischen Zaren protegiert und hat es bereits geschafft, einige seiner Töchter sehr vorteilhaft in die höchsten Kreise zu verheiraten. So ist Militza mit einem russischen Großfürsten vermählt und Anastasia mit einem Enkel des Zaren Nikolaus I. Elena hat das ganz große Los gezogen und darf sich seit 1896 Kronprinzessin von Italien nennen. Prinz Danilo wird dereinst Fürst Nikola auf dem Thron nachfolgen und Montenegro regieren. Die Aussichten für Jutta sind also im Vergleich zu denen ihrer Schwester Marie nicht ganz so schlecht, auch wenn sie ein sterbenslangweiliges Leben in der provinziellen Hauptstadt Montenegros erwartet.

Schon am 18. April 1899 vermeldet man in Neustrelitz, dass Prinz Danilo in die Residenzstadt kommen wolle, um Adolf Friedrich und Elisabeth persönlich um die Hand ihrer Tochter zu bitten. Zudem möchte er die Genehmigung Großherzog Friedrich Wilhelms einholen.[25] Es mutet schon merkwürdig an, dass Juttas Eltern bei der Verlobung ihrer Tochter in St. Petersburg mit Abwesenheit geglänzt haben und dass der Bräutigam noch vor seiner Braut nach Neustrelitz kommen will. Juttas Ankunft in der Residenzstadt wird nämlich erst für den 20. April entgegengesehen.[26] Am 19. April 1899 bereiten die Neustrelitzer dem montenegrinischen Prinzen, der die farbenprächtige Nationaltracht seiner Heimat angelegt hat, einen würdigen Empfang: »Zu Ehren des heute hier eingetroffenen Erbprinzen Danilo von Montenegro, des hohen Verlobten Ihrer Hoheit der Herzogin Jutta, tragen außer den öffentlichen Gebäuden, unter denen sich das Rathhaus durch ganz besonders reichen Schmuck hervorhebt, zahlreiche Privathäuser Flaggenschmuck. Der Erbprinz wurde in Berlin durch den Hofchef Sr. Kgl. Hoheit des Erbgroßherzogs, Major von Livonius, begrüßt und traf in Begleitung desselben und des Obersten Popowitsch mit dem 10 Uhr 27 Min. von Berlin kommenden Schnellzuge hier ein. Nach gegenseitiger Begrüßung nahmen Se. Königl. Hoheit der Erbgroßherzog, Höchstwelcher am Bahnhof erschienen war, mit dem Erbprinzen in einer bereit stehenden vierspännigen Equipage Platz und fuhren zum Erbgroßherzoglichen Palais, woselbst gemeinsame Frühstückstafel stattfand.«[27] Die Zeitungen beeilen sich, den Neustrelitzern auch gleich ein paar wichtige Informationen über den adretten Prinzen zukommen zu lassen: »Der Erbprinz Danilo, der jetzt im 28. Lebensjahre steht, ist der dritte Sproß aus der Ehe des Fürsten Nikolaus mit Milena, der Tochter des Wojwoden Peter Vukotic. Durch einen Gelehrten aus der französischen Schweiz erhielt er eine ungemein sorgfältige Erziehung, die er auf längeren Reisen vervollständigte. Klug, sprachgewandt, dichterisch und musikalisch veranlagt, zeigt der zukünftige Thronfolger von Montenegro eine große Vorliebe für die Natur. Da er ein leidenschaftlicher, unermüdlicher Jäger, ein ausgezeichneter Schütze ist, so ist seiner Anregung zumeist die Regelung und Neuordnung des Forst- und Jagdwesens in seinem Vaterlande zu verdanken. Mit Leib und Seele Soldat, Befehlshaber des stehenden Heeres, zeigt Prinz Danilo für die Artillerie besonderes Interesse.«[28] Die letztgenannten Vorlieben machen den jungen Prinzen aus dem fernen Montenegro schon einmal für seinen zukünftigen Schwiegervater Adolf Friedrich sehr interessant.

Einen Tag später, am 20. April 1899, kommt dann endlich die Braut. Die Neustrelitzer bemühen sich eifrig, die Stadt innerhalb kürzester Zeit für einen solchen Anlass weiter auszuschmücken und alles für einen einigermaßen feierlichen Einzug der Brautleute vorzubereiten. »Zum Empfange I. H. der Herzogin Jutta hatten sich die hohen Eltern sowie Se. H. der Herzog Carl Borwin, der jüngste Bruder der hohen

Eine seltene Aufnahme vom Einzug Herzogin Juttas als Braut. Die Neustrelitzer bereiteten der jungen Frau einen begeisterten Empfang.

Braut, und der hohe Bräutigam sowie das gesammte Offizierscorps und verschiedene Herren und Damen der Hofgesellschaft an den Bahnhof gegeben. Ihre Hoheit traf mit dem um 10 Uhr 27 Min. hier einlaufenden Zuge ein, und nach gegenseitiger herzlicher Begrüßung mit Ihren hohen Eltern und Ihrem hohen Verlobten bestiegen die Herrschaften (...) die am Bahnhof bereitstehende vierspännige Equipage und fuhren in die Stadt. Am Markt hatten inzwischen die Schützencompagnie sowie die Vereine und Innungen und die hiesigen Schulen Aufstellung zum Spalier genommen, das sich über den Markt durch die Schloßstraße bis zum Erbgroßherzoglichen Palais erstreckte. An der gestern in aller Eile errichteten Ehrenpforte bei dem Rathhause wurde das hohe Brautpaar von dem Bürgermeister Rath Wohlfahrt durch eine längere Ansprache Namens der Residenz begrüßt, während junge Damen I.H. der Herzogin Jutta prächtige Blumensträuße überreichen durften. Unter dem Jubel der Spalier bildenden Vereine und Schulen fuhren die Höchsten und Hohen Herrschaften nach dem Erbgroßherzoglichen Palais, woselbst sie von der dort angesammelten Menge mit Hurrahrufen in herzlicher Weise begrüßt wurden.«[29] Die Neustrelitzer sind von dem ungleichen Brautpaar hellauf begeistert. Der Kontrast zwischen den beiden jungen Leuten ist ja auch äußerst reizvoll: hier der dunkelhaarige Prinz mit der olivfarbenen Haut und der farbenfrohen, exotisch anmutenden Nationaltracht und dort die blonde, blasse, blauäugige Herzogstochter. Daher muss sich das Paar ebenso wie Juttas Eltern nach der Ankunft im erbgroßherzoglichen Palais wiederholt an den Fenstern zeigen, damit die jubelnde Menge vor dem Haus endlich Ruhe gibt.[30] In den nächsten Tagen legen sich die Bürger von Neustrelitz mächtig ins Zeug und lassen sich so manches einfallen, um dem verlobten Paar die Ehre zu erweisen. So macht das von einer Felddienstübung zurückkehrende Bataillon einen Parademarsch vor den Brautleuten, die Stadt wird effektvoll illuminiert und die wackeren Neustrelitzer bereiten überdies einen Fackelzug vor. Vor allem letzterer bietet einen beeindruckenden Anblick: »Bald nach 8 Uhr traten die Schüler in der Allee hinter der Bahnhofstraße, von wo aus der Zug seinen Ausgang nahm, an und zogen, mehrere hundert Fackeln stark, unter Musikbegleitung durch die Strelitzerstraße über den Marktplatz und durch die Seestraße zum Erbgroßherzoglichen Palais. Inzwischen hatte sich in der Umgebung des letzteren eine colossale Menschenmenge angesammelt. (…) Als der Zug bei dem Palais angelangt war, nahmen die Fackelträger an der dem Paradeplatz zugekehrten Front Aufstellung, worauf der Oberprimaner Jakoby (…), an die Erbgroßherzoglichen Herrschaften und die hohen Verlobten folgende Ansprache hielt (…) Darauf setzte sich der Zug wieder in Bewegung und marschirte durch die Schloßstraße über den Markt nach der Zierkerstraße und dem Hafen, wo unter den Klängen der mecklenburgischen Nationalhymne die Fackeln zusammengeworfen wurden.«[31] In diesen Tagen entsteht beim Neustrelitzer Hoffotografen Wolff auch das berühmte Bildnis des Brautpaares. Als Danilo von Montenegro Neustrelitz am 23. April 1899 wieder verlässt, hat er die Bürger der Stadt längst für sich eingenommen: »Auch gestern Nachmittag um ½ 3 Uhr schon hatte sich sehr viel Publikum auf dem Bahnhofsperron eingefunden, um dem Prinzen, dessen Abreise nach Dessau auf 3 Uhr festgesetzt war, ein

Lebewohl zuzuwinken mit der stillen Hoffnung im Herzen, daß er glücklich sein Ziel erreiche, aber auch ebenso wiederkehren möge, um dereinst seine hohe Braut heimzuführen. (...) Wir gehen wohl nicht fehl, wenn wir behaupten, daß sich der Erbprinz während der kurzen Zeit seines Hierseins durch sein leutseliges Wesen die Herzen Aller im Sturm eroberte und er so ein Liebling der Bevölkerung wurde«,[32] schwärmt die »Neustrelitzer Zeitung«. Der montenegrinische Prinz reist also zu den Verwandten seiner künftigen Schwiegermutter Elisabeth, um sich dort zu empfehlen. Die Erbgroßherzogin und die Braut Jutta fahren ihm mit einem Tag Verspätung nach.

Und die restliche großherzogliche Familie? Großherzog Friedrich Wilhelm ist zumindest beim Besuch des künftigen Schwiegerenkels zugegen und gibt ihm die erbetene Zustimmung zur Verlobung. Großherzogin Augusta Caroline weilt mal wieder in England. Sie ist jedoch schon im Februar 1899[33] abgereist, noch bevor die Angelegenheit in St. Petersburg überhaupt spruchreif wurde. Augusta Caroline scheint es auch gar nicht eilig zu haben, nach Deutschland zurückzukehren. Sie kämpft für die Familie an anderer Front und ist nach wie vor damit beschäftigt, das Ansehen ihrer Enkelin Marie wiederherzustellen. Doch die Großherzogin vergisst auch nicht ihre zweite Enkelin und lässt am 26. April 1899 auf der Titelseite der »Neustrelitzer Zeitung« eine Anzeige veröffentlichen, in der sie sich für die Glückwünsche anlässlich der Verlobung Juttas herzlich bedankt.

Im Mai 1899 geistern Gerüchte durch die Zeitungen, dass der russische Zar gedenke, Jutta eine Aussteuer in Höhe von einer Million Rubel zukommen zu lassen. Auch wenn man die Meldung als Erfindung belächelt, die man »(...) einer Widerlegung nicht für werth«[34] hält, sieht man sich Ende des Monats doch genötigt, diese und andere Unwahrheiten öffentlich klar zu stellen: »(...) daß erstens die Vermählung nicht in Berlin oder Wien, sondern in Cettinje stattfinden soll, zweitens daß die Abgesandten des Fürsten von Montenegro, die Ehepacten hier bis auf die Allerhöchsten Ratificationen abgeschlossen haben und bereits wieder nach Cettinje zurückgekehrt sind, und endlich drittens, daß selbstredend weder Se. Majestät der Kaiser von

Herzogin Jutta und Prinz Danilo von Montenegro auf ihrem offiziellen Verlobungsfoto

Rußland, noch ein anderer Herrscher oder sonst Jemand (...) der hohen Braut eine Aussteuer oder Mitgift gegeben hat oder geben wird, sondern daß selbstverständlich Se. Königl. Hoheit der Großherzog (...) Hochderselben außer der üblichen fürstlichen Aussteuer eine Mitgift, und zwar in Höhe von einer Million Franken bestimmt hat.«[35]

Doch nicht nur um Juttas Zukunft gilt es sich zu kümmern. Augusta Caroline hat in England ganze Arbeit für ihre Enkelin Marie geleistet. Als die Meldungen von Juttas Vermählung dementiert werden, befinden sich Erbgroßherzog Adolf Friedrich und seine Gattin Elisabeth bereits bei der Großherzogin und bei Herzogin Marie in London. Dort wartet eine Nachricht auf sie, die zwar positiv ist, aber dennoch einen bitteren Beigeschmack hat. Die Neustrelitzer erfahren am 30. Mai 1899 den Grund des Besuches der erbgroßherzoglichen Herrschaften in England: »Heute ist hier die erfreuliche Nachricht von der in London in Gegenwart I.K.H. der Großherzogin II. KK.HH. des Erbgroßherzogs und der Erbgroßherzogin stattgehabten

Verlobung I. H. der Herzogin Marie mit Georges Erneste, Grafen von Jametel, eingegangen. Die Vermählung dürfte im Laufe des nächsten Monats dort stattfinden, und das junge Paar wird theilweise in England, theilweise in Frankreich seinen Wohnsitz nehmen.«[36] Nun kommt also auch Marie unter die Haube, aber weitaus unstandesgemäßer als ihre Schwester. Monsieur Jametel, der nur zwei Jahre jünger ist als Maries Mutter Elisabeth, hat einen 1886 vom Papst gekauften Grafentitel inne. Aber er ist bereit, die gefallene Herzogstochter zu ehelichen, und die fürstliche Apanage, mit der Marie ausgestattet werden soll, hat ihm die Entscheidung sicher etwas erleichtert. Auch wenn die Verbindung keine standesgemäße ist, wird Maries Ruf dadurch wenigstens wieder etwas hergestellt. Trotzig lässt Augusta Caroline in Neustrelitz, wie schon wenige Wochen zuvor bei ihrer Enkeltochter Jutta, eine Anzeige veröffentlichen, in der sie sich für die Glückwünsche zu dieser – vielleicht sogar von ihr eingefädelten – Verlobung bedankt.[37]

Maries Schwester Jutta macht derweil Anfang Juni auf dem Neustrelitzer Bahnhof die Bekanntschaft einer ihrer künftigen Schwägerinnen. Elena, die Kronprinzessin von Italien, passiert die Residenzstadt auf der Durchreise.[38] Doch für mehr als für eine kurze Plauderei reicht die Zeit nicht. Die beiden Frauen werden sich jedoch auf der Hochzeit der Herzogstochter wiedersehen. Am 9. Juni 1899 taucht dann Prinz Danilo abermals in der Residenzstadt auf und bleibt für mehrere Tage. Die Zeitungen berichten diesmal nur wenig über das Brautpaar. Für den 13. Juni 1899 wird ein Besuch in Neubrandenburg ins Auge gefasst,[39] und der montenegrinische Prinz geruht einige Tage später, den Hofkapellmeister Förster mit dem Danilo-Orden auszuzeichnen. Auch ein Hauptmann, ein Musikdirektor, der Hofjäger und drei Lakaien können sich über Ehrenzeichen freuen.[40] Doch die erbgroßherzogliche Familie ist in diesen Tagen mit Koffer packen beschäftigt und hat wohl nicht viel Zeit für das künftige Familienmitglied. Am 17. Juni 1899 wollen die Mecklenburg-Strelitzer nach England reisen. Danilo gibt ihnen Geleit bis Berlin und macht sich dann auf den Weg nach Cetinje, der damaligen Hauptstadt von Montenegro.[41]

In London wird derweil schon alles für die Hochzeit von Marie und Monsieur Jametel vorbereitet. Am 22. Juni 1899 vermählt sich die gefallene Tochter des Hauses Mecklenburg-Strelitz in Kew im Beisein ihrer ganzen Familie mit dem französischen Grafen. Die Zeitungen der Region würdigen dieses Ereignis nur mit kleinen Meldungen. Aber am Hochzeitstag legt Neustrelitz endlich wieder den Flaggenschmuck für die Landestochter an.[42] Doch die Vermählung wird nur im kleinen Kreis gefeiert und fällt für eine Herzogstochter recht dürftig aus: »Der Ceremonie wohnte nur eine beschränkte Zahl fürstlicher Herrschaften bei. Die hohe Braut ging zu Fuß vom Cambridge Cottage, dem Wohnsitz des Herzogs von Cambridge, nach der Kirche, welche gegenüber liegt. Herzogin Marie trug ein prachtvolles Gewand, von kostbarstem weißen Atlas, mit voller Hofschleppe, besetzt mit Honiton-Spitzen. Der lange Schleier von seltenen Brüsseler Spitzen ließ das Gesicht frei. Der Schmuck bestand aus Perlen und Diamanten. Sie trug ein Bouquet weißer Rosen. Die Prinzessin Jutta folgte ihr in einem Creme-Tuchkleid und weißem Filzhut mit türkisblauen Federn. Sie vertrat die Stelle der Brautjungfern. Prinz Carl Borwin trug die Schleppe in einem Costüm von weißem Sammet. Die Kirche war mit Blumen festlich geschmückt. Die Braut trat am Arm ihres Vaters ein, und Prinz Francis Teck fungirte als Brautjunker. Die Trauung celebrirten der Pfarrer von St. Eugéne im Faubourg-Poissoniére und der Privatcaplan des Papstes, Monsignor le Clerc, sowie der Canonicus Bagshaw und Abbé le Gendre. (…) Sofort nach dieser Ceremonie fuhr das Brautpaar nach der Kirche in Kew, wo eine protestantische Trauung nach englischem Ritus durch den Vicar Bliß im Beisein des Herzogspaares York stattfand. Hierauf wurde ein Hochzeitsfrühstück beim Herzog von Cambridge veranstaltet, wonach die Neuvermählten nach Paris abreisten.«[43] Auffallend ist, dass dieser Hochzeit ausschließlich Verwandte der Großherzogin Augusta Caroline beiwohnen. Die erbgroßherzogliche Familie bleibt noch bis zum 27. Juni 1899 in London, das Großherzogspaar trifft erst im Juli 1899 wieder in Neustrelitz ein.[44] Hier heißt es, nun langsam alles für Juttas Hochzeit vorzubereiten. Diese soll am 27. Juli 1899 stattfinden.

Hartnäckig hält sich in jenen Tagen das Gerücht, dass Prinz Danilo erkrankt sei und daher die Hochzeit verschoben werden müsse. Doch am 11. Juli 1899 wird dementiert und kundgetan, dass sich Danilo bester Gesundheit erfreue und nach Antivari gereist sei, um alles für Juttas Ankunft vorzubereiten.[45] Man bleibt im Zeitplan und der Abschied der jungen Herzogin von ihrer Heimat rückt immer näher. Am 17. Juli 1899 wird 200 geladenen Gästen in der Orangerie die Möglichkeit gegeben, Jutta Lebewohl zu sagen. Gleichzeitig erscheinen mehrere Deputationen, die der hohen Braut kostbare Angebinde und Geschenke als Andenken an ihre Heimat bringen.[46] Während die Ritterschaft des Stargardschen Kreises, die Städte Neustrelitz, Woldegk, Neubrandenburg und Fürstenberg nur Geschenke für Jutta im Gepäck haben, überbringt der Vertreter des Fürstentums Ratzeburg auch ein Präsent für Herzogin Marie, nunmehr Gräfin Jametel.[47]

Am 20. Juli 1899 heißt es dann für Jutta, ihre Heimat Neustrelitz endgültig zu verlassen: »(...) Schon gegen ½ 3 Uhr war der Bahnsteig trotz der sengenden Sonnenhitze gefüllt von einer ungeheuren Menschenmenge, u. a. waren dort zum Abschied der hohen Braut versammelt das hiesige Offizierscorps, die gesammte Hofgesellschaft und sonstige, der hohen Braut nahestehende Damen und Herren. Nachdem kurz vor 3 Uhr die Allerhöchsten und Höchsten Herrschaften das Fürstenzimmer im Bahnhof betraten, wurden sie von dem auf dem Bahnsteig aufgestellten Hautboistencorps mit der ›Vandalia‹ empfangen. Alsdann nahm Ihre Hoheit die Herzogin Jutta von der gesammten Hofgesellschaft Abschied, indem sie Jedem die Hand reichte, auch mehrere Blumenbouquets entgegennahm. Nach Verabschiedung der hohen Reisenden im Fürstenzimmer des Bahnhofes geleitete Se. K. H. der Großherzog Höchstseine Enkelin an den inzwischen einrangirten Extrawagen und brachte ein Hoch auf die hohe Braut aus, in das die Anwesenden kräftigst einstimmten. Nachdem auch I.K.H. die Erbgroßherzogin und Se. H. der Herzog Adolf Friedrich inzwischen im Wagen Platz genommen, wurde das Zeichen zur Abfahrt des Zuges gegeben, der sich dann langsam in Bewegung setzte, um die nun von ihrem geliebten Mecklenburg scheidende junge

Herzogin ihrem neuen Vaterlande entgegenzuführen, während das Hautboistencorps die montenegrinische Nationalhymne intonierte. Die vielfach erschallenden Rufe ›Auf Wiedersehen‹ ließen erkennen, daß Ihre Hoheit auch in Zukunft, wenn sie ihre alte Heimath einst wieder besuchen wird, herzliche Theilnahme finden wird. Noch lange konnte man I.K.H. die Erbgroßherzogin sowie ihre hohe Tochter am Wagenfenster stehen sehen, den Zurückbleibenden freundlichst zuwinkend. (...)«[48] Doch weit kommt der Zug nicht. Schon in Strelitz-Alt muss gehalten werden, und auch hier spielen sich beeindruckende Szenen am Bahnhof ab: »Hier hatten auf dem Bahnhofe außer den Spitzen der Großherzoglichen und städtischen Behörden der Kriegerverein, die Schützencompagnie, der Männer-Gesangverein, der Gesangverein ›Vandalia‹, der Turnverein, ferner die Techniker-Verbindungen Borussia, Burgundia, Unita, Marcomannia, Rhenania und Litteraria sämmtlich in vollem Wichs, Aufstellung genommen. Als der Zug einlief, intonirte die städtische Musikcapelle die Vandalia, die vom Publikum mitgesungen wurde.«[49] Nach einer kurzen Ansprache des Bürgermeisters und begleitet von den Hochrufen der Menschenmenge fahren Herzogin Jutta, ihre Mutter und ihr Bruder Adolf Friedrich nun dem kleinen Balkanstaat entgegen. Erbgroßherzog Adolf Friedrich kann die Tochter nicht begleiten, liegt er doch zu dieser Zeit krank danieder.

Die Zeitung informiert die Neustrelitzer in diesen Tagen genau über die anstrengende Reise der Familie. Zunächst begeben sich die hohen Herrschaften nach Wien, wo sie sich einen ganzen Tag lang aufhalten. Hier lassen es sich die Mecklenburg-Strelitzer noch einmal richtig gut gehen, besichtigen das Rathaus, unternehmen eine Ausfahrt in den Prater und speisen mit Vertretern der Aristokratie. In Wien schließt sich ihnen der Oberadjutant des Fürsten von Montenegro, Oberst Popowitsch, an, und bei sengender Hitze erreicht die kleine Reisegesellschaft am 24. Juli 1899 endlich Pola. Hier schifft man sich kurz nach Mitternacht auf einem Dampfer ein und nimmt das Abenteuer einer zwanzigstündigen Fahrt bei stürmischer See auf sich. Am 25. Juli 1899 erreichen Jutta und ihre Begleiter am Abend die

Eine alte Ansicht von Cetinje. Die damalige Hauptstadt Montenegros war um einiges kleiner als die Residenzstadt Neustrelitz.

Stadt Antivari (Bar) in Montenegro, wo die blonde Herzogstochter mit Kanonenschüssen sowie begeistertem Jubel empfangen wird. Auch ihr Bräutigam Danilo, sein Bruder Mirko und der russische Großfürst Constantin sind zugegen. Zur Begrüßung werden Jutta von ihrem künftigen Schwager Mirko nach Landessitte Salz und Brot gereicht. Einen Tag später tritt die junge Frau in einem Privathaus in Antivari zur orthodoxen Kirche über und trägt von nun an den Namen Militza. Großfürst Constantin vertritt bei der Zeremonie den russischen Zaren, der den Wunsch geäußert hat, das Patenamt für die Herzogin zu übernehmen.[50]

Haben die Zeitungen Herzogin Maries Eheschließung nur wenig Aufmerksamkeit geschenkt, widmen sie der Hochzeit ihrer Schwester Jutta nun große Berichte und ganze Sonderseiten. Am 27. Juli 1899 werden auf der Titelseite der »Neustrelitzer Zeitung« anlässlich des Abschieds der Herzogin und ihres Hochzeitstags zwei Gedichte abgedruckt. Einen Tag später erscheint ein Extrablatt, in dem es über die Feierlichkeiten in Cetinje heißt: »Unter endlosem Jubel der Bevölkerung trafen Vormittags 11 Uhr I. Kgl. Hoheit die Erbgroßherzogin, die hohe Braut und Se. Hoheit der Herzog Adolf Friedrich unter

Geleit des italienischen Kronprinzenpaares, Sr. Kaiserlichen Hoheit des Großfürsten Constantin von Rußland sowie des hohen Verlobten, Erbprinzen Danilo und des Prinzen Mirko hier ein. Die fürstlich montenegrinische Familie begrüßte die hohen Anverwandten, namentlich die in Nationaltracht gekleidete Braut, aufs Herzlichste. Ihre Hoheit, welche ein gelbes Kleid, weißen Mantel und schwarzen Spitzenschleier trug, sah ungemein anmuthig aus. Um 4 Uhr bewegte sich vom fürstlichen Palais aus der Hochzeitszug zur uralten historischen Klosterkirche. I. H. die Prinzessin Militza, welchen Namen die hohe Braut von jetzt an führt, in weißer Seide, mit Myrthenkranz und Schleier, bildete neben dem in der farbenreichen nationalen Tracht gekleideten Prinzen Danilo den Gegenstand der allgemeinsten Begeisterung. Nach vollendeter Trauung begab sich der Zug zu Fuß durch ein Spalier von Militär und Notabeln, auf dem ganzen Wege mit schier endlosen Zivio-Rufen Seitens der ungeheuren Volksmenge begrüßt nach dem Erbprinzlichen Palais, woselbst Fürst Nikolaus auf dem Balcon des Palais unter begeisterten Zurufen des Volkes diesem I. Hoheit die Erbprinzessin Militza vorstellte. Die alte Heimath, so fügt unser Correspondent hinzu, wird der Prinzessin durch die Herzlichkeit der fürstlichen Familie und durch die ungekünstelte Zuneigung des Volkes ersetzt werden.«[51]

Die teils begeisterten Berichte, die nicht nur in den Strelitzer Zeitungen, sondern auch in englischen Magazinen sowie in der »New York Times« erscheinen, können jedoch nicht darüber hinwegtäuschen, dass Herzogin Jutta, nunmehr Erbprinzessin von Montenegro, in eine ihr völlig fremde Welt versetzt wird. Cetinje ist mit Neustrelitz nicht zu vergleichen. Auch wenn die Mecklenburg-Strelitzer Residenz recht klein ist und um 1890 nur an die 9500 Einwohner zählt,[52] steht die Hauptstadt von Montenegro im Vergleich dazu um einiges schlechter da. Selbst in der Sonderbeilage der »Mecklenburg-Strelitzschen Landeszeitung« merkt der Berichterstatter kritisch an: »Die montenegrinische Residenz selbst aber ist kaum etwas als ein Dorf; indeß ein merkwürdiges Dorf, in Europa hat es seinesgleichen nicht. Ein Fürstenhof und ein halbes Dutzend fremdländischer

Das erbprinzliche Palais in Cetinje auf einer alten Postkarte

Gesandtschaften geben dem freundlichen Reste eine gewisse äußere Folie. Trottoir-Beleuchtung, Wasserleitung, Theater, Hotel, (…), Ministerien – wo findet man sonst wo in einem Orte mit 1200 Seelen solchen Aufwand? Nettigkeit und Ordnung mussten hier erst anerzogen werden.«[53] Das Neustrelitzer Residenzschloss erscheint gegen den Fürstenhof unglaublich pompös und das heute noch existierende erbprinzliche Palais in Cetinje ist, wenn man alte Fotos betrachtet, kaum größer als beispielsweise das Marienpalais in Neustrelitz. Hinzu kommen eine fremde Sprache, obwohl man bei Hofe vermutlich Französisch sprach,[54] und völlig fremde Landessitten. Was mag Erbgroßherzogin Elisabeth und ihrem Sohn Adolf Friedrich durch den Kopf gehen, als sie die Tochter beziehungsweise Schwester Ende Juli 1899 in diesem rückständigen Land, das immer noch von alten Traditionen und Clanwirtschaft geprägt ist, zurücklassen? Sie können ja schließlich, anders als Jutta, am 5. August 1899 wieder Neustrelitzer Boden betreten.[55] Welchen ersten Eindruck muss erst die neue Erbprinzessin Militza von ihrer neuen Heimat gewonnen haben? Doch das interessiert wohl niemanden. Die Mecklenburg-Strelitzer Familie hat ihre Pflicht getan und beide Töchter unter die Haube gebracht. Vor allem Juttas Verbindung sichert mögliche neue Kontakte – so zum russischen Zarenhaus und zur italienischen Königsfamilie. Vor allem ist nun der Skandal um Marie endgültig Geschichte. Nach zwei anstrengenden Jahren können das Erbgroßherzogspaar und auch Großherzogin Augusta Caroline endlich aufatmen.

Im Oktober 1899 herrscht aber wieder helle Aufregung im Neustrelitzer Residenzschloss. Nach dem quasi Rauswurf von Herzogin Marie stattet diese vermutlich erstmals seit 1897 ihrem Elternhaus einen Besuch ab. Laut dem »Staatskalender« für das Jahr 1900[56] wird sie von ihrem Gatten, dem Grafen Jametel, begleitet. Militza-Jutta kündigt sich für das folgende Jahr an. Am 29. November 1900 wird sie gemeinsam mit ihrem Mann Danilo von der gesamten großherzoglichen Familie auf dem Bahnhof empfangen.[57] Das montenegrinische Erbprinzenpaar bleibt jedoch bei diesem Besuch nicht nur in Neustrelitz. Mitte Dezember 1899 begibt man sich kurz nach Berlin und reist dann für einige Tage nach Serrahn zum Prinzen von Sachsen-Altenburg und dessen Gemahlin, wo die hohen Herrschaften unter anderem dem Waidwerk frönen.[58] Das Weihnachtsfest wird dann im Neustrelitzer Residenzschloss begangen. Am zweiten Weihnachtsfeiertag reisen Militza und Danilo nach Darmstadt ab und suchen dort den Prinzen von Battenberg auf.[59]

Im Frühjahr 1903 sehen die Neustrelitzer das montenegrinische Paar kurz wieder. Militza und Danilo erreichen Neustrelitz am 29. April 1903 und werden von Großherzogin Augusta Caroline und dem Erbgroßherzogspaar Adolf Friedrich und Elisabeth empfangen. Unter dem Hurra der Menge fährt die Familie in das erbgroßherzogliche Palais[60] – und wird vermutlich in den nächsten Tagen nicht viel gesehen. Zu Ehren des Besuchs des montenegrinischen Prinzenpaares veranstaltet das Offizierskorps der Garnison am 2. Mai 1903 im Offizierscasino eine größere Ballfestlichkeit.[61] Ob Danilo und Militza daran teilnehmen, darüber schweigen sich die Zeitungen aus. Schon am 3. Mai 1903 verlassen die Montenegriner die Residenz[62] und fahren weiter nach Dessau zum Herzog von Anhalt.[63] Mitte Mai hat das Land der schwarzen Berge seinen Erbprinzen und seine Erbprinzessin wieder.[64]

Prinz Danilo von Montenegro. Die Fotografie übergab der junge Mann wahrscheinlich der Familie seiner Braut Jutta.

Als im Jahr darauf Großherzog Friedrich Wilhelm stirbt, reist Prinzessin Militza jedoch allein zur Beerdigung ihres Großvaters an. Ihre Schwester Marie wird von ihrem französischen Gatten begleitet. Die Zeitungen wissen aber zu berichten, dass zwei Kränze aus Montenegro gesandt wurden.[65] Ein letzter Gruß Danilos an den Großvater seiner Frau?

Die nächsten Jahre halten schwere Prüfungen bereit. Militzas neue Heimat Montenegro ist politisch instabil. Serbien scheint die kommende Großmacht zu sein. Nach dem Belgrader Putsch 1903 verschlechtert sich die Lage von Militzas Schwiegervater Nikola weiter. Im Jahr 1905 muss er zähneknirschend eine Verfassung und ein Parlament einführen, will sich aber nach wie vor nicht in die Karten schauen lassen. Viele Kritiker des Fürsten müssen ins Exil gehen oder werden ins Gefängnis geworfen. Doch dem bauernschlauen Nikola wird international großer Respekt entgegengebracht. Das gilt aber noch lange nicht für seinen Thronfolger Danilo. Dessen Ehe mit der Prinzessin aus dem Hause Mecklenburg-Strelitz ist nach wie vor kinderlos und wird es auch bleiben. Obwohl es mit Mirko und Peter noch zwei weitere Söhne des Fürsten gibt, geht man bereits davon aus, dass Montenegro nach dem Tod Nikolas den Anschluss an Serbien suchen wird. Die Aussichten sind also alles andere als rosig und man kann davon ausgehen, dass Militza ob ihrer Kinderlosigkeit von der Familie ihres Mannes unter Druck gesetzt wird. Danilo scheint aber dennoch zu seiner Frau zu stehen. So berichtet die »New York Times« im Januar 1902, dass der Erbprinz ein Duell mit seinem jüngeren Bruder Mirko ausgetragen habe, weil sich dieser über Militza lustig gemacht hatte. Danilo wird leicht verwundet und begibt sich sofort nach seiner Niederlage mit seiner Gattin an den italienischen Hof.[66]

Doch auch wenn manche Quellen von einer glücklichen Ehe sprechen, besagen andere, dass Danilo seine Frau misshandelt haben soll. Weiterhin heißt es, dass die Ehegatten jede Gelegenheit nutzen würden, um sich aus dem Weg zu gehen. Erbprinzessin Militza entdeckt neben ihren bereits in Neustrelitz gepflegten Interessen für Klavierspiel, Handarbeit und Zeichnen in Cetinje auch das japanische Jiu-Jitsu für sich und übt es aktiv aus.[67] Glücklich ist sie sicher nicht. Vielfach wird kolportiert, dass sie eine Trennung von ihrem Mann wünsche. Betrachtet man Fotografien der Erbprinzessin, umgibt ihre Züge immer eine gewisse Melancholie und ihr Blick wirkt stets abwesend.

Juttas Schwester Marie geht es in gewisser Hinsicht auch nicht besser. Ihre Ehe mit dem Grafen Jametel besteht trotz der Geburt zweier Kinder bald nur noch auf dem Papier. Ab 1906 lebt das Paar getrennt, ein letzter gemeinsamer Besuch in Neustrelitz kann für den Mai 1906 nachgewiesen werden. Danach reist Marie mit ihrer Großmutter nach Dresden und ist dort auch in den kommenden Jahren immer wieder in der Gesellschaft Augusta Carolines anzutreffen. Vielleicht versucht die großherzogliche Familie sogar beim letzten Besuch des Grafenpaares Jametel in der Residenzstadt, die Wogen zu glätten und zu retten, was noch zu retten ist. Doch die Mühen sind umsonst. Graf Jametel pflegt ein mehr oder weniger öffentliches Verhältnis zur spanischen Infantin Maria Eulalia de Bourbon-Montpensier und äußert sich in der Öffentlichkeit abfällig über seine Strelitzer Gattin. Anfang 1908 wird es Marie offensichtlich zu viel und die »New York Times« spekuliert bereits über die Möglichkeit einer Scheidung vom untreuen Grafen.[68] Im August 1908 kommt Maries Bruder Karl Borwin auf mysteriöse Weise ums Leben. Bald wird in Neustrelitz gemunkelt, dass der 19-jährige Herzog seinen französischen Schwager aufgrund einiger hämischer Bemerkungen über die geliebte Schwester zum Duell gefordert habe und an den dabei entstandenen Verletzungen verstorben sei. Maries Ehe wird am letzten Tag des Jahres 1908 endlich geschieden und die junge Frau lebt anschließend mit ihrer kleinen Tochter May, der vom Großvater der einmalige Titel einer Gräfin von Nemerow verliehen wird, am Neustrelitzer Hof und später in Dresden.

Auch wenn Militzas Gefühle für Danilo zu dieser Zeit wohl bereits erheblich abgekühlt sind, trennt sich das Paar nicht. Daher wird der einstigen Mecklenburg-Strelitzer Herzogin im Jahr 1910 die Ehre zuteil, von nun an den Titel einer Kronprinzessin von Montenegro tragen zu dürfen. Ihr charismatischer Schwiegervater Nikola ist anlässlich seines 50-jährigen Regierungsjubiläums zum König von Montenegro ausgerufen worden. Mit etwas Glück wird also Militza, die man vor gut elf Jahren so schnell verheiratet hat, eines Tages Königin werden. Doch dieser etwas dubiose Aufstieg hat wie immer einen bitteren Beigeschmack. Die politische Lage auf dem Balkan wird immer verworrener. König Nikola I. möchte in der ersten Liga mitspielen und laviert zwischen den Großmächten hin und her. Er, der von Kaiser Wilhelm II. spöttisch mit dem Prädikat »alter Räuberhauptmann« bedacht wird, braucht politische und militärische Erfolge. 1912 tritt Montenegro dem Balkanbund bei, einem Kriegsbündnis mit Serbien, Bulgarien und Griechenland, das sich gegen das Osmanische Reich richtet. Montenegro, das zu dieser Zeit über etwa 31 000 Soldaten verfügt, erklärt dem Osmanischen Reich am 8. Oktober 1912 als erstes Land den Krieg. Für König Nikola I. zahlt sich seine Beteiligung am Balkankrieg jedoch nicht aus. Er muss hohe Truppenverluste hinnehmen und kann die bereits zuvor belagerte albanische Stadt Skutari erst 1913 ganz für sich beanspruchen. Die Freude über die Annexion währt jedoch nur kurz. Aufgrund des Drucks der europäischen Großmächte muss sich Nikola kurze Zeit später aus Skutari zurückziehen und erhält als Entschädigung andere Gebiete.

Am 11. Juni 1914 stirbt in Berlin der Mecklenburg-Strelitzer Großherzog Adolf Friedrich V. An seinem Sterbebett versammeln sich seine Frau Elisabeth, der Thronfolger Adolf Friedrich, Herzogin Marie sowie deren frischgebackener Verlobter. Militza fehlt, ihr Name taucht im Zusammenhang mit dem Tod des Vaters in den Neustrelitzer Zeitungen überhaupt nicht auf. Laut der »Landeszeitung für beide

Herzogin Marie mit dem Comte Jametel und den Kindern George sowie Marie Auguste, der späteren Gräfin von Nemerow. Im Jahr 1906 besuchte das Paar die Residenzstadt zum letzten Mal gemeinsam. Die Beziehung war zu diesem Zeitpunkt bereits zerrüttet.

Mecklenburg« steht Danilo als Kronprinz von Montenegro auf der Gästeliste für die Trauerfeierlichkeiten am 16. Juni 1914. Begleitet werden soll er von Prinz Peter von Montenegro, der als Vertreter seines Vaters König Nikola I. fungiert.[69] In den Zeitungen wird die Anwesenheit der montenegrinischen Prinzen bei der Trauerfeier nicht erwähnt. Auf Fotografien, die an diesem Tag vor der Schlosskirche aufgenommen wurden, kann man jedoch deutlich die beiden Montenegriner erkennen. Während sich sein Bruder selbstbewusst in Galauniform präsentiert, ist Danilo inmitten der anderen Trauergäste in Frack, Zylinder und weißen Handschuhen zu sehen. Doch warum ist Militza nicht nach Neustrelitz geeilt, um in diesen schweren Stunden bei ihrer Familie zu sein? Auch bei der zweiten Hochzeit ihrer Schwester Marie, die nun endlich mit dem Prinzen Julius Ernst zur Lippe privates Glück findet, ist sie nicht zugegen. Vor dem Ersten Weltkrieg muss die Kronprinzessin von Montenegro jedoch noch mindestens einmal in Neustrelitz geweilt haben, da eine Fotografie der großherzoglichen Familie existiert, auf der auch sie zu sehen ist. Aufgenommen wurde sie vermutlich im Jahr 1912. Dafür spricht, dass Militzas Bruder Karl Borwin auf dem Bild fehlt und die 1905 geborene Tochter ihrer Schwester Marie, die Gräfin von Nemerow, dem Kleinkindalter bereits entwachsen ist.

Der Erste Weltkrieg trennt Militza vorerst ganz von ihrer Mecklenburg-Strelitzer Familie. Das Deutsche Kaiserreich tritt am 1. August 1914 in den Krieg ein, Montenegro folgt am 9. August 1914. Der Balkanstaat hat sich auf die Seite Serbiens geschlagen und gehört damit der Entente an. Militza bekommt bereits im November 1914 die Auswirkungen des Krieges zu spüren. Die Kronprinzessin von Montenegro hält sich gerade in ihrer Villa in Antivari auf, als die österreichische Luftwaffe den Ort unter Beschuss nimmt. Zwei Bomben fallen in den Garten der Villa, drei weitere richten großen Schaden an der Inneneinrichtung des Hauses an. Während Militza unversehrt bleibt, erleidet eine ihrer Ehrendamen durch umherfliegende Glassplitter Verletzungen am Auge.[70] Am 4. Januar 1916 wird Montenegro dann von der österreichisch-ungarischen Armee angegriffen und nach

Die montenegrinische Königsfamilie auf einer alten Postkarte. In der Mitte sind Jutta-Militzas Schwiegereltern König Nikola und Königin Milena zu sehen.

und nach besetzt. König Nikola I. kapituliert bereits am 23. Januar 1916 und flüchtet sich ins Exil nach Italien. Wenige Tage später reist er – gemeinsam mit Kronprinz Danilo, Kronprinzessin Militza, Prinz Peter sowie einigen Offizieren und Soldaten – nach Südfrankreich weiter. Hier wird der feige König von Montenegro, der die Armee seines Heimatlandes schmählich im Stich ließ, mit allen Ehren empfangen. In Lyon trifft er mit seiner Gattin, Königin Milena, und seinen Töchtern Xenia und Vera zusammen. Die drei Damen waren schon eine Woche zuvor außer Landes geschickt worden. Als Residenz weist man der königlichen Familie eine Villa zu, die einst für Madame de Pompadour erbaut wurde.[71] Als einziges Familienmitglied ist nur Danilos Bruder Mirko in Montenegro zurückgeblieben.

Nach dem Ende des Ersten Weltkrieges verschwindet das eigenständige Königreich Montenegro von der Landkarte. Stattdessen gibt es nun das Königreich der Serben, Kroaten und Slowenen. Militzas Schwiegervater Nikola sitzt schmollend als Ex-König ohne Land in Südfrankreich fest und bettelt, wenn man manchen Berichten

Danilo von Montenegro (1. Reihe, Mitte) 1933 auf der Beerdigung seiner Schwiegermutter, Großherzogin Elisabeth von Mecklenburg-Strelitz

Glauben schenken kann, seine Familie ständig um große Geldsummen an.[72] Am 1. März 1921 stirbt er in Antibes. Nun schlägt Kronprinz Danilos große Stunde: er wird zum König ausgerufen. Militza avanciert an seiner Seite zur Königin von Montenegro. Dies ist jedoch nur ein formeller Titel. Die beiden sind und bleiben Könige ohne Land und leben im Exil, ohne Aussicht auf Rückkehr nach Montenegro. Der Spuk währt daher nur eine Woche. Dann dankt Danilo zu Gunsten seines Neffen Michael ab.

Danilo und Militza, die sich fortan nur noch Prinz und Prinzessin von Montenegro nennen, kommen auch nach dieser aufregenden Zeit noch mehrfach nach Neustrelitz. So existieren Fotografien, die das ehemalige Königspaar mit der alten Großherzogin Elisabeth sowie mit Militzas Schwester Marie und deren Kindern Elisabeth Caroline und Ernst August aus der Ehe mit dem Prinzen zur Lippe zeigen. Der Mode, den Frisuren und dem Alter der Kinder nach zu urteilen, müssen die Bilder Ende der 1920er-Jahre entstanden sein. Das letzte Mal weilen Militza und Danilo vermutlich anlässlich der

Trauerfeierlichkeiten für die verstorbene Großherzogin Elisabeth im Juli 1933 in Neustrelitz. Auf den bei diesem traurigen Anlass entstandenen Fotografien präsentieren sich Militza und ihre Schwester Marie tief verschleiert. Es existiert aber auch ein Bild von der Trauerfeier, auf dem Danilo zu sehen ist. Der ehemalige König von Montenegro wirkt darauf etwas angegriffen, so, als ob er sich schon zu dieser Zeit nicht mehr bester Gesundheit erfreute.

Militza von Montenegro verbrachte ihre letzten Lebensjahre in Rom. Das Grab der einstigen Herzogin von Mecklenburg-Strelitz befindet sich auf dem Friedhof für Nichtkatholiken.

Am 24. September 1939 stirbt Danilo als einsamer und gebrochener Mann in Wien und wird, ebenso wie zuvor sein Bruder Mirko, auf dem dortigen Zentralfriedhof beigesetzt. Militza siedelt während des Zweiten Weltkrieges von Frankreich nach Italien über. Dort regieren immerhin noch ihr Schwager, König Vittorio Emanuele III., und ihre Schwägerin, Königin Elena. Militza überlebt ihren Gatten um fast sechs Jahre und stirbt am 17. Februar 1946 in Rom. Ihr Grab kann man dort noch heute auf dem Cimitero Acattolico, dem Friedhof für Nichtkatholiken, besuchen.

Der Diplomat, der in Frauenkleidern kam

Charles-Geneviève-Louis-Auguste-André-Timothée d'Éon de Beaumont, Chevalier d'Éon (1728–1810)

Alles beginnt mit einem Kostümball, auf dem einige französische Adlige ihrem König Louis XV. einen kleinen Streich spielen. Frankreichs Herrscher langweilt sich an diesem Abend mal wieder sichtlich. Zwar hat er mit der Marquise de Pompadour eine überaus attraktive Mätresse an seiner Seite, aber in der Beziehung zwischen dem Monarchen und der bürgerlichen Schönheit herrscht nicht mehr nur eitel Sonnenschein.

Natürlich wissen viele Beobachter, dass der Herrscher die bezaubernde und hochintelligente Frau nicht fortschicken wird, da er sich zu sehr an sie gewöhnt hat und sie ihm in vielerlei Hinsicht unentbehrlich geworden ist, aber die Schönen des Versailler Hofes wittern seit geraumer Zeit ihre Chance und umschwärmen den König in der Hoffnung, seine Gunst zu gewinnen und die Pompadour von ihrem Sockel zu stoßen. Doch keine der unzähligen Herzoginnen, Comtessen oder bürgerlichen Damen vermag Louis XV. zu fesseln. Bis sich an diesem Abend die Flügeltüren zum Ballsaal des Schlosses Versailles öffnen und mehrere junge Adlige in Begleitung einer jungen Dame eintreten. Die Lebensgeister des Königs scheinen plötzlich geweckt: Er richtet sich auf und der Mund steht ihm vor Begeisterung offen. Neugierig heftet er den Blick auf die geheimnisvolle Dame, deren »Tournüre eine Mischung von Männlichem und Weiblichem zeigt, deren Gesicht eine bizarre Vereinigung von Bescheidenheit und Zuversicht ausdrückt, und deren ganze Gestalt sich wie ein Freskobild mit scharfen, kräftigen Umrissen ausnimmt. (...)«[1] Der König »betrachtete diese Amazone, und fand in diesem lebendigen, ritterlichen Gange, in dieser Haltung etwas Neues, Malerisches, Seltsames, welches seine schlummernden Sinne belebte, und ihm wiedergab, was er seit langer

Zeit verloren (...) Wünsche!«[2] Es kommt, wie es kommen muss. Louis XV. winkt seinen Schatten zu sich heran, den Kammerdiener Lebel, der genau darüber im Bilde ist, welche Vergnügungen seinem Herrn beim Anblick dieser Frau im Sinn stehen. Lebel zieht bei den Adligen, die die junge Dame begleiten, unauffällig Erkundigungen über das außergewöhnliche Geschöpf ein und überbringt eine Einladung des Königs zu einem Stelldichein. Auch wenn die jungen Herren wissen, dass sie sich auf gefährliches Glatteis begeben, wollen sie sich ein komisches Abenteuer nicht entgehen lassen und willigen ein, die Dame zu einer Zusammenkunft mit dem König in einer Galerie des Schlosses zu überreden. Dies gelingt erfolgreich. Am Ende bekommt die Dame von der misstrauischen Marquise de Pompadour, mit der sie unerwartet in der Galerie zusammentrifft, eine saftige Ohrfeige und muss erkennen, dass ihre Freunde sie an der Nase herumgeführt haben. Dann solidarisiert sie sich jedoch mit der Mätresse des Königs und empfängt wie vereinbart den Monarchen. Der kommt wie gewohnt gleich zur Sache und muss kurz darauf durch einen beherzten Griff feststellen, dass bei der Dame nicht alles so ist, wie er es sich erhofft hat. In den Frauenkleidern steckt doch tatsächlich ein Mann! Und als sei dies nicht genug, kehrt die listige Marquise de Pompadour, die sich zunächst zurückgezogen hatte, in die Galerie zurück, findet Frankreichs König in flagranti vor und schüttet sich vor Lachen aus. »Der Monarch stand da (...) er wurde feuerroth und in Schweiß gebadet. Aber die Pompadour war gütig, verzieh, und forderte als Lohn für ihre Güte eine vollkommene Amnestie für die übrigen Theilnehmer an der Komödie. Sie habe zu sehr gelacht, als daß Jemand weinen solle, sagte sie. (...)«[3] Charles-Geneviève-Louis-Auguste-André-Timothée d'Éon de Beaumont heißt der junge Mann in den Frauenkleidern, der den König der Franzosen an diesem Abend so gekonnt täuscht. Da die Angelegenheit doch recht delikat ist, verpflichtet man ihn noch in der Galerie des Schlosses zu Stillschweigen und schickt ihn mit der Order nach Hause, weitere Befehle abzuwarten. Diese kommen bereits zwei bis drei Wochen nach dem verhängnisvollen Ball. Monsieur d'Éon de Beaumont, Sohn eines Parlamentsadvokaten und selbst Doktor beider Rechte, wird zum Prince de Conti gerufen und dort zu seinem Erstaunen mit dem Titel eines »Gesandten« angesprochen. Weiterhin teilt man ihm mit, dass er sich nach Versailles zum König begeben solle, da man einen Auftrag von äußerster Brisanz für ihn hätte. Dieser verlange absolute Diskretion und müsse selbst vor den Ministern geheim gehalten werden. Wenn man sagt, dass Kleider Leute machen, so trifft dies auf den später zum Chevalier ernannten Monsieur d'Éon de Beaumont ganz besonders zu. Ein Frauenkleid, entsprechender modischer Putz sowie weibliches Gebaren legen in diesen Tagen des Jahres 1755 den Grundstein für eine bemerkenswerte und abenteuerliche Karriere im diplomatischen Dienst.

Der erste Auftrag des neuen Geheimagenten Ihrer Majestät des Königs von Frankreich besteht in einer Reise nach Russland. In Europa hat seit einiger Zeit wieder das Säbelrasseln begonnen. Frankreich benötigt daher dringend Bundesgenossen. Friedrich der Große hat sich durch seinen Egoismus und durch private Indiskretionen, die die Marquise de Pompadour betreffen, als Bündnispartner bereits selbst disqualifiziert. Mit England und Österreich gibt es jahrhundertealte Differenzen. Spanien erklärt sich neutral. Also bleibt nur noch Russland übrig. Doch die diplomatischen Beziehungen zwischen den beiden Ländern gestalten sich seit Längerem eher frostig. Mehrere gut gemeinte Vorstöße von französischer Seite sind ergebnislos geblieben. Zwar hegt Zarin Elisabeth immer noch große Sympathien für Louis XV., aber ihr Kanzler Bestuscheff ist einem Kontakt zu Frankreich abgeneigt und behindert die Zustellung von Depeschen und Briefen an die russische Herrscherin. Der Minister hat seine Spitzel überall eingeschleust und die Ankunft eines fremden Mannes am Zarenhof weckt stets sein Misstrauen. Aber wie verhält es sich mit einer Frau? Dieser Gedanke ist Louis XV. und der Marquise de Pompadour schon des Öfteren gekommen. Für eine Mission nach Russland braucht es aber eine verschwiegene, gewitzte und äußerst patente Dame, die in der Lage sein muss, gefahrvolle Situationen zu verhindern oder sich aus diesen selbst zu befreien. Nur lässt sich im ganzen Königreich kein solches Frauenzimmer auftreiben. Monsieur d'Éon erscheint dem Franzosenkönig daher wie ein Geschenk des Himmels. Wenn der junge Mann es vermocht hat, selbst den ausgewiesenen Kennerblick des Monarchen zu täuschen, warum soll ihm das nicht auch in Russland gelingen? Der Auftrag scheint simpel: d'Éon soll in Frauenkleidern an den Zarenhof reisen, sich Zutritt zur Zarin Elisabeth verschaffen und ihr einen geheimen Brief des Königs von Frankreich übergeben. Da eine Dame zu dieser Zeit nicht allein reisen kann, wird dem frischgebackenen Diplomaten ein Edelmann zur Seite gestellt. Dieser heißt Douglas und entstammt einem alten schottischen Adelsgeschlecht. Für den Posten des unauffälligen Begleiters ist er bestens geeignet: Erstens ist er kein Franzose, was ihn am Zarenhof mehr als verdächtig gemacht hätte, und zweitens hat er sich der Mineralogie verschrieben, was seine vielen Reisen durch Europa plausibel erklärt. Und da vier Augen bekanntlich mehr sehen als zwei, wird der Schotte in das Geheimnis des Monsieur d'Éon eingeweiht und erhält zudem eigene Order: »Man trug ihm alle äußern politischen Beobachtungen der Stadt und des Reichs auf; der Chevalier von Éon, der bis zu Elisabeth dringen sollte, sollte das Palais mit seinen Geheimnissen näher erforschen. Der Eine war also beauftragt, das Herz, der Andere, die Glieder zu studieren.«[4] Von diesen Absprachen wissen in Versailles nur wenige Personen: der König selbst, Madame de Pompadour, die beiden Agenten und der Sekretär des Prince de Conti. Das russische Abenteuer ist also geheimer als geheim. Anfang Juni 1755 übergibt der Prince de Conti dem Chevalier d'Éon eine komplette Mädchenaussteuer und d'Éon verlässt Frankreich kurz darauf gemeinsam mit seinem schottischen Begleiter. Mister Douglas hat konkrete und ausführliche Instruktionen erhalten: »Er reist von hier auf die gleichgültigste Weise ab, wie ein Gentleman, der einzig seiner Gesundheit und Unterhaltung wegen reist. (…) Er kann mit einem einfachen Paß reisen. Um den Fragen auszuweichen, welche die Neugierde an den deutschen Höfen an ihn richten könnte, nimmt er seinen Eingang in Deutschland am besten durch Schwaben, und reist von da nach Böhmen. (…) Von Böhmen geht er nach Sachsen. (…) Hat er hier seine Neugierde befriedigt, so reist er nach

Danzig, entweder durch Schlesien, über Warschau und Thorn, oder durch das brandenburgische Pommern, indem er nach Frankfurt an der Oder, und da nach Danzig (...) geht. In dieser Stadt hält er sich einige Tage auf, um die Ursache der Zerwürfniß zu ergründen, die seit mehreren Jahren zwischen Magistrat und Bürgerschaft besteht. (...) Von dort setzt er seine Reise fort nach Preußen und Curland, wo er ebenfalls längere Zeit bleibt, unter dem Vorwande, sich auszuruhen, eigentlich aber um zu erfahren, in welchem Zustande sich das Herzogthum befindet. (...) Von Curland wird er nach Liefland gehen, und der Heerstraße bis Petersburg folgen.«[5] Vom schottischen Edelmann wird also eine ganze Menge erwartet. Man gibt ihm zudem noch einige Allegorien mit auf den Weg, die er gebrauchen soll, falls er dem König von Frankreich ein Schreiben senden möchte. Der Chevalier d'Éon bedient sich eines präparierten Buches, um die Geheimkorrespondenz und eine entsprechende Chiffre nach Russland zu schmuggeln.

Die beiden Herren erfüllen nun getreulich ihren Auftrag und bereisen alle Fürstentümer und Städte, wie man es ihnen aufgetragen hat. Doch der Schotte Douglas muss sich eine kleine Abweichung von der Reiseroute erlaubt haben. Von Niedersachsen aus wendet er sich nämlich dem kleinen Herzogtum Mecklenburg-Strelitz zu, »um die Familie des ihm bekannten verstorbenen Herzogs zu besuchen, von der er eine nützliche Empfehlung oder ein Mittel zu erhalten hoffte, sich indirect dem Hofe von St. Petersburg vorzustellen. Zugleich wollte der vorsichtige Schotte sich dadurch, daß er seinen Begleiter in vornehme Gesellschaft brachte, sich von der Vollkommenheit seiner Metamorphose überzeugen.«[6] Der Anblick des ungleichen Paares, das im Jahr 1755 oder 1756 die Residenzstadt Neustrelitz betritt und bei Hofe vorstellig wird, ist vermutlich recht seltsam. Auf der einen Seite steht der distinguierte, schottische Edelmann, der durch sein weltmännisches Auftreten betört. Auf der anderen Seite strahlt eine etwa 28 Jahre alte Frau, die nach der neuesten Pariser Mode gekleidet ist und somit etwas kosmopolitisches Flair in die provinzielle, norddeutsche Residenz bringt. Äußerlich können die Mecklenburg-Strelitzer nichts Ungewöhnliches an der jungen Dame entdecken. Der Chevalier d'Éon ist es seit frühester Jugend gewohnt, sich in Frauengewändern zu bewegen, hat ihm doch seine Mutter Francoise de Chavenson stets gern die Kleider seiner Schwester angezogen. Mutter Natur hat den jungen Mann zudem mit einem recht weiblichen Erscheinungsbild ausgestattet: »Noch im zwanzigsten Jahre besaß er alle diese Vorzüge, lange blonde Haare, blaue, zärtliche, durchsichtige Augen; nicht groß, aber robust, hatte er eine ramassierte Kraft. Sein Arm war äußerst zart geblieben, seine Finger schlank und dünn; zogen sich aber die Muskeln dieser Arme zusammen, so war seine Hand so stark, daß man unter dieser rosigen Haut eiserne Zangen versteckt wähnte. Seine Taille konnte man mit zwei Händen umspannen; er zog einen Frauenschuh an, hatte keinen Bart, kaum zeigte sich ein leichter Flaum um das Kinn.«[7] Die Mecklenburg-Strelitzer ahnen wie gesagt nichts von der Maskerade und begrüßen die beiden Reisenden auf das Herzlichste. Mister Douglas stellt die junge »Dame« an seiner Seite als seine Nichte vor. Doch die liebreizende Französin erweckt zum Leidwesen des schottischen Edelmanns bald das unbändige Interesse eines Familienmitglieds der Herzogsfamilie von Mecklenburg-Strelitz. Prinzessin Sophie Charlotte, die Tochter des Prinzen von Mirow, rückt der »Nichte« des Schotten regelrecht auf den Leib: »Nach einer Stunde setzte sie sich auf ihren Schooß, hing sich an ihren Hals, brachte ihr ihre Zeichnungen, ihre Nähereien, führte sie durch den ganzen Palast, in den Park, durch alle Zimmer, und bis in ihre Schlafkammer, um ihr alle Annehmlichkeiten ihrer Wohnung zu zeigen.«[8] Mister Douglas schwitzt vermutlich Blut und Wasser. Wenn der Chevalier d'Éon mit dem bildschönen Mädchen allein ist – würde er da seine Maske fallen lassen und sich schändlichem Treiben mit der halbwüchsigen Prinzessin hingeben? Doch der Schotte kann seinem Begleiter vertrauen, auch wenn dieser die peinliche Situation schon ein wenig zu seinem Vorteil auszunutzen versteht: »(…) die Kleine hatte ihrer Freundin stets etwas Neues zu zeigen, die sich mit der unschuldigsten Miene von der Welt diesem téte-a-téte hingiebt, welches sie benutzt, um bald den schönen Hals, bald die schöne Hand, hier die schöne Wange, dort die schönen Augen, weiterhin endlich den schönen

Mund ihrer schönen Wirthinn zu küssen.«[9] Mister Douglas hat bald genug von den Tändeleien und fürchtet, dass die Tarnung auffliegen könnte. Daher mahnt er früher als gedacht zum Aufbruch. Die kleine Prinzessin Sophie Charlotte schmollt und versucht, den Schotten durch Tränen und Flehen umzustimmen. Doch da sich dieser nicht erweichen lässt, bittet sie ihn noch um einen letzten Gefallen: »(…) so müssen Sie wenigstens warten, bis ich einen einzigen Brief an eine meiner Freundinnen geschrieben habe, welche sich in Petersburg befindet. Ihre Nichte wird ihr denselben eigenhändig übergeben. (…)«[10] Sophie Charlotte trägt sich bei dieser Bitte mit einem Hintergedanken und teilt Chevalier d'Éon diesen noch heimlich mit: »Sie erzählen ihr von mir, und jene schreibt mir von Ihnen. Auf diese Weise werden wir uns nicht vergessen.«[11] Überstürzt verlässt Mister Douglas mit seiner vermeintlichen Nichte den Neustrelitzer Hof. Man kann sich denken, welche Moralpredigten der verkleidete Chevalier anschließend über sich ergehen lassen muss, aber die kümmern ihn nicht. Seine Tarnung ist perfekt und die kleine Mecklenburger Prinzessin hat zudem einen unauslöschlichen Eindruck hinterlassen. Für Monsieur d'Éon ist es eine Ehrensache, den Auftrag des jungen Mädchens auszuführen und ihren Brief an Nadége Stein weiterzuleiten, die Ihrer Majestät der Zarin Elisabeth als Ehrenfräulein dient.

Das schottisch-französische Agentengespann setzt nun seinen Weg nach Russland fort. Hier erwartet Mister Douglas ein ernster Rückschlag. Aufgrund verschiedener Abkommen und neuer Regelungen wird er abgewiesen und muss das Land unverrichteter Dinge wieder verlassen. Nur seine vermeintliche Nichte hat mehr Glück. Sie findet im Vizekanzler Woronzow einen mächtigen Beschützer. Der gewandte Staatsmann sympathisiert im Verborgenen mit Frankreich, was auch Louis XV. und Madame de Pompadour wissen. Er ist auch von ihnen auserkoren worden, den verkleideten Chevalier d'Éon zur Zarin Elisabeth zu führen. Das Vorhaben gelingt, da die Feinde Frankreichs durch die Ausweisung des Schotten Douglas abgelenkt sind. Der Chevalier gefällt der Zarin ausnehmend gut, auch wenn sie zunächst nicht an seine Verkleidung glauben mag: »Elisabeth fand das

Auskunftsmittel ihres sehr geliebten Bruders Ludwig XV. würdig, und lachte herzlich darüber. (...) Indeß konnte die Czarinn noch nicht an diese Vollkommenheit der Verkleidung glauben, und sich überreden [lassen], dass die hübsche Chevaliére, die sie vor sich sah, ein schöner Chevalier sei. Vergebens betheuerte dieser mit niedergeschlagenen Augen seine Männlichkeit; vergebens zeigte Woronzow vertraute Briefe aus Versailles vor, Elisabeth war und blieb ungläubig.«[12] Dennoch behält sie den Chevalier, der unter dem Namen Lia de Beaumont nach Russland gekommen ist, bei sich und macht ihn zu ihrer geheimen Vorleserin. Dies sichert ständigen, unverfänglichen Kontakt, um die Mission erfolgreich abschließen zu können. In dieser Zeit lernt d'Éon sicher vieles vom alten Vizekanzler Woronzow, da ihn dieser unter anderem über die Abgründe der Zarin in Kenntnis setzt und ihn vor hinterhältigen Persönlichkeiten am Hof von St. Petersburg warnt.

Der Chevalier d'Éon vergisst aber auch nicht das Versprechen, das er der jungen mecklenburgischen Prinzessin Sophie Charlotte gegeben hat. So lässt er sich zu ihrer Freundin Nadége Stein führen, um den Brief zu überbringen. Das russische Ehrenfräulein wirkt auf den Chevalier trotz anderer Züge und Farben wie eine Zwillingsschwester von Sophie Charlotte. Der kleine Dienst, den er der Neustrelitzer Prinzessin erweist, hat auch noch angenehme Seiten für ihn: »Kaum hatte Nadége den Brief der Prinzessinn gelesen, als sie der Überbringerinn die Arme entgegenöffnete und rief: ›Charlotte trägt mir auf, Sie zu umarmen; kommen Sie in meine Arme! o, weil jene Sie liebt, so muß ja auch ich Sie lieben!‹ Und der Chevalier empfing mit Freuden einen Kuß, den er sich beeilte, zu erwidern.«[13] Binnen einer Stunde freunden sich das Ehrenfräulein der Zarin und der Chevalier an.

Allerdings bekommt Monsieur d'Éon es nun am Hofe von St. Petersburg auch mit einer Annäherung delikater Art zu tun. Niemand anderes als die Zarin Elisabeth wirft auf einmal ein Auge auf den schmucken, jungen Mann in den Frauenkleidern. Vermutlich hat sie ihre Ungläubigkeit ob seines wahren Geschlechts nur vorgetäuscht. Statt nach Plaudereien über Politik und Diplomatie verlangt es die älter erscheinende und verlebte Herrscherin aller Russen nach etwas Abwechslung in ihrem Schlafgemach. Durch Zurückhaltung, Unvermögen und ernsthafte Scham entgeht der Chevalier jedoch diesem unangenehmen Dienst und zu seinem Glück ist auch die Zarin nicht böse auf ihn. Bessere Karten hat bei ihm das Ehrenfräulein Ihrer Majestät. Nadége Stein hat sich rasend in den Chevalier verliebt und vergisst darüber alle Vorsicht. D'Éon geht es nicht anders und die beiden jungen Menschen verleben wohl das ein oder andere Schäferstündchen bei Hofe.

Aber auch andere Personen in St. Petersburg fühlen sich zu dem Ritter, der als Mademoiselle Lia de Beaumont mit schönen Kleidern und Anmut zu bezaubern weiß, stark hingezogen. Der englische Lord Ferrers verliebt sich unsterblich in die reizende Französin und begünstigt daher den Kontakt des Chevaliers zu seiner Gattin. Eines Abends wird er mehr als zudringlich: »Als der Engländer sich (…) von Liebe und Wein entflammt, in beredten Liebesblicken und wiederholten Kniedrücken unter dem Tische erschöpft hatte – zur größten Verlegenheit des Chevalier und zum Aerger Myladys, die seine verstohlenen Manouvres bemerkte – machte Mylord plötzlich den Vorschlag, Fräulein Beaumont möchte, da es schon so spät sei, nicht mehr fortgehn, sondern die Nacht in seinem Hause zubringen.«[14] Der Chevalier geht auf dieses Ansinnen ein, besteht aber darauf, im Zimmer von Lady Ferrers zu nächtigen. Der Lord hat also das Nachsehen und die Freuden, die er sich in dieser Nacht erhofft hatte, werden nun seiner Gattin zuteil. Trotz dieser galanten Abenteuer verliert der Chevalier d'Éon sein Ziel nicht aus den Augen. Bald bringt er die Zarin dazu, sich mit Frankreich auszusöhnen und nimmt einen Brief Elisabeths in Empfang, der an Louis XV. adressiert ist. Die erste Mission des Diplomaten in Frauenkleidern ist also geglückt. Nun heißt es aber, dem Hof von St. Petersburg und vor allem dem Ehrenfräulein Nadége Stein Lebewohl zu sagen, um wieder nach Versailles zurückzukehren.

Nach dem erfolgreichen Ausgang des ersten russischen Abenteuers wird der Chevalier d'Éon 1757 mit einem weiteren Auftrag nach St. Petersburg geschickt. Diesmal reist er aber als Mann. Um die auffallende Ähnlichkeit mit Mademoiselle Lia de Beaumont zu erklären, wird vorgegeben, dass der Chevalier der Bruder derselben sei. Nicht alle in St. Petersburg glauben die Geschichte. Vor allem Lord Ferrers leidet vermutlich Höllenqualen, da er nicht genau weiß, mit welcher Person welchen Geschlechts seine Gattin das Bett in jener verhängnisvollen Nacht geteilt hat. Nadége Stein, die sich sehr über die Rückkehr ihres Geliebten freut, erfährt nun schmerzlich die Grenzen der Geschlechter. Konnte sich ihr d'Éon in Frauenkleidern ungehindert nähern, muss er sich nun als Mann von ihr fernhalten.

Der Chevalier soll nun einen Operationsplan der Zarin nach Versailles bringen. Er reist über Bialystok und Wien zurück, wo ihn die Nachricht vom Sieg Friedrichs des Großen bei Prag erreicht. D'Éon will dem französischen König eiligst die Information zukommen lassen, stürzt jedoch und bricht sich das Bein. Dennoch schwingt er sich in den Sattel und erreicht Versailles früher als andere Kuriere. Louis XV. ist gerührt und schickt seinem Diplomaten zum Dank seinen Leibmedikus, eine Gratifikation und ein Patent als Dragonerleutnant. Derweil gibt es wieder einmal Verstimmungen zwischen Russland und Frankreich. Zarin Elisabeth trägt Louis XV. das Patenamt für das zweite Kind der Großfürstin Katharina[15] an, doch der katholische Franzosenkönig lehnt wegen der Konfessionsunterschiede ab. Die französischen Diplomaten am Petersburger Hof sehen bereits ihre Felle davonschwimmen. Als Zarin Elisabeth einmal äußert, dass sie den Chevalier d'Éon wiedersehen möchte, ist Frankreich dieser Wunsch daher sofort Befehl. Obwohl noch nicht vollkommen wiederhergestellt, reist der Chevalier nach Russland. Dort erlebt er den Sturz des allmächtigen Kanzlers Bestuscheff und den Aufstieg des den Franzosen so wohlgesonnenen Vizekanzlers Woronzow mit. D'Éon bleibt bis zum Jahr 1760 am Zarenhof. Zarin Elisabeth ist immer noch in den Chevalier verliebt und erbittet ihn sich gar vom französischen König, auf dass er für immer bei ihr leben möge. Während Louis XV. dies der Herrscherin aller Russen nicht abschlägt, stellt sich der Chevalier d'Éon diesem Ansinnen entschieden entgegen. So schreibt er an den Abbé de Bernis: »Indem ich Ihnen für die Güte danke, mit welcher Sie sich meiner annehmen, bitte ich Sie, mich stets zu vergessen, wenn es sich um eine Anstellung handelt, welche mich zwingen würde, Frankreich für immer zu verlassen. Seit ich in St. Petersburg bin, ist es meine Maxime, Sibirien stets den Rücken zuzukehren, glücklich genug, ihm entgangen zu sein. Alle meine Wünsche und meine beiden Augen sind beständig auf mein Vaterland gerichtet!«[16] Doch nicht nur die immer lästiger werdenden Avancen der alternden Zarin bringen den Chevalier d'Éon dazu, sich gegen den Wunsch der Herrscherin zu stellen. Soll es für das Ehrenfräulein Nadége Stein und ihn eine gemeinsame Zukunft geben, so kann sie nur außerhalb Russlands sein. Zudem gilt es, die junge Dame vor der wachsenden Eifersucht der Zarin zu schützen. In dieser fast ausweglosen Situation erinnern sich die beiden Liebenden an eine gute Freundin im fernen Neustrelitz. Wenn sich Prinzessin Sophie Charlotte das Ehrenfräulein von der Zarin erbitten würde, könnte die Kaiserliche Majestät da etwa ablehnen? Auf Anraten des Chevaliers greift Nadége zur Feder und schreibt ihrer Mecklenburg-Strelitzer Freundin: »Ich sterbe vor Langeweile (…) und vor Verlangen, Dich zu sehn, Dich zu umarmen; rufe mich zu Dir.«[17] Zeitgleich besorgt sich der findige Chevalier bei einem Arzt ein Attest, das besagt, dass er aufgrund einer Krankheit unbedingt in seine Heimat reisen müsse. Die Trennung von Nadége ist schmerzhaft, fast so, als ob das heimliche Paar befürchtet, dass es sich vielleicht nicht mehr wiedersehen wird.

Im Gepäck des Chevaliers befindet sich der Brief des Ehrenfräuleins an Prinzessin Sophie Charlotte. Eigentlich will d'Éon das Schreiben von Wien aus versenden, jedoch überkommt ihn der Wunsch, der kleinen Mecklenburgerin höchstselbst einen Besuch abzustatten. Zugleich möchte er natürlich sofort die Antwort Sophie Charlottes erfahren, um seine geliebte Nadége den Klauen der Zarin schnell entreißen zu können. Nur gibt es jetzt ein kleines Problem: die Prinzessin hat den Chevalier nur als Fräulein kennen gelernt und würde einem fremden Mann kein Vertrauen entgegenbringen. Also schlüpft d'Éon wieder in die Frauenkleider. In Begleitung einer obligatorischen Anstandsdame stellt er sich im Jahr 1760 abermals als Mademoiselle

Nathaniel Dance: Portrait von Sophie Charlotte, Öl auf Leinwand, 1773,
The State Hermitage Museum, St. Petersburg

de Beaumont am Neustrelitzer Hof vor. Sophie Charlotte und ihre Familie empfangen die vermeintliche Dame mit offenen Armen. Doch nun geschieht das, was Monsieur d'Éon in St. Petersburg nur vorgetäuscht hat: er wird ernstlich krank. Prinzessin Sophie Charlotte pflegt das französische Fräulein voller Hingabe. Bis zu seiner endgültigen Genesung verbringt der Chevalier d'Éon mehrere Wochen am Hof der Residenzstadt. In dieser Zeit festigt sich die lebenslange Freundschaft zwischen der mecklenburgischen Prinzessin und dem französischen Ritter vermutlich entscheidend. Natürlich denkt Monsieur d'Éon stets an seine in Russland zurückgebliebene Herzensdame Nadége: »Es wurde dem Chevalier leicht, Sophie Charlotte zu einer Verwendung bei der Kaiserinn von Rußland für Nadége zu vermögen. Zugleich schrieb sie an Nadége selbst, und der Chevalier schloß seinen Brief in den ihrigen ein, weil er ihn hier unter dem Siegel der Herzoginn von Mecklenburg-Strelitz in Sicherheit glaubte. (...) Sophie Charlotte versprach der Chevaliére, Alles zu thun, was in ihren Kräften stände, um Nadégen ein ruhigeres Loos zu bereiten; sie bat ihre Freundinn, sich in jeder Lage des Lebens, wo und was es auch sei, dreist sich an sie zu wenden, und ihres Schutzes versichert zu sein.«[18] Der Chevalier d'Éon verlässt Mecklenburg-Strelitz sehr zuversichtlich und zieht sogleich die Frauenkleider aus. Noch glaubt er, dass er sie nie wieder anlegen muss ...

Nach seiner Rückkehr nach Frankreich gelüstet es den Diplomaten, der als hervorragender Degenfechter bekannt ist, ins Feld zu ziehen. Er wird Adjutant des Marschalls von Broglie. Doch es kommen keine Nachrichten aus Russland. Schriftliche Erkundigungen bei Prinzessin Sophie Charlotte in Neustrelitz bringen nichts, sie hat noch keine Antwort von der Zarin erhalten. Daher wendet sich d'Éon an den Arzt, der ihm damals in Russland das Krankenattest ausgestellt hat. Dieser berichtet ihm Anfang des Jahres 1761, dass Nadége Stein nicht mehr zu den Ehrenfräulein der Zarin gehöre und zudem aus St. Petersburg verschwunden sei. Man munkele, dass die junge Dame schwanger gewesen sein könnte und dass die Zarin dies bemerkt und geruht habe, das arme Mädchen einzusperren. Kanzler

Woronzow kann auf Nachfrage des Arztes nur mitteilen, dass sich Nadége die Ungnade der Zarin zugezogen habe und dass es auch für d'Éon besser sei, nicht mehr nach Russland zurückzukehren. Von Gewissensbissen, Wut und Angst ergriffen, will der Chevalier zunächst etwas unternehmen, hält sich aber dann doch an den Rat des Kanzlers und bewahrt Ruhe. Im Felde bekommt er genug zu tun, um sich von seinen umherschweifenden Gedanken abzulenken. So übernimmt er die gefahrvolle Aufgabe, bei Höxter den Munitionstransport über die Weser zu leiten, er wird bei Ultropp verwundet und erwirbt sich bei der Belagerung und Besatzung von Wolfenbüttel einige Verdienste. Im Feldlager erreicht ihn zudem eine unerwartete Nachricht: die kleine Prinzessin Sophie Charlotte aus dem winzigen Neustrelitz ist zur Braut des britischen Königs George III. auserkoren worden. Die Verlobung soll unter anderem auf Betreiben des intriganten Lords Bute zustande gekommen sein, der sich durch die Wahl der Prinzessin aus einem der kleinsten Herzogtümer Deutschlands die Unterstützung und Ergebenheit der künftigen Königin von Großbritannien und von Irland von Anfang an sichern will. Anlässlich der Hochzeit der kleinen, unbedeutenden Prinzessin aus dem Hause Mecklenburg-Strelitz mit dem britischen König schweigen inmitten des Siebenjährigen Krieges wenigstens kurzzeitig die Waffen.[19] Der Chevalier nutzt die Pause, um sich nach London zu begeben. Hatte ihm Sophie Charlotte nicht damals in Neustrelitz ihre Hilfe in allen Lebenslagen zugesagt? Als Königin besitzt sie doch nun Macht, Einfluss und Ansehen. Die Zarin kann zwar der kleinen Prinzessin einen Wunsch abschlagen, aber nicht der Monarchin eines der mächtigsten Länder Europas. D'Éon kann sich auf Sophie Charlotte verlassen: »Er brauchte die junge Königinn nur indirect an ihre unglückliche Freundinn zu erinnern, um sie sogleich zum kräftigsten Handeln für sie anzuregen. Sie bereute es, daß sie den Einfluß ihres neuen Titels nicht schon längst zur Befreiung der armen Waise angewandt, und dankte dem Chevalier, daß er für sie daran gedacht hatte. Ja, dieses Mal erweckte selbst das dringende Bitten ihres Schützlings nicht einmal ihren Verdacht.«[20] Sicher wird der Chevalier wieder in Frauenkleidern bei Sophie

Charlotte vorstellig, um sich ihr Vertrauen zu erhalten. Die frischgebackene Königin erfüllt sogleich den Wunsch des Chevaliers und schreibt einen weiteren dringenden Brief an die russische Zarin. Doch Elisabeth schweigt weiter. Anfang 1762 erreicht den St. James Palace in London endlich eine Sendung aus dem fernen Russland. Darin wird dem Königshaus jedoch der Tod der Zarin Elisabeth mitgeteilt, doch es gibt noch eine gute Nachricht. Katharina, die Gemahlin des neuen Zaren Peter, hat in den Papieren Elisabeths den Brief der britischen Königin entdeckt und versichert ihr nun, dass sie alles Erdenkliche tun werde, um ihre Anfrage zufriedenstellend zu beantworten. Katharina hält Wort. In einen an Sophie Charlotte gerichteten Brief, der später an den Chevalier d'Éon weitergeleitet wird, teilt sie mit, dass man ihr von einer jungen Frau berichtet habe, auf die Nadéges Beschreibung genau passe. Die Unglückliche soll jedoch auf dem Weg nach Sibirien verstorben sein.

Der arme Chevalier stürzt sich ob dieser betrüblichen Nachrichten in Arbeit. Der Siebenjährige Krieg tobt weiter. Das bald ausgeblutete Frankreich will Frieden, und das um jeden Preis. Aufgrund seiner glänzenden diplomatischen Erfolge in Russland und seiner unzweifelhaft guten Verbindung zum britischen Königshaus wird der Chevalier zum Begleiter des Duc de Nivernais, des französischen Kriegsministers, ernannt und begibt sich mit ihm auf eine Mission nach London. Hier macht sich seine alte Freundin Sophie Charlotte ihren neuerworbenen Titel erstmals bewusst zunutze: »Bei ihrer Ankunft erhob sich plötzlich eine mächtige, unerwartete Stimme in dem Cabinet in St. James (...) die der Königinn. Sophie Charlotte arbeitete an der Versöhnung der beiden Länder. (...) Seit langer Zeit schon hatte die junge Königinn Alles zur Ausführung ihrer Pläne vorbereitet. Indem sie auf Georg III. all den Einfluß ausübte, welchen ein geliebtes Weib auf den Mann besitzt, machte sie ihren Gemahl zum Vollstrecker ihrer Wünsche. (...) Als der Sohn gewonnen war, bediente sie sich desselben, um die Prinzessin von Wales, seine Mutter, zu verführen, damit diese ihr wiederum dazu diente, Lord Bute zu gewinnen. Letzterer wurde wie die Fliege in einem Spinnengewebe gefangen. Er wurde von Charlotte besiegt; aber der alte Minister ließ seine Arme nur vermittelst einer goldenen Kette fesseln, deren Ringe aus Millionen bestanden.«[21] Die kleine Prinzessin aus Mecklenburg-Strelitz zeigt mit dieser Aktion, dass sie keineswegs das willfährige, dankbare Instrument von Lord Bute sein will und dass man auch in Zukunft mit ihr rechnen muss. Daneben trägt sie zum Erfolg der französischen Mission bei. Am 10. Februar 1763 wird der Friedensvertrag unterzeichnet und das Morden des Siebenjährigen Krieges hat ein Ende. Da der Chevalier d'Éon auch Eindruck auf den britischen König George III. gemacht hat, wird er von ihm auserwählt, die Ratifikation des Vertrages nach Versailles zu bringen. Louis XV. umarmt d'Éon ob dieses Erfolges, glaubt, dass ihm der junge Mann Glück bringt und verleiht dem Diplomaten daher für seine Verdienste das Kreuz des Heiligen Ludwig. Nicht lange danach ernennt man den Chevalier d'Éon zum Residenten und zum Bevollmächtigten Minister Frankreichs am britischen Königshof. Doch in Versailles werden Intrigen gesponnen, um den Sturz des Chevaliers herbeizuführen. Die Marquise de Pompadour, die ja schließlich gemeinsam mit Monsieur d'Éon ein den König kompromittierendes Geheimnis hütet, übernimmt in diesem Ränkespiel eine nicht unbedeutende Rolle. Am 4. Oktober 1763 schreibt König Louis XV. dem Chevalier einen Brief, in dem er ihm Order gibt, wieder Frauenkleidung anzulegen. Gleichzeitig teilt er ihm mit, dass er eine offizielle Anordnung unterzeichnet habe, wonach der Chevalier wieder nach Frankreich zurückkehren müsse. Dennoch ersuche er ihn, sich dieser Anweisung zu widersetzen und mit all seinen Papieren in England zu bleiben, bis er weitere Instruktionen erhalte.[22] Der König spielt also ein doppeltes Spiel. Er unterzeichnet ein Auslieferungsersuchen, informiert aber darüber den Chevalier, damit dieser Königin Sophie Charlotte von der Gefahr unterrichten und Geheimpapiere, die sich in seinem Besitz befinden, verbergen kann. Die britische Krone schmettert wie erwartet das Auslieferungsgesuch ab und stellt sich schützend vor den Chevalier. Doch der Hass der Marquise de Pompadour und der Feinde des Chevaliers trifft nun auch seine Freunde und Verwandten in Frankreich. D'Éon selbst wird in der Öffentlichkeit als Majestätsverbrecher und Staatsverräter verdammt und all seiner Einkünfte und Titel beraubt. Da er nach wie vor die geheimen Order des Königs erwartet, muss er nun dem schändlichen Treiben still und reglos zusehen. Louis XV. schweigt beharrlich und meldet sich nur zu Wort, wenn es nicht anders geht. D'Éon fühlt sich bald seines Lebens nicht mehr sicher. So behauptet er, dass sein stärkster Widersacher Guerchy, seines Zeichens französischer Gesandter in London, versucht habe, ihn mit einer hohen Dosis Opium zu vergiften. Jenseits und diesseits des Ärmelkanals werden besonders die Streitigkeiten zwischen Guerchy und dem Chevalier in den nächsten Jahren für viel Aufsehen sorgen. Monsieur d'Éon versucht, sich aus Leibeskräften mit den wenigen Mitteln zu verteidigen, die ihm bleiben. Schließlich besitzt er brisante Geheimpapiere und umfassende Informationen über das Geheimdienstnetz, das Louis XV. ohne Wissen seiner Mätresse Madame de Pompadour und seiner zuständigen Minister aufgebaut hat. Doch trotz aller Repressalien bleibt d'Éon ganz Ritter. Obwohl ihn sein König mehr oder weniger im Stich lässt und ihm keine Unterstützung anbietet – weil sonst seine geheimsten Operationen ans Tageslicht kommen würden – hält er ihm die Treue und bleibt diskret. Zwar veröffentlicht der Chevalier in dieser Zeit seine Memoiren, doch sind diese eher als Verteidigungsschrift zu sehen, in der der Zwist zwischen den französischen Gesandten in England näher beleuchtet wird. Auch in diesen schweren Momenten kann der Chevalier d'Éon auf eine Freundin aus vergangenen Neustrelitzer Tagen setzen: Sophie Charlotte. »Man verläßt Sie, Ihr Vaterland verstößt Sie, das meinige nimmt Sie auf, machen Sie es zu dem Ihrigen.«[23] Dies ist nicht nur als nette Geste, sondern auch als verdeckte Aufforderung aufzufassen, das Lager zu wechseln. Zumindest gibt Sophie Charlotte dem Chevalier damit einen kleinen Trumpf in die Hand, den d'Éon nach vielen unbeantwortet gebliebenen Briefen an Louis XV. zu guter Letzt verzweifelt ausspielt. Seine Kenntnisse und Erfahrungen als Geheimdiplomat und die Vielzahl von Dokumenten in seinem Besitz machen ihn für Frankreich sehr gefährlich und für England sehr wertvoll. Die Drohung wirkt. König Louis XV. schickt dem Chevalier sofort einen Freund, der ihm dringend benötigte Geldmittel überbringt und zudem den Auftrag hat, zwischen dem Diplomaten und seinem Widersacher Guerchy in London zu vermitteln. Doch Monsieur Guerchy will sich nicht geschlagen geben. Der Chevalier sieht sich irgendwann genötigt, den Königlichen Gerichtshof in England anzurufen und die Schandtaten des französischen Botschafters anzuklagen. Danach kann sich Guerchy nicht mehr lange auf seinem Posten halten, die öffentliche Meinung steht zu sehr auf Seiten des Chevaliers. Doch der ehemalige Gesandte will seine Rache, und er nimmt sie an der Mutter d'Éons. Die alte Dame wird durch erhöhte Steuern und durch Enteignung ihres Grundbesitzes ins Elend gestürzt. Der Chevalier macht sich daraufhin seine Popularität, die er inzwischen in ganz Europa genießt, zunutze und überzieht seinen Feind mit zahllosen Schmähschriften. Der Spuk hat erst im Herbst des Jahres 1767 ein Ende, als Guerchy stirbt. Mit dem Ableben des Widersachers endet eine vier Jahre währende unerbittliche Fehde.

König Louis XV. hat dem Treiben seiner Diplomaten zumeist tatenlos zugesehen und sie gegeneinander ausgespielt. Trotz der Zwistigkeiten mit Guerchy und den Hetzkampagnen gegen den Chevalier auf der einen Seite, verlangt er auf der anderen nach wie vor von d'Éon Berichte über den englischen Hof und das Leben in London. Dieser, wenn auch im täglichen Leben in England gedemütigt, lässt in seiner Treue gegen seinen Dienstherrn und König nicht nach und tut im Geheimen, wie ihm geheißen. Dabei hätte d'Éon ahnen müssen, dass er für seinen Monarchen wohl nie etwas anderes war als ein nützliches Werkzeug, das man, wenn es um Anerkennung und Belohnung ging, leicht einmal vergessen konnte. Das brieflich versprochene Jahresgehalt von 12 000 Livres wird der wackere Chevalier ebenso wie die zuvor bewilligten Pensionen nicht oder nur teilweise erhalten haben.

In Frankreich ändert sich in den nächsten Jahren viel. Die Marquise de Pompadour stirbt 1764 und ab 1768 herrscht mit Jeanne du Barry eine neue Mätresse am Hof von Versailles. Davon merkt der Chevalier d'Éon zunächst nicht viel, er erfährt höchstens von der Absetzung einiger ihm gut bekannter Minister. Nach wie vor lebt er in London – und das als Mann. Doch das soll sich im Januar 1771 mit einem Billett aus dem St. James Palace schlagartig ändern: »Dieses Billet war von Cokrell, dem Hof-Ceremonienmeister. Er benachrichtigte mich, daß ich mich noch an demselben Abende, nach elf Uhr, in St. James an einem Orte einzufinden hätte, wo wir uns zu treffen pflegten. (...) Um diese Zeit war der älteste Sohn der Königinn, der junge achtjährige Prinz von Wales, krank, und obgleich seine Unpäßlichkeit nur von kurzer Dauer gewesen war, hatte sich an diesem Tage doch eine so heftige Krisis eingestellt, daß seine Mutter ernstlich für sein Leben fürchtete. Sophie Charlotte wollte die Nacht bei ihrem Kinde zubringen, und hatte, da durch eine frühere Cur meine medicinischen Kenntnisse zu einem gewissen Renommé gelangt waren, den Gedanken gefaßt, mich zu sich zu rufen. Der Grund davon war, daß ihr in der vorigen Nacht geträumt hatte, ihr Sohn würde sterben, und nur meine Gegenwart könne ihn retten. (...) Ich wurde also durch Cokrell eingeführt, der sich sogleich zurückzog. Ich fand die arme Mutter kniend und betend vor dem Lager des Prinzen, in Thränen aufgelöst. (...) Plötzlich trat Cokrell, der als Schildwache in der Galerie gewesen war, wieder ein und rief uns zu, die Thür in den Zimmern des Königs habe sich geöffnet, Georg III. sei herausgekommen und gehe auf das Zimmer zu, in welchem wir uns befanden. Die Königinn betete fortwährend, und hörte nichts, aber meine und Cokrells Verwirrung läßt sich nicht beschreiben.«[24] Als der König das Zimmer betritt, zeigt er sich bestürzt, zu so später Stunde den ihm bestens bekannten Monsieur d'Éon bei seiner Gattin und seinem Kinde vorzufinden. Der Chevalier fängt sich jedoch schnell und erläutert George III., dass er als Arzt gekommen und dass Sophie Charlotte von seinen diesbezüglichen Kenntnissen unterrichtet gewesen sei. Schließlich hat d'Éon seine Künste ja bereits im französischen Königshaus unter Beweis gestellt. Von dem Vortrag ist der König jedoch nicht ganz überzeugt und merkt an: »(...) ich halte Sie für einen noch bessern Diplomaten, als guten Arzt.«[25] Dann schickt er den Chevalier in vermeintlich gnädiger Stimmung fort. Doch dieser ahnt, dass nun wohl ein Donnerwetter über die arme, unschuldige Königin hereinbrechen wird und trägt dem Zeremonienmeister auf, zu Sophie Charlotte zurück zu gehen und erst das Zimmer zu verlassen, wenn sie ihn darum bitte. D'Éon hat den König richtig eingeschätzt. Als Mister Cokrell zurückkehrt, unterwirft der eifersüchtige George III. seine Ehefrau bereits einer hochnotpeinlichen Befragung:

»Seit wie lange kennen Sie diesen Menschen? (...)

»Ich sah ihn zum ersten Male im Jahr 1755 in Neustrelitz, wo er von Frankreich in Begleitung eines Schotten ankam. Er ging, oder vielmehr: sie ging an den Hof der Kaiserinn Elisabeth, denn damals war er ein junges Mädchen.«

»Ein junges Mädchen! Haben Sie ihn als solches gesehn?«

»Ja, ich und meine ganze Familie, denn sie verweilte einige Zeit im Schlosse.«

»Und Niemand vermuthete, daß es ein Mann sei?«

»Niemand, weder zu Neu-Strelitz, noch in St. Petersburg, wo sie sechs Monate geheime Vorleserinn der Kaiserinn war.«[26]

Sophie Charlotte mag wirklich lange fest an die vermeintliche Weiblichkeit ihres Freundes geglaubt haben, so sieht es jedenfalls der Chevalier d'Éon in seinen Memoiren. Wie er ihr die verblüffende Ähnlichkeit zwischen der Mademoiselle in Neustrelitz und dem Monsieur in London erläutert hat, darüber schweigt sich der Ritter aber aus. Vermutlich erzählt er ihr die Geschichte von dem Bruder der Lia de Beaumont, so wie er es in Russland bei seiner zweiten Mission tat. Und wer weiß, vielleicht setzt er Sophie Charlotte ein wenig über seine geheimen Missionen in Kenntnis und gibt sich ihr gegenüber als Frau in Männerkleidung aus. Sicherlich ist die Königin aber auch diskret und behält ihre Beobachtungen und Schlussfolgerungen für sich – schon, um nicht selbst ins Gerede zu kommen. Schließlich gibt es bis heute manche Stimme, die behauptet, dass die einstige Mecklenburger Prinzessin und der Chevalier eine geheime Liebesbeziehung unterhalten hätten.[27]

Doch in dieser schwierigen Situation im nächtlichen St. James Palace kann sich der Ritter erst einmal auf den schlauen Zeremonienmeister verlassen. Dieser, wohl wissend, dass das nächtliche Treffen dem tadellosen Ruf der Königin erheblichen Schaden zufügen könnte, greift die Gerüchte auf, die seit dem Eintreffen d'Éons in London umherschwirren. Auch in der Stadt an der Themse hat man von den weiblichen Missionen des Chevaliers in Russland gehört und ergeht sich darüber, ob Monsieur d'Éon Mann oder Weib sei. Also flunkert nun der Zeremonienmeister seinen König an und erzählt ihm, dass ihm der Chevalier d'Éon das Geheimnis seines wahren Geschlechts anvertraut habe: er sei doch tatsächlich eine Frau! Mister Cokrell lässt es sich auch nicht nehmen, George III. zum Abschluss seines nicht wahrheitsgemäßen Berichts offen ins Gesicht zu sagen: »Ich mußte ihm schwören, dieses Geheimnis geheim zu halten. Aber Eurer Majestät theile ich es mit; denn ein Engländer kann weder gegen seinen Gott, noch gegen seinen König eine Indiscretion begehen.«[28] Der britische Monarch gibt sich damit erst einmal zufrieden, kündigt aber weitere Nachforschungen am französischen Hof an. Der Zeremonienmeister rettet mit dieser Notlüge zwar die Königin, bringt aber den Chevalier d'Éon und König Louis XV. in arge Bedrängnis, denn George III. ist die Sache nicht ganz geheuer und so sendet er Briefe nach Versailles, in denen er sich bei dem französischen König nach dem Geschlecht des Chevaliers erkundigt. Nach Beratung mit seiner Mätresse Madame du Barry und einem ihrer Günstlinge teilt Louis XV. dem britischen Herrscher mit, dass Monsieur d'Éon tatsächlich eine Frau sei. Damit tritt der französische Monarch, ohne es zu ahnen, eine Lawine in London los. George III. verkündet seinem Hofstaat die Neuigkeit aus Versailles und bald weiß jedermann in den Straßen der britischen Hauptstadt über die angeblich wahre Identität des Chevaliers Bescheid. Nur hat niemand den armen d'Éon von der Angelegenheit in Kenntnis gesetzt. Zunächst glaubt dieser an eine Intrige seiner alten Feinde und ist über das Getuschel der Bevölkerung eher verärgert. Er fordert gar einige der Klatschbasen zum Duell und zieht sich eine Zeit lang aus London zurück. Dies schürt die Gerüchteküche über das Geschlecht d'Éons weiter an und lässt die Einsätze in den Wettbüros der Hauptstadt an der Themse in schier utopische Höhen schnellen. Jetzt reagiert auch Versailles und ordnet direkt an, dass sich der

Chevalier in sein Schicksal fügen und offiziell zur Frau werden solle. D'Éon widerstrebt dies zutiefst. Im Oktober 1771 schreibt er nach Frankreich: »Da es die Ruhe meines Vaterlandes und die einer erhabenen Person es fordern, so willige ich ein, für ein Frauenzimmer zu gelten, und verpflichte mich, keinem lebenden Manne den Beweis vom Gegentheil zu geben. Aber das, worin ich nicht einwilligen kann, ist, die Kleider eines mir fremden Geschlechts zu tragen, die ich in meiner Jugend aus Gehorsam gegen meinen König allerdings einmal angelegt hatte. Jetzt diese Tracht für immer oder nur momentan anzunehmen, überstiege meine Kräfte; schon der Gedanke daran quält mich so sehr, daß nichts meinen Abscheu besiegen wird. Ich werde mein Geschlecht verleugnen, werde nicht leugnen, ja im Nothfall sogar bekennen, daß ich weiblichen Geschlechts sei. Das ist Alles, was ich vermag, Alles, was man menschlicher Weise von meiner Ergebenheit fordern darf. Mehr zu verlangen, wäre Tyrannei und Grausamkeit; ich könnte mich nicht unterwerfen.«[29] In der Öffentlichkeit betont der Chevalier von nun an stets, ein Frauenzimmer zu sein, aber weiblichen Putz legt er wie in dem Brief erwähnt nicht an. Versailles drängt ihn dazu, endlich ein sichtbares Zeichen zu setzen, aber d'Éon bleibt standhaft und will eher England verlassen, als in die verhassten Damenkleider zu schlüpfen. In dieser Zeit bietet der polnische König Stanislaus Poniatowski dem Chevalier an, an seinen Hof nach Warschau zu kommen.

Doch Louis XV. verweigert seinem Diplomaten die Erlaubnis und dringt auf die völlige Verwandlung. D'Éon bittet daraufhin, sich in die Schweiz zurückziehen zu dürfen, aber auch dieses Gesuch wird abgelehnt. Resigniert gibt nun der Chevalier auf und unterwirft sich dem Willen des französischen Königs. Louis XV. erlebt dies nicht mehr, da er in diesen Tagen stirbt. Gleich nach dem Tod des Königs setzt sich der Chevalier d'Éon mit dem neuen französischen Außenminister in Verbindung, da er hofft, dass der Kelch der vollständigen Metamorphose zur Frau an ihm vorübergehen möge und er endlich nach Frankreich zurückkehren kann. Doch der neue König Louis XVI. ist über alle Vorgänge in Sachen d'Éon bestens im Bilde. Als sich dem französischen Monarchen auch noch die Witwe des Botschafters

Guerchy zu Füßen wirft und ihn anfleht, ihren Sohn zu schützen, da dieser den Chevalier zum Duell gefordert habe, um seinen Vater zu rächen, ist d'Éons Schicksal endgültig besiegelt. Louis XVI. verhindert das Duell unter Berufung auf das vermeintlich weibliche Geschlecht des Chevaliers und d'Éon muss sich schriftlich verpflichten, Frauenkleidung anzulegen. Dafür verlangt er aber im Gegenzug unter anderem eine Urkunde, die über sein neues Geschlecht Auskunft gibt und die Auszahlung des Geldes, das ihm Versailles bereits seit gut 20 Jahren schuldet. Inzwischen ist eine Summe von 256 000 Livres aufgelaufen, aber der arme Chevalier sieht auch jetzt keinen einzigen Sou. Ein mehr als schäbiges Verhalten des französischen Hofes und zudem ein sehr gefährliches. Nach wie vor befinden sich die brisanten Geheimpapiere im Besitz d'Éons. Obwohl man ihm in England viel Geld dafür bietet und Versailles ihn wieder einmal vor den Kopf stößt, bleibt der Chevalier d'Éon patriotisch und hält die Dokumente unter Verschluss. In London verbindet ihn inzwischen eine tiefe Freundschaft mit einem alten Bekannten aus St. Petersburg: Lord Ferrers. Obwohl er den damals rasend in ihn verliebten Admiral wohl ein wenig gehörnt hat, legt ihm dieser nun sein Vermögen zu Füßen. Der Chevalier d'Éon übergibt dem Lord die geheimen Papiere zur Verwahrung und ordnet an, dass diese für den Fall, dass Frankreich dem Chevalier bis zu seinem Tod nicht die ausstehenden Bezüge zahlen sollte, in den Besitz des Engländers übergehen sollen. D'Éon behält nur die privaten Briefe Louis XV. bei sich.

Doch Versailles entsinnt sich eines Tages der Geheimpapiere und erkennt, wie töricht es gewesen ist, sich dem Chevalier gegenüber so ungebührlich zu betragen. Nun entspinnt sich ein perfides Spiel zwischen d'Éon und seinem Vaterland, in dessen Verlauf der Dichter Pierre Augustin Caron de Beaumarchais den Chevalier dazu bringen wird, ihm den Schlüssel zu den Geheimpapieren sowie die private Korrespondenz mit Louis XV. auszuhändigen und zudem einen Vertrag zu unterzeichnen, in dem er seinem Namen und seiner Männlichkeit endgültig entsagt. Die Hinterlist treibt den Poeten gar soweit, dem Vertrag eine Klausel hinzuzufügen, mit der sich der

Chevalier nun verpflichtet sieht, sein Geschlecht öffentlich zu bekennen und auch einer Probe aufs Exempel zuzustimmen. Und es kommt tatsächlich dazu. Doch der Chevalier, nunmehr eine äußerst schamhafte Chevaliére, bittet aus Gründen der Schicklichkeit, dass man sein Geschlecht doch nur mit der Hand feststellen möge. Bis heute weiß man nicht, wie d'Éon es geschafft hat, Beaumarchais und einen anderen Gesandten des Versailler Hofes zu täuschen. Doch angesichts dessen, das er eine seelische und moralische Vorbereitungszeit von 24 Stunden verlangte und die Probe nur in der Dunkelheit statthaben sollte, kann man sich vorstellen, welche Mittel der schlaue Chevalier angewandt haben könnte. Beaumarchais ist danach vollends überzeugt, eine Dame vor sich zu haben und trachtet danach, diese vermeintliche Gewissheit zu versilbern, indem er sich rege an den Londoner Wetten auf das wahre Geschlecht d'Éons beteiligt. Raffgierig versucht er bald, den Chevalier mittels einer hübschen Summe zu weiteren »Fühlproben« zu überreden, aber dieser lehnt strikt ab. Um an sein Ziel zu gelangen, schmeichelt der listige Beaumarchais nun der Eitelkeit d'Éons, indem er ihn wie eine Frau umgarnt. Der Chevalier geht munter auf das Spielchen ein und irgendwann wird die Sache zwischen ihnen so undurchsichtig, dass bald in London wie auch in Paris das Gerücht umgeht, das die beiden Männer vor den Traualtar treten wollen. Dazu kommt es jedoch nicht. Beaumarchais und d'Éon überwerfen sich bald darauf. Im Zuge der Streitigkeiten sieht sich der Chevalier schließlich genötigt, aufgrund der immer noch abgeschlossenen Wetten und einer daraus

Thomas Stewart nach Jean Laurent Mosnier: Chevalier d'Eon, Öl auf Leinwand, 1792, National Portrait Gallery London

resultierenden möglichen zweiten körperlichen Untersuchung das Weite zu suchen. Nach 14 Jahren Abwesenheit taucht er plötzlich in Versailles auf – in seiner Uniform als Dragoner-Kapitän. König Louis XVI. gibt sofort Order, dass der Chevalier doch bitte schön seine Damenkleidung anlegen möge. Auf seinen Einwand hin, dass er doch keinerlei weibliches Kleidungsstück dabei habe, lässt Königin Marie Antoinette dem Chevalier d'Éon ihre Leibschneiderin kommen und staffiert ihn mit allem aus, was das Frauenherz begehrt. D'Éon bleibt nichts weiter übrig, als sich zu fügen. Man gestattet ihm noch einmal, in Männerkleidern zu seiner alten Mutter zu reisen. An einem Novemberabend des Jahres 1777 verschwindet der Chevalier endgültig von der Bildfläche, um am nächsten Tag wie Phönix aus der Asche als Chevaliére wieder aufzuerstehen. Mit seiner Verwandlung scheint es ihm – oder besser ihr – nun wirklich ernst zu sein. Nach außen hin vielleicht. Hin und wieder schlägt die nun schon etwas ältliche Chevaliére über die Stränge. Die Nonnen des Klosters St. Cyr freuen sich aber sehr über den acht Tage und Nächte währenden Aufenthalt »Mademoiselle« d'Éons in ihren Mauern und teilen nur zu gern das Bett mit der Chevaliére. Als man in Versailles von diesem Streich erfährt, erhält d'Éon Order, das Kloster stante pede zu verlassen. Diskret verzichtet der König auf jegliche weitere Untersuchung des Vorfalls.

Immer wieder bittet die Chevaliére, doch wieder Männerkleidung tragen zu dürfen, immer wieder werden ihre Gesuche in Versailles abgelehnt. Auch die Rückreise nach London bleibt ihr zunächst versagt. Und als sei die Situation für den Mann in Frauenkleidern nicht schon schlimm genug, kommt eine neue Prüfung hinzu. In Frankreich taucht eine geheimnisvolle Dame aus Russland auf: es ist die tot geglaubte Nadége Stein. Nachdem sich ihr d'Éon zu erkennen gegeben hat, erzählt sie ihm von dem gemeinsamen Kind und ihrer traurigen Geschichte: »Einen Monat nach deinem Abschiede hatte ich weder von Dir, noch von Sophie Charlotte von Mecklenburg, auf deren Freundschaft und Hülfe ich gerechnet hatte, eine Nachricht empfangen. Ich lag in allen Ängsten der Erwartung, Ungewissheit und des Schmerzes, als ich eines Morgens zu der Kaiserinn Elisabeth beschieden wurde. (...) Vor Elisabeth stand ein Tisch mit einem offenen Briefe; in der Hand hatte sie einen andern Brief, den sie zerknitterte, als wolle sie ihn zerreißen. Sie nahm mich bei dem Arme, zog mich heftig an sich heran und hielt mir rasch das Papier dicht vor die Augen, in welchem ich sogleich Deine Handschrift erkannte. ›Ha! Er war Dein Geliebter!‹, rief sie. ›Er will Dich heirathen! Und deshalb läßt er Dich durch diese kleine Herzoginn reclamieren.‹ Dabei zeigte sie mir Sophie Charlottes Brief. ›Er wollte Dich meiner Gewalt entziehen. Wahrlich, der Plan ist nicht schlecht ersonnen. Zum Glück habe ich ihn entdeckt.‹ (...) ›Sie werden abreisen,‹ fuhr sie fort, ›aber weder nach Frankreich, noch nach Deutschland. Sie werden mich verlassen, aber nicht, um zu Ihrem Geliebten zu gehen!‹«[30] Bei dieser Gelegenheit entdeckt die Zarin Elisabeth auch Nadéges Schwangerschaft, wovon diese zu diesem Zeitpunkt selbst nichts ahnt. Das einstige Ehrenfräulein der Zarin wird daraufhin auf eine Festung gebracht und muss dort 13 Jahre lang darben. Wenigstens haben die Kerkermeister Mitleid mit der jungen Mutter und lassen ihr das Kind. Ein befreundeter General ermöglicht Nadége und ihrem Sohn schließlich die Flucht. Nach drei Jahren auf einem abgelegenen Schloss treten Mutter und Kind die weite Reise nach Paris an, um den Chevalier d'Éon zu suchen. Dieser erschaudert bei Nadéges Worten: »Die Unglückliche suchte die Ehre für sich und einen Namen für ihr Kind (...) sie kam zu mir als zu einem Gatten, einem Vater! Und ich konnte weder das Eine, noch das Andere sein, denn ich war ja nicht einmal mehr ein Mann.«[31] D'Éon eilt mit Nadége an der Hand nach Versailles, doch vergebens. Er darf nicht mehr Mann sein und somit auch das Ehrenfräulein nicht heiraten. Den gemeinsamen Sohn Charles sieht die Chevaliére d'Éon nur kurz. Die Strapazen der Reise haben den Knaben so mitgenommen, dass er an einem Fieber erkrankt und bald darauf stirbt. Die Gesundheit der Chevaliére d'Éon wird ob dieser Schicksalsschläge arg in Mitleidenschaft gezogen, so dass die Ärzte zu einem Aufenthalt bei der Mutter in Tornerre raten. D'Éon reist allein ab, aber die treusorgende, liebende Nadége ersinnt eine List, um sich zu ihrem Geliebten zu stehlen. Die beiden »Frauen« bleiben zwei Jahre in Tornerre und das einstige Ehrenfräulein fungiert nach außen hin als d'Éons Gesellschaftsdame. In dieser Zeit erhält die Chevaliére prominenten Besuch. Prinz Heinrich von Preußen, der Bruder des großen Friedrich, wünscht das seltsame Frauenzimmer zu sehen und speist mit d'Éon zu Mittag. Dann und wann kann es die Chevaliére aber nicht lassen und entledigt sich ihrer Frauenkleider, um in ein männliches Gewand zu schlüpfen. Doch Versailles achtet peinlich genau auf die Abmachungen und schickt die Ritterin zur Strafe für einige Zeit auf das Schloss Dijon. Begleitet wird d'Éon natürlich wieder von der treuen Nadége.

Da man »Mademoiselle« d'Éon das Versprechen gegeben hat, dass sie nach dem Friedensschluss mit England wieder nach London zurückkehren darf, erinnert sie bei günstiger Gelegenheit die zuständigen Minister in Versailles daran und ihrer Bitte wird diesmal sofort entsprochen. Dabei verfolgt d'Éon den Hintergedanken, Nadége in England endlich als Mann seinen Namen geben zu können. Die Chevaliére und Nadége Stein reisen nach London ab, wo sich erstere unverzüglich bei Königin Sophie Charlotte melden lässt und um eine Unterredung bittet. »Endlich fasste ich Muth, und erzählte ihr zugleich, daß Nadége noch lebe, und welchen Plan ich hätte, diesem unschuldigen Opfer meiner Verführung Genugthuung zu geben. Diese letzten Worte erfüllten sie mit eben so großem Erstaunen, als die Nachricht, daß Nadége lebe, ihr Freude gemacht hatte. Verwundert schaute sie mich an, und sprach endlich kopfschüttelnd: ›Nadége – ein Opfer Ihrer Verführung? Erklären Sie sich deutlicher.‹«[32] Nun eröffnet der Chevalier d'Éon der erstaunten Königin von Großbritannien und Irland seine wahre Identität. Sophie Charlotte zeigt sich mehr als überrascht, hat sie ihn doch immer für eine Frau gehalten. Dann bittet sie, ihre Freundin Nadége sehen zu können: »Am folgenden Tage kam die Königinn von England, als einfache Bürgersfrau der City von London gekleidet, wirklich in mein Haus. (...) Seit acht und zwanzig Jahren hatten Nadége und sie sich nicht gesehn! Als sie nach dieser Trennung einander gegenüberstanden, schauten sie sich einen Augenblick mit Rührung an; dann aber flogen sie sich in die Arme.«[33]

»Mademoiselle« d'Éon bleibt weiter in London und findet sich anscheinend mit der Rolle als Frau endgültig ab. Doch zu Zeiten der Französischen Revolution bekommt die Chevaliére noch die Gelegenheit, die letzte Mätresse Louis XV., Madame du Barry, aus den Fängen von Londoner Straßenräubern zu befreien. Die Ritterin sieht die einst so mächtige Dame an diesem Abend zum letzten Mal in ihrem Leben. Madame du Barry erzählt ihr von den Ereignissen hinter den verschlossenen Türen von Versailles und entschuldigt sich für ihre Beteiligung an einigen Entschlüssen Louis XV., die das Leben d'Éons so grundlegend verändert haben. Danach reist die immer noch schöne, ehemalige Mätresse nach Frankreich zurück, wo bereits die Guillotine auf sie wartet. Die Chevaliére d'Éon will zwar auch in ihr Vaterland zurück, doch da sie schon lange in England lebt, findet sie sich nun auf der französischen Emigrantenliste wieder. Die neuen Machthaber haben außerdem keine Verwendung für die nunmehr

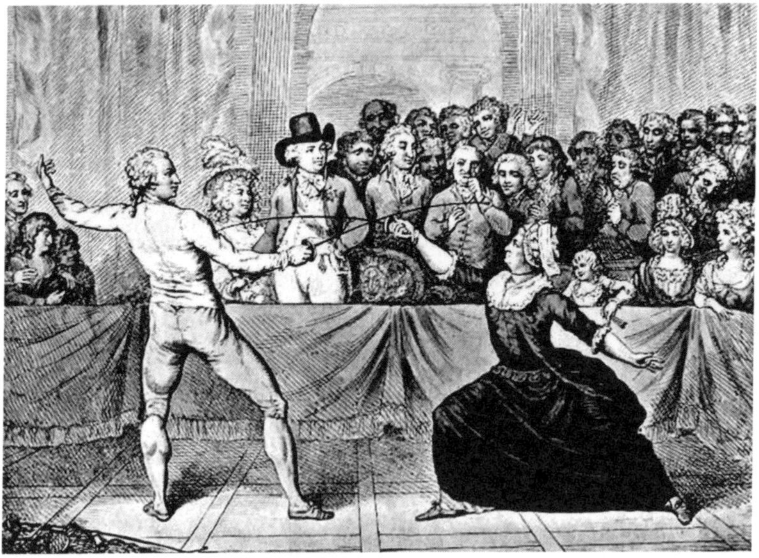

Stich nach Charles Jean Robineau: Chevaliére d'Éon während eines öffentlichen Fechtduells gegen Monsieur de Saint George im Londoner Carlton House am 9. April 1787 (Postkarte)

64-jährige Ritterin und zahlen ihr irgendwann die von den französischen Königen gewährte Pension nicht mehr aus. »Mademoiselle« d'Éon und ihre treue Begleiterin Nadége Stein sitzen schließlich ohne einen Penny in England fest. Zunächst versucht die Chevaliére, ihren Lebensunterhalt durch den Verkauf ihrer wertvollen Bibliothek sowie durch öffentliche Fechtduelle zu bestreiten. Vor allem für die letztere Einnahmequelle ist die Frauenrolle von großem Nutzen und die Besucher strömen in Scharen zu diesen Schaukämpfen. Sie wollen die ältliche und bereits korpulente Ritterin sehen, die in Frauenkleidern, auf denen Ordensauszeichnungen glänzen, gegen wesentlich jüngere männliche Gegner antritt und diese immer noch spielend bezwingt. Eine Zeit lang tourt d'Éon gar mit einer kleinen Truppe durch die englische Provinz. Doch diesem Broterwerb kann die Chevaliére spätestens im Jahr 1796 nicht mehr nachgehen, da sie bei einem dieser Fechtduelle schwer verwundet wird und sich von dieser Verletzung nie wieder richtig erholt.

Auch in dieser ausweglosen Situation können sich die Chevaliére und Nadége Stein auf die treue Freundin aus Mecklenburg-Strelitz verlassen. Es sind Sophie Charlotte und ihr Sohn, der Prince of Wales, die der Chevaliére eine kleine Pension aussetzen, mit der sie ihren Lebensunterhalt bestreiten und auch die treue Nadége versorgen kann.

Nach vielen Abenteuern heißt es nun für die Ritterin, kürzer zu treten und die letzten Jahre ihres Lebens zu genießen. »Noch siebzehn Jahre hindurch sah man in London zwei alte Frauen, welche stets zusammen ausgingen und zurückkehrten. Die eine, von Jahren gebeugt, und stets einen kleinen Rohrstock mit elfenbeinernem Knopfe in der Hand, trug auf der Brust eine große schöne Decoration, welche sonst nur auf der Brust tapferer Krieger zu glänzen pflegte. Die andere, nicht so alt, und etwas mehr bei Kräften, gab ihrer achtzigjährigen Begleiterinn den Arm, welche sich mit Freude darauf zu stützen schien. Wenn die beiden Greisinnen bisweilen langsamen Schrittes eben in ihre kleine Wohnung zurückgekehrt waren, sah man einen mit dem königlichen Wappen geschmückten Wagen vor der Thür ihres Asyls halten, und Sophie Charlotte von Mecklenburg-Strelitz, Königinn von England, stieg aus dem goldstrahlenden Wagen, um an die Thür dieser bescheidenen Einsiedelei der Nadége Stein zu klopfen.«[34]

Die Londoner lassen die im Alter immer männlicher wirkende Chevaliére in Ruhe.

Doch als »Mademoiselle« d'Éon im Alter von 83 Jahren am 21. Mai 1810 stirbt, werden die Fragen nach dem wahren Geschlecht der Ritterin abermals laut. Man tritt etwaigen Gerüchten mit einer Obduktion entgegen, nach der mehrere Personen urkundlich bezeugen, was eigentlich schon immer bekannt war: d'Éon war ein Mann. Geheime Missionen und die Willkür von Herrschern und deren Mätressen hatten ihn dazu verdammt, 34 Jahre seines Lebens als Frau zubringen zu müssen. Nach der endgültigen Klärung des Geschlechts darf der Chevalier d'Éon seine letzte Ruhe auf dem Friedhof St. Pancras in London finden. Sein Grabstein ist dort noch heute zu sehen.

Anhang

Anmerkungen

Nachbarschaftsbesuch mit Folgen S. 7–17

1 Kronprinz Friedrich wollte sich der Erziehungsgewalt seines Vaters entziehen und plante mit seinem Freund Katte eine Flucht nach Frankreich. Während Katte hingerichtet wurde, wurde Friedrich in Festungshaft genommen.

2 Mit Elisabeth Christine von Braunschweig-Bevern. Mit der Heirat war der Konflikt mit dem Vater nach außen hin beigelegt und Friedrich als Kronprinz rehabilitiert.

3 Hrsg: Max Hein: Briefe Friedrichs des Großen in deutscher Übersetzung (1914), Brief vom 23. Oktober 1736 an Suhm, S. 86, Oeuvres de Fréderic le Grand, Digitale Ausgabe der Universitätsbibliothek Trier.

4 Ulrich Friedrich von Suhm (1691–1740), Diplomat und enger Freund des Kronprinzen Friedrich.

5 Hrsg: Max Hein: Briefe Friedrichs des Großen in deutscher Übersetzung (1914), Brief vom 26. Oktober 1736 an seinen Vater, S. 87, Oeuvres de Fréderic le Grand, Digitale Ausgabe der Universitätsbibliothek Trier.

6 Ebenda, S. 87.

7 Ebenda, S. 87.

8 Hrsg: Max Hein: Briefe Friedrichs des Großen in deutscher Übersetzung (1914), Brief vom 26. Oktober 1736 an seinen Vater, S. 87/88, Oeuvres de Fréderic le Grand, Digitale Ausgabe der Universitätsbibliothek Trier.

9 Ebenda, S.88.

10 Ebenda, S. 88.

11 Hrsg: Max Hein: Briefe Friedrichs des Großen in deutscher Übersetzung (1914), Brief vom 26. Oktober 1736 an seinen Vater, S. 88, Oeuvres de Fréderic le Grand, Digitale Ausgabe der Universitätsbibliothek Trier.

12 Ebenda, S. 88.

13 Ebenda, S. 88.

14 Ebenda, S. 88.

15 Ebenda, S. 88.

16 Emilie von Schwarzburg-Sondershausen (1681–1751), dritte Frau von Herzog Adolf Friedrich II. zu Mecklenburg.

17 Hrsg: Max Hein: Briefe Friedrichs des Großen in deutscher Übersetzung (1914), Brief vom 26. Oktober 1736 an seinen Vater, S. 88, Oeuvres de Fréderic le Grand, Digitale Ausgabe der Universitätsbibliothek Trier.

18 Ebenda, S. 88.

19 Ebenda, S. 88.

20 Ebenda, S. 88/89.

21 Hrsg: Max Hein: Briefe Friedrichs des Großen in deutscher Übersetzung (1914), Brief vom 26. Oktober 1736 an seinen Vater, S. 89, Oeuvres de Fréderic le Grand, Digitale Ausgabe der Universitätsbibliothek Trier.

22 Ebenda, S. 89.

23 Prinz Heinrich von Preußen (1726–1802), jüngerer Bruder des Kronprinzen, er sollte nach Friedrichs Thronbesteigung neuer Herr im Schloss Rheinsberg werden.

24 Hrsg: Max Hein: Briefe Friedrichs des Großen in deutscher Übersetzung (1914), Brief vom 11. November 1736 an seinen Vater, S. 91, Oeuvres de Fréderic le Grand, Digitale Ausgabe der Universitätsbibliothek Trier.

25 Ebenda, S. 91.

26 Hrsg: Max Hein: Briefe Friedrichs des Großen in deutscher Übersetzung (1914), Brief vom 11. November 1736 an seinen Vater, S. 91, Oeuvres de Fréderic le Grand, Digitale Ausgabe der Universitätsbibliothek Trier.

27 Carlyle, Thomas: History of Friedrich II of Prussia, called Frederick the Great, (London 1873), Vol. 3, S. 77.

28 Da kinderlos geblieben, folgte ihm sein Neffe, Sohn seines jüngeren Bruders August Wilhelm, als Friedrich Wilhelm II. 1786 auf dem Thron nach. Dessen Sohn gleichen Namens ehelichte Prinzessin Luise von Mecklenburg-Strelitz und wurde 1797 unter dem Namen Friedrich Wilhelm III. König von Preußen. Prinzessin Luises Schwester Friederike wurde mit dem Bruder des Kronprinzen, Friedrich Ludwig, vermählt. Nach dessen Tod heiratete sie den Prinzen zu Solms-Braunfels und dann schließlich den Herzog von Cumberland, der 1837 König von Hannover wurde.

Ein »Berg von einem Mädel« auf dem Schlossberg S. 18–41

1 Adolphus Frederick, 1. Duke of Cambridge (1774–1850).

2 Ein Besuch im Jahr 1833 ist auf der Hohenzieritzer Autographentür nachweisbar (datiert auf den 7. Juli 1833).

3 Laut Hohenzieritzer Autographentür maß er 1,83 Meter.

4 Beschreibung nach einem Miniaturportrait aus dem Jahr 1847 in der Royal Collection.

5 Laut Annalen für das Jahr 1845 im »Großherzogl.-Mecklenb.-Strelitzer Staatskalender« 1846.

6 Augusta Caroline brachte im Mai 1845 in London einen Sohn zur Welt, der jedoch kurz nach der Geburt verstarb.

7 Kinloch-Cooke, Clement: A memoir of Princess Mary Adelaide, Duchess of Teck, based on Her private diaries and letters (London 1900), Vol.1, S. 44 (Brief an Miss Draper, Strelitz, 11. Dezember 1845).

8 Henriette Sontag (1806–1854), berühmte Opernsängerin, sang u.a. die Uraufführung von Beethovens 9. Symphonie.

9 Wilhelmine Schröder-Devrient (1806–1860), Gesangstragödin, zu dieser Zeit an der Dresdener Hofoper engagiert.

10 Kinloch-Cooke, Clement: A memoir of Princess Mary Adelaide, Duchess of Teck, based on Her private diaries and letters, Vol.1, S. 44 (Brief an Miss Draper, Strelitz, 11. Dezember 1845).

11 Ebenda, S. 44.

12 Erbgroßherzog Friedrich Wilhelm (1819–1904), Gatte Augusta Carolines und ab 1860 Großherzog von Mecklenburg-Strelitz.

13 Herzogin Luise von Mecklenburg-Strelitz (1818–1842), verstarb während einer Rom-Reise an Tuberkulose.

14 Prinzessin Mary Adelaides Lehrerin.

15 Louisa Frazer, Prinzessin Mary Adelaides Gouvernante.

16 Kinloch-Cooke, Clement: A memoir of Princess Mary Adelaide, Duchess of Teck, based on Her private diaries and letters, Vol.1, S. 44 (Brief an Miss Draper, Strelitz, 11.12.1845).

17 Kinloch-Cooke, Clement: A memoir of Princess Mary Adelaide, Duchess of Teck, based on Her private diaries and letters, Vol. 1, S. 44/45 (Brief an Ellinor Napier, Strelitz, Dezember 1845).

18 Kosename für Augusta Caroline.

19 Kinloch-Cooke, Clement: A memoir of Princess Mary Adelaide, Duchess of Teck, based on Her private diaries and letters, Vol. 1, S. 45 (Brief an Miss Draper, Cambridge Cottage, 8.3.1846).

20 Laut Annalen für das Jahr 1846 im »Großherzogl.-Mecklenb.-Strelitzer Staatskalender« 1847.

21 Adolf Friedrich V. von Mecklenburg-Strelitz (1848–1914), Großherzog ab 1904.

22 Beschreibung nach: Kinloch-Cooke, Clement: A memoir of Princess Mary Adelaide, Duchess of Teck, based on Her private diaries and letters, Vol. 1, S. 37.

23 Beschreibung durch Caroline Gust, Hofdame Augusta Carolines, in: Kinloch-Cooke, Clement: A memoir of Princess Mary Adelaide, Duchess of Teck, based on Her private diaries and letters, Vol. 1, S. 95.

24 Großherzogin Marie von Mecklenburg-Strelitz (1796–1880) war eine talentierte Malerin. Von ihr stammt auch die Kopie eines Gemäldes von Raffael über dem Altar der Neustrelitzer Stadtkirche.

25 Kinloch-Cooke, Clement: A memoir of Princess Mary Adelaide, Duchess of Teck, based on Her private diaries and letters, Vol. 1, S. 85 (Brief an Elinor Napier, Strelitz, 28.1.1852).

26 Neustrelitzer Zeitung, Meldung vom 28.01.1852.

27 Neustrelitzer Zeitung, Meldung vom 20.02.1852.

28 Nach Pope-Hennessy, James: Queen Mary, S. 32 nach »The Journal of Benjamin Moran, 1857–1865, Vol. 1, S. 93.

29 Nach Pope-Hennessy, James: Queen Mary, S. 32.

30 Kinloch-Cooke, Clement: A memoir of Princess Mary Adelaide, Duchess of Teck, based on Her private diaries and letters, Vol. 1, S. 120.

31 Dieser Kandidat wird 1861 im Briefwechsel zwischen Queen Victoria und der Kronprinzessin von Preußen mehrfach ins Spiel gebracht, er hatte allerdings andere Heiratspläne.

32 Mittels »Großherzogl.-Mecklenb.-Strelitzer Staatskalender« 1865, Annalen für das Jahr 1864.

33 Als »Mary Prinzessin von Großbritannien«.

34 Georg zu Mecklenburg, jüngster Sohn des Großherzogs Georg von Mecklenburg-Strelitz und Marie von

Hessen-Kassel, sowie seine Frau Katharina Michailowna Romanowa, russische Großfürstin und Nichte zweier Zaren.

35 »Großherzogl.-Mecklenb.-Strelitzer Staatskalender« 1866, Annalen für das Jahr 1865.

36 Auszüge dieser Briefe werden in Pope-Hennessy, James: Queen Mary zitiert (S.39) und lassen den Schluss zu, dass dem Glück der Schwester wohl doch auf die Sprünge geholfen wurde.

37 Von 1841 bis 1846 Kronprinzessin von Dänemark, lebte nach ihrer Scheidung wieder bei ihren Eltern am Neustrelitzer Hof.

38 Ellinor Dalrymple, ehemals Napier, Freundin Mary Adelaides.

39 Kinloch-Cooke, Clement: A memoir of Princess Mary Adelaide, Duchess of Teck, based on Her private diaries and letters, Vol. 1, S. 293.

40 Zitiert nach: Pope-Hennessy, James: Queen Mary, S. 31 nach Briefen vom November und Dezember 1867 an ihre Tochter Victoria von Preußen.

41 Kinloch-Cooke, Clement: A memoir of Princess Mary Adelaide, Duchess of Teck, based on Her private diaries and letters, (London 1900) Vol. 2, S. 53, Tagebucheintrag vom 24.11.1871.

42 Ihr Gatte Franz von Teck.

43 Kinloch-Cooke, Clement: A memoir of Princess Mary Adelaide, Duchess of Teck, based on Her private diaries and letters, Vol. 2, S. 53/54, Tagebucheintrag vom 27.11.1871.

44 Die Kinder Victoria Mary, Adolphus und Francis of Teck.

45 Spitzname von Prinz Adolphus of Teck.

46 Kinloch-Cooke, Clement: A memoir of Princess Mary Adelaide, Duchess of Teck, based on Her private diaries and letters, Vol. 2, S. 54/55, Tagebucheintrag vom 4.12.1871.

47 Kinloch-Cooke, Clement: A memoir of Princess Mary Adelaide, Duchess of Teck, based on Her private diaries and letters, Vol. 2, S. 56/57, Brief vom 1.5.1872 an einen Freund.

48 Ebenda, S. 57.

49 Ebenda, S. 57.

50 Ebenda, S. 66, Brief an einen Freund, Strelitz, Januar 1874.

51 Kinloch-Cooke, Clement: A memoir of Princess Mary Adelaide, Duchess of Teck, based on Her private diaries and letters, Vol. 2, S. 66/67, Brief an einen Freund, Strelitz, Januar 1874.

52 Mary Adelaides Kinder.

53 Kinloch-Cooke, Clement: A memoir of Princess Mary Adelaide, Duchess of Teck, based on Her private diaries and letters, Vol. 2, S. 67, Brief an einen Freund, Strelitz, Januar 1874.

54 Ebenda, S. 67.

55 Ebenda, S. 68.

56 Danach gibt es in den Annalen der Hof- und Staatshandbücher des Großherzogtums Mecklenburg-Strelitz keine Anhaltspunkte mehr für einen Besuch der Duchess of Cambridge.

57 Neustrelitzer Zeitung, Meldung vom 10.11.1876.

58 Keinerlei Hinweise in den Annalen der Staatshandbücher für das Großherzogtum Mecklenburg-Strelitz.

59 Selbst beim Tod ihres Ehemannes Friedrich Wilhelm 1904 weilte sie nicht bei ihm in Neustrelitz, sondern war kurz zuvor nach England abgereist. Auch beim Tod ihres Vaters und ihrer Geschwister war sie nicht vor Ort bzw. kam zu spät.

60 Neustrelitzer Zeitung, Anzeige und Bericht vom 27. und 28.10.1897.

Waidmannsheil in Strelitzer Landen S. 42–54

1 Anekdote wiedergegeben nach: Ohm-Hieronymussen, Peter: »Heinrich Bossart, Großherzoglich Mecklenburgisch-Strelitzer Staatsminister von 1908 bis 1918«, in: www.deutsche-gesellschaft-fuer-ordenskunde.de, Ausgabe 35, 09/2012, S. 6/8, abgerufen am 11.10.2012, auch in: Willmann, Anni: Der gelernte König, (Stuttgart 1993) S. 52.

2 Neustrelitzer Zeitung, Meldung vom 18.12.1907.

3 Neustrelitzer Zeitung, Meldung vom 19.12.1907.

4 Neustrelitzer Zeitung, Meldung vom 23.11.1897.

5 Sauer, Paul: Württembergs letzter König, (Stuttgart 1994) S. 116.

6 Gerhardt, O.: Unser unvergesslicher guter König! (Stuttgart, 1933), S. 78.

7 Sauer, Paul: Württembergs letzter König, S. 102.

8 Neustrelitzer Zeitung, Meldung vom 19.12.1907.

9 Neustrelitzer Zeitung, Meldung vom 12.11.1876.

10 Sauer, Paul: Württembergs letzter König, S. 69.

11 Vom Historiker Johannes Haller, in Sauer, Peter: Württembergs letzter König, S. 101.

12 Nach Willmann, Anni: Der gelernte König, S. 68.

13 HRH Duke of Windsor: Eines Königs Geschichte. Die Memoiren des Herzogs von Windsor (Berlin 1951), S. 132.

14 Sauer, Paul: Württembergs letzter König, S. 298.

Die kleine Insel in Zeiten des Krieges S. 55–94

1 Nach eigenen Angaben der Fürstin in: Daisy of Pless – by herself, (New York 1920) S. 87.

2 Nach Koch, John W.: Daisy von Pleß. Fürstliche Rebellin, (Frankfurt/Main/Berlin 1990), S. 45.

3 Koch, W. John.: Daisy von Pleß, Fürstliche Rebellin, S. 46.

4 Laut Angaben der Fürstin in: Daisy of Pless – by herself, S. 311.

5 Daisy of Pless: What I left unsaid, (New York 1936) S. 249.

6 Brief Adolf Friedrich VI. von Mecklenburg-Strelitz an Daisy von Pleß, 23.2.1915, von der Fürstin selbst zitiert in: Daisy of Pless: What I left unsaid (New York 1936), S. 223.
7 Daisy of Pless – by herself, S. 311.
8 Brief Adolf Friedrich VI. von Mecklenburg-Strelitz an Daisy von Pleß, 15.12.1914, von der Fürstin selbst zitiert in: Daisy of Pless – by herself, S. 311/312.
9 Ebenda, S. 312.
10 Ebenda, S. 312.
11 Deutsch im Original, als Liebesgaben wurden alle Geschenke bezeichnet, die für die Soldaten an der Front bestimmt waren.
12 Brief Adolf Friedrich VI. von Mecklenburg-Strelitz an Daisy von Pleß, 11.1.1915, von der Fürstin selbst zitiert in: Daisy of Pless – by herself, S. 327.
13 Daisy of Pless – by herself, S. 325.
14 Brief Adolf Friedrich VI. von Mecklenburg-Strelitz an Daisy von Pleß, 8.2.1915, von der Fürstin selbst zitiert in: Daisy of Pless – by herself, S. 330.
15 Daisy of Pless – by herself, S. 329.
16 Daisy of Pless: What I left unsaid, S. 222.
17 Daisy of Pless: What I left unsaid, S. 224.
18 Daisys Mann Hans Heinrich von Pleß.
19 Brief Adolf Friedrich VI. von Mecklenburg-Strelitz an Daisy von Pleß, 25.3.1915, von der Fürstin selbst zitiert in: What I left unsaid, S. 226/227.
20 Brief Adolf Friedrich VI. von Mecklenburg-Strelitz an Daisy von Pleß, 7.4.1915, von der Fürstin selbst zitiert in: What I left unsaid, S. 229.
21 Daisy of Pless – by herself, S. 358.
22 Brief Adolf Friedrich VI. von Mecklenburg-Strelitz an Daisy von Pleß, 29.5.1915, von der Fürstin selbst zitiert in: What I left unsaid, S. 235.
23 Nach Informationen von Fritz Spalink, Historische Gesellschaft Heringsdorf.
24 Brief Adolf Friedrich VI. von Mecklenburg-Strelitz an Daisy von Pleß, 10.6.1915, von der Fürstin selbst zitiert in: What I left unsaid, S. 235.
25 Landeszeitung für beide Mecklenburg, Meldung vom 20.6.1915.
26 Daisy of Pless: What I left unsaid, S. 236.
27 Daisy of Pless: What I left unsaid, Tagebucheintrag Juli 1915, S. 236/237.
28 Landeszeitung für beide Mecklenburg, Meldungen vom 20.7.1915, 23.7.1915 und 25.7.1915.
29 Daisy of Pless – by herself, S. 359/360.
30 Daisy of Pless – by herself, Tagebucheintrag vom 2.8.1915, S. 361.
31 Daisy of Pless – by herself, Tagebucheintrag vom 28.8.1915, S. 372.
32 Landeszeitung für beide Mecklenburg, 14.8.1915, 20.8.1915 und 27.8.1915.
33 Englische Lady, die den Prinzen Alexander zu Münster geheiratet hatte, ihr Schwiegervater war einst Botschafter des deutschen Reiches.
34 Brief Adolf Friedrich VI. von Mecklenburg-Strelitz an Daisy von Pleß, 29.5.1915, von der Fürstin selbst zitiert in: What I left unsaid, S. 234/235.
35 Daisy of Pless – by herself, Tagebucheintrag vom 28.8.1915, S. 372.
36 Daisy of Pless – by herself, Tagebucheintrag vom 30.8.1915, S. 372.

37 Daisy of Pless – by herself, Tagebucheintrag vom 30.8.1915, S. 372.
38 Daisy of Pless – by herself, Tagebucheintrag vom 30.8.1915, S. 373.
39 Daisy of Pless – by herself, Tagebucheintrag vom 30.8.1915, S. 373.
40 Daisy of Pless – by herself, Tagebucheintrag vom 30.8.1915, S. 374.
41 Daisy of Pless – by herself, Tagebucheintrag vom 30.8.1915, S. 374.
42 Daisy of Pless – by herself, Tagebucheintrag vom 30.8.1915, S. 374.
43 Handbuch für das Jahr 1881.
44 Daisy of Pless – by herself, S. 460.
45 Nach Koch, W. John: Daisy von Pleß. Fürstliche Rebellin, S. 105.
46 Daisy of Pless – by herself, S. 437.
47 Daisy of Pless – by herself, Tagebucheintrag vom 30.8.1915, S. 374.
48 Daisy of Pless – by herself, Tagebucheintrag vom 30.8.1915, S. 375/376.
49 Daisy of Pless – by herself, S. 376.
50 Brief Großherzoginwitwe Augusta Caroline an Daisy von Pleß, 5.9.1915, von der Fürstin selbst zitiert in: Daisy of Pless – by herself S. 376/377.
51 Brief Adolf Friedrich VI. von Mecklenburg-Strelitz an Daisy von Pleß, 23.2.1915, von der Fürstin selbst zitiert in: What I left unsaid, S. 223.
52 George V. , englischer König.
53 Brief Großherzoginwitwe Augusta Caroline an Daisy von Pleß, 7.10.1915, von der Fürstin selbst zitiert in: Daisy of Pless – by herself, S. 377.
54 Landeszeitung für beide Mecklenburg, Meldungen 16.9.1915, 29.10.1915.
55 Brief Adolf Friedrich VI. von Mecklenburg-Strelitz an Daisy von Pleß, 17.10.1915, von der Fürstin selbst zitiert in: What I left unsaid, S. 239.
56 Spitzname von Adolf Friedrich VI.
57 Brief Großherzoginwitwe Augusta Caroline an Daisy von Pleß, 2.4.1916, von der Fürstin selbst zitiert in: Daisy of Pless – by herself, S. 399.
58 Landeszeitung für beide Mecklenburg, Meldung vom 23.5.1916.
59 Daisy of Pless – by herself, Tagebucheintrag vom 26.5. 1916, S. 403.
60 Daisy of Pless – by herself, Tagebucheintrag vom 26.5.1916, S. 403.
61 Daisy of Pless – by herself, Tagebucheintrag 26.5.1916, S. 403.
62 Daisy of Pless – by herself, Tagebucheintrag, 1.6.1916, S. 404.
63 Daisy of Pless – by herself, Tagebucheintrag, 1.6.1916, S. 404.
64 Landeszeitung für beide Mecklenburg, Meldungen vom 4.6., 14.6. und 18.6.1916.
65 Neustrelitzer Zeitung, Meldung vom 22.6.1916 bzw. laut Informationen von Fritz Spalink/Historische Gesellschaft Heringsdorf.
66 Daisy of Pless – by herself, S. 408.
67 Landeszeitung für beide Mecklenburg, Meldung vom 23.6.1916.
68 Landeszeitung für beide Mecklenburg, Meldungen vom 2.7. und 4.7.1916.
69 Landeszeitung für beide Mecklenburg, Meldung vom 31.8.1916.
70 Landeszeitung für beide Mecklenburg, Meldung vom 24.10.1916.
71 Daisy of Pless – by herself, Tagebucheintrag vom 3.11.1916, S. 419.

72 Der Großherzog von Mecklenburg-Schwerin weilte nachweislich Anfang November für zwei Tage in Neustrelitz und schrieb Daisy am 2. November einen Brief, den sie in »What I left unsaid« zitiert. Er spricht darin von seiner Freude, Daisy wiedergesehen zu haben und fragt sie, ob sie nicht für seinen Cousin Adolf Friedrich eine Ehefrau finden könnte, da dieser so einsam wäre.

73 Daisy of Pless – by herself, Tagebucheintrag vom 3.11.1916, S. 419.

74 Daisy of Pless – by herself, S.422/423.

75 Daisys Großmutter.

76 Daisy of Pless – by herself, S. 423.

77 Daisy of Pless – by herself, S. 423.

78 Brief Adolf Friedrich VI. von Mecklenburg-Strelitz an Daisy von Pleß, von der Fürstin selbst zitiert in: Daisy of Pless – by herself, S. 423.

79 Landeszeitung für beide Mecklenburg, Meldung vom 17.12.1916.

80 Koch, W. John: Daisy von Pleß. Fürstliche Rebellin, S. 272.

81 Nach Daisy of Pless – by herself, S.442.

82 Daisy of Pless – by herself, S.458.

83 Nach: Brief Adolf Friedrich VI. von Mecklenburg-Strelitz an Daisy von Pleß, 10.1.1918, von der Fürstin selbst zitiert in: What I left unsaid, S. 247/248.

84 Brief Margarethe von Hessen an Daisy von Pleß, 18.3.1918, von der Fürstin selbst zitiert in: What I left unsaid, S. 120.

85 Daisy of Pless – by herself, S. 458/459.

86 Daisy schreibt »temple« (Schläfe), andere berichteten von einer Schusswunde am Rumpf.

87 Brief von der Fürstin selbst zitiert in: Daisy of Pless – by herself, S. 459/460.

88 Daisy of Pless – by herself, S. 460.

89 Daisy of Pless – by herself, S. 460.

90 Daisy of Pless – by herself, S. 460.

91 Daisy of Pless – by herself, S. 469.

92 Brief Hans Heinrich von Pleß an Daisy von Pleß, 23.2.1917, von der Fürstin selbst zitiert in: What I left unsaid, S. 89.

93 Nach Brief Hans Heinrich von Pleß an Daisy von Pleß, 23.2.1917, von der Fürstin selbst zitiert in: What I left unsaid, S. 89.

94 Rekonstruktion nach Abkürzungen im Brief Hans Heinrich von Pleß an Daisy von Pleß, 23.2.1917, von der Fürstin selbst zitiert in: What I left unsaid, S. 90.

95 Koch, W. John: Daisy von Pleß. Fürstliche Rebellin, S. 307.

96 Koch, W. John: Daisy von Pleß. Fürstliche Rebellin, S. 343/344.

Kurzvisiten bei bestem Hohenzollernwetter S. 95–113

Zitate aus den Briefen von Großherzogin Augusta Caroline von Mecklenburg-Strelitz (Royal Archives Windsor) mit freundlicher Genehmigung Ihrer Majestät Königin Elizabeth II.

1 http://www.youtube.com/watch?v=0j_SlC8Ppx4, abgerufen am 14.2.2013.
2 Neustrelitzer Zeitung, Meldung vom 18.2.1893.
3 Z.B. Brief Großherzogin Augusta Caroline an George Duke of Cambridge, 25.2.1893, Royal Archives Windsor.
4 Brief Großherzogin Augusta Caroline an George Duke of Cambridge, 30.8.1888, Royal Archives Windsor.
5 Großherzogin Augusta Caroline an Dolly Teck, 7.9.1888, Royal Archives Windsor.
6 Neustrelitzer Zeitung, Meldung vom 20.2.1893.
7 Neustrelitzer Zeitung, Meldung vom 21.2.1893.
8 Neustrelitzer Zeitung, Meldung vom 22.2.1893.
9 Neustrelitzer Zeitung, Meldung vom 22.2.1893.
10 Neustrelitzer Zeitung, Meldung vom 22.2.1893.
11 Gedicht von A. Genzmer in »Neustrelitzer Zeitung« vom 22.2.1893.
12 Neustrelitzer Zeitung, Meldung vom 23.2.1893.
13 Brief Großherzogin Augusta Caroline an George Duke of Cambridge, 25.2.1893, Royal Archives Windsor.
14 Ebenda, Anmerkung: Fritz ist Großherzog Friedrich Wilhelm, Dolphus Erbgroßherzog Adolf Friedrich und Elly Erbgroßherzogin Elisabeth.
15 Neustrelitzer Zeitung, Meldung vom 23.2.1893.
16 Brief Großherzogin Augusta Caroline an George Duke of Cambridge, 25.2.1893, Royal Archives Windsor.
17 Neustrelitzer Zeitung, Bericht vom 25.2.1893.
18 Brief Großherzogin Augusta Caroline an George Duke of Cambridge, 25.2.1893, Royal Archives Windsor.
19 Ebenda.
20 Ebenda.
21 Augusta Carolines Bruder George of Cambridge war am 17.3.1904 gestorben.
22 Telegramm an die Großherzoginwitwe Augusta Caroline vom 31.5.1904, im Karbe-Wagner-Archiv Neustrelitz bzw. abgedruckt in der Neustrelitzer Zeitung, 2.6.1904.
23 Abgedruckt in: Neustrelitzer Zeitung, 7.6.1904.
24 Neustrelitzer Zeitung, Meldung vom 7.6.1911.
25 Neustrelitzer Zeitung, Bericht vom 8.6.1911.
26 Neustrelitzer Zeitung, Bericht vom 8.6.1911.
27 Neustrelitzer Zeitung, Bericht vom 8.6.1911.
28 Neustrelitzer Zeitung, Bericht vom 8.6.1911.
29 Neustrelitzer Zeitung, Bericht vom

8.6.1911 (Anmerkung: Auguste Viktoria war eine geborene Prinzessin zu Schleswig-Holstein-Sonderburg-Augustenburg, daher die holsteinischen Farben).

30 Neustrelitzer Zeitung, Bericht vom 8.6.1911.

31 Neustrelitzer Zeitung, Bericht vom 8.6.1911.

32 Neustrelitzer Zeitung, Bericht vom 8.6.1911.

33 Neustrelitzer Zeitung, Bericht vom 8.6.1911.

34 Neustrelitzer Zeitung, Bericht vom 8.6.1911.

35 Laut Neustrelitzer Zeitung, Bericht vom 8.6.1911.

Mehr eine Tochter denn eine Nichte S. 114–156

Zitate aus den Briefen von König George V., Königin Mary sowie der Großherzoginwitwe Augusta Caroline von Mecklenburg-Strelitz (Royal Archives Windsor) mit freundlicher Genehmigung Ihrer Majestät Königin Elizabeth II.

1 Beschreibung nach Briefen aus dem Royal Archives in Windsor, die der Autorin in Kopie vorliegen.

2 Fulford, Roger: Your dear letter, Private Correspondence of Queen Victoria and the Crown Princess of Prussia, 1865–1871, (London 1971), Brief Queen Victoria vom 22.6.1867, S. 140.

3 Laut Kinloch-Cooke, Clement: A Memoir of Princess Mary Adelaide, Duchess of Teck, based on her private diaries and letters, Vol. 2, S. 2.

4 Laut Annalen für 1871 »Großherzogl.-Mecklenb.-Strelitzer Staatskalender« für das Jahr 1872.

5 Die zweite Urheberin, die für diesen Schriftzug in Frage kommen könnte, wäre Marie Gräfin von Nemerow, die in der Familie ebenfalls May gerufen wurde. Sie war die Tochter von Herzogin Marie und dem Grafen von Jametel. Wahrscheinlicher ist aber, dass sich Prinzessin May of Teck als Kind auf der Tür verewigt hat.

6 Hof- und Staatshandbuch des Großherzogtums Mecklenburg-Strelitz 1877, Annalen 1876.

7 Laut Annalen 1885 im »Hof- und Staatshandbuch des Großherzogtums Mecklenburg-Strelitz« 1886.

8 Beschrieben in: Pope-Hennessy, James: Queen Mary, S. 163.

9 Zwei Tage nach der Hochzeit wurde der eigentliche Earl of Fife von Queen Victoria in den Rang eines Herzogs erhoben.

10 Der Herzogstitel erlosch 1904 mit dem Tod des Duke. Als die englische Königsfamilie im Jahr 1917 auf alle deutschen Adelstitel verzichtete, tat es ihnen der Neffe des Duke of Cambridge, Adolphus of Teck, gleich. Ihm wurde noch im gleichen Jahr der Titel eines Marquess of Cambridge verliehen, den er an seinen ältesten Sohn George weitergab. Der 2. Marquess of Cambridge hatte jedoch nur eine Tochter, so dass der Titel abermals erlosch.

Daher ernannte Queen Elizabeth II. ihren Enkel Prinz William 2011 anlässlich seiner Hochzeit mit Katherine Middleton zum »Duke of Cambridge«.

11 Ramm, Agatha: Beloved and darling child, Last letters between Queen Victoria and her eldest daughter 1886–1901, Brief Queen Victoria 6.12.1891, S. 136.

12 Neustrelitzer Zeitung, Meldung vom 15.1.1892.

13 Laut Pope-Hennessy, James: Queen Mary, S. 236.

14 Ebenda, S. 244/245.

15 Ramm, Agatha: Beloved and darling child, Last letters between Queen Victoria and her eldest daughter 1886–1901, (Gloucestershire 1990), Brief Queen Victoria vom 7.5.1893, S. 158.

16 Laut Pope-Hennessy, James: Queen Mary, S. 262.

17 Brief von George Duke of York an seine Frau Mary, 21.3.1898, Royal Archives Windsor.

18 Laut Pope-Hennessy, James: Queen Mary, S. 266.

19 Ramm, Agatha: Beloved and darling child, Last letters between Queen Victoria and her eldest daughter 1886–1901, Brief Queen Victoria vom 5.8.1893, S. 161.

20 Nach einem Brief, zitiert in: Pope-Hennessy, James: Queen Mary, S.299/300.

21 Ramm, Agatha: Beloved and darling child, Last letters between Queen Victoria and her eldest daughter 1886–1901, Brief Queen Victoria vom 27.6.1894, S. 168.

22 Ramm, Agatha: Beloved and darling child, Last letters between Queen Victoria and her eldest daughter 1886–1901, Brief Queen Victoria vom 22.12.1895, S. 184.

23 Laut Pope-Hennessy, James: Queen Mary, S.354.

24 Brief der Großherzoginwitwe Augusta Caroline an die Princess of Wales, 3.6.1904, Royal Archives Windsor.

25 Brief der Großherzoginwitwe Augusta Caroline an die Princess of Wales, 23.6.1904, Royal Archives Windsor.

26 Neustrelitzer Zeitung, Meldung vom 3.8.1904.

27 Neustrelitzer Zeitung, Meldung vom 8.8.1904.

28 Laut Pope-Hennessy, James: Queen Mary, S. 390.

29 Laut Angaben aus den Annalen des »Staatshandbuches des Großherzogtums Mecklenburg-Strelitz«, die sich bis zum Jahr 1908 finden lassen.

30 Neustrelitzer Zeitung, Meldung vom 6.8.1907.

31 Neustrelitzer Zeitung, Meldung vom 12.8.1907.

32 Neustrelitzer Zeitung, Meldung vom 17.8.1907.

33 Neustrelitzer Zeitung, Meldung vom 11.4.1910.

34 Laut Pope-Hennessy, James: Queen Mary, S. 421.

35 Laut Pope-Hennessy, James: Queen Mary, S.438.

36 Ebenda, S.441.

37 Ebenda, S.460.

38 Sie meint beim Kaiserpaar in Berlin.

39 Brief der Großherzoginwitwe Augusta Caroline an Königin Mary, 10.7.1912, Royal Archives Windsor.

40 Laut Pope-Hennessy, James: Queen Mary, S. 477.

41 Brief von Königin Mary an König George V., 15.8.1912, Royal Archives Windsor.

42 Neustrelitzer Zeitung, Meldung vom 17.8.1912.

43 Der spätere Großherzog Adolf Friedrich VI.

44 Brief von Königin Mary an König George V., 17.8.1912, Royal Archives Windsor.

45 Neustrelitzer Zeitung, Meldung vom 18.8.1912.

46 Brief von Königin Mary an König George V., 20.8.1912, Royal Archives Windsor.

47 Ebenda.

48 Ebenda, ebenso Meldung vom 21.8.1912 in der »Neustrelitzer Zeitung«.

49 Neustrelitzer Zeitung, Meldung vom 21.8.1912.

50 Brief von Königin Mary an König George V., 20.8.1912, Royal Archives Windsor.

51 Ebenda.

52 Neustrelitzer Zeitung, Meldung vom 21.8.1912.

53 Neustrelitzer Zeitung, Meldung vom 22.8.1912.

54 Neustrelitzer Zeitung, Meldung vom 23.8.1912.

55 Neustrelitzer Zeitung, Meldung vom 25.8.1912.

56 Brief von Königin Mary an die Großherzoginwitwe Augusta Caroline, 28.8.1912, Royal Archives Windsor.

57 Ebenda.

58 Nach Pope-Hennessy, James: Queen Mary, S. 478.

59 Laut dem Brief von Königin Mary an die Großherzoginwitwe Augusta Caroline, 28.8.1912, Royal Archives Windsor.

60 Herzogin Viktoria Luise: Ein Leben als Tochter des Kaisers, (Göttingen/Hannover 1965), S. 93.

61 Herzogin Viktoria Luise: Ein Leben als Tochter des Kaisers, S. 99.

62 Herzogin Viktoria Luise: Ein Leben als Tochter des Kaisers, S. 101/102.

63 Herzogin Viktoria Luise: Ein Leben als Tochter des Kaisers, S. 102.

64 Laut Woodward, Kathleen: Queen Mary, a life and intimate study, (London 1923), S. 58.

65 Neustrelitzer Zeitung, Meldung vom 24.5.1913.

66 Neustrelitzer Zeitung, Meldungen vom 27.5.1913.

67 Nach einem Bericht in »Neustrelitzer Zeitung«, 27.5.1913.

68 Nach Pope-Hennessy, James: Queen Mary, S. 481.

69 Artikel in der »New York Times« vom 19.9.1914.

70 Artikel in der »New York Times« vom 19.9.1914.

71 Nach Pope-Hennessy, James: Queen Mary, S. 503.

72 Pope-Hennessy, James: Queen Mary, S.504, auch in anderen Quellen.

73 Brief von Königin Mary an König George, 1.8.1907, Royal Archives Windsor.

74 www.youtube.com/watch?v=3JyC6qw2D_s, abgerufen am 28.12.2012.

75 In Woodward, Kathleen: Queen Mary, a life and intimate study, pretext.

Der Prinz aus dem Land der schwarzen Berge S. 157–187

1 Laut einer Meldung in der »Neustrelitzer Zeitung« vom 28.5.1897.

2 Laut Pope-Hennessy, James: Queen Mary, S. 341.

3 Meldung in der »Neustrelitzer Zeitung« vom 12.6.1897.

4 http://de.wikipedia.org/wiki/Thyra_von_D%C3%A4nemark, abgerufen 25.1.2013.

5 Erbgroßherzogin Elisabeth war eine geborene Prinzessin von Anhalt-Dessau.

6 Ramm, Agatha: Beloved and darling child, Last letters between Queen Victoria and her eldest daughter 1886–1901, Brief Queen Victoria vom 15.10.1897, S. 208.

7 Laut Pope-Hennessy, James: Queen Mary, S. 342 (nach einem Brief von Queen Victoria).

8 Neustrelitzer Zeitung, Meldung vom 2.7.1897.

9 Laut »Hof- und Staatshandbuch des Großherzogtums Mecklenburg-Strelitz« von 1898, Annalen für das Jahr 1897.

10 Neustrelitzer Zeitung, Meldung vom 21.7.1897.

11 Neustrelitzer Zeitung, Meldung vom 6.8.1897.

12 Neustrelitzer Zeitung, Meldung vom 13.8.1897.

13 Laut Meldungen in der »Neustrelitzer Zeitung«.

14 Neustrelitzer Zeitung, Meldungen vom 26.3., 23.4., 20.10.1897.

15 Pope-Hennessy, James: Queen Mary, S. 342.

16 Neustrelitzer Zeitung, Meldung vom 25.1.1899.

17 Alberts Vater Eduard von Sachsen-Altenburg und Elisabeths Mutter Antoinette waren Halbgeschwister.

18 Meldungen in der »Neustrelitzer Zeitung« vom 16.10. und vom 18. und 24.11.1897.

19 Neustrelitzer Zeitung, Meldung vom 24.1.1898.

20 Neustrelitzer Zeitung, Meldung vom 30.4.1898.

21 Neustrelitzer Zeitung, Meldung vom 3.2.1899.

22 Neustrelitzer Zeitung, Meldung vom 25.2.1899.

23 Neustrelitzer Zeitung, Meldung vom 13.3.1899.

24 Neustrelitzer Zeitung, Meldung vom 17.4.1899.

25 Neustrelitzer Zeitung, Meldung vom 18.4.1899.

26 Neustrelitzer Zeitung, Meldung vom 18.4.1899.

27 Neustrelitzer Zeitung, Meldung vom 19.4.1899.

28 Neustrelitzer Zeitung, Meldung vom 19.4.1899.

29 Neustrelitzer Zeitung, Meldung vom 20.4.1899.

30 Neustrelitzer Zeitung, Meldung vom 20.4.1899.

31 Neustrelitzer Zeitung, Meldungen vom 24.4.1899.

32 Neustrelitzer Zeitung, Meldung vom 24.4.1899.

33 Laut Annalen für das Jahr 1899 in »Großherzogl. Mecklenburg-Strelitzscher Staatskalender« für 1900.

34 Neustrelitzer Zeitung, Meldung vom 18.5.1899.

35 Neustrelitzer Zeitung, Meldung vom 29.5.1899.
36 Neustrelitzer Zeitung, Meldung vom 30.5.1899.
37 Neustrelitzer Zeitung, Anzeige vom 8.6.1899.
38 Neustrelitzer Zeitung, Meldung vom 8.6.1899.
39 Neustrelitzer Zeitung, Meldung vom 12.6.1899.
40 Neustrelitzer Zeitung, Meldung vom 15.6.1899.
41 Neustrelitzer Zeitung, Meldung vom 17.6.1899.
42 Neustrelitzer Zeitung, Meldung vom 24.6.1899.
43 Neustrelitzer Zeitung, Meldung vom 24.6.1899.
44 Laut Annalen für das Jahr 1899 in »Großherzogl. Mecklenburg-Strelitzscher Staatskalender« für 1900.
45 Neustrelitzer Zeitung, Meldung vom 11.7.1899.
46 Neustrelitzer Zeitung, Meldungen vom 18.7.1899.
47 Neustrelitzer Zeitung, Meldungen vom 18.7.1899.
48 Neustrelitzer Zeitung, Bericht vom 20.7.1899.
49 Neustrelitzer Zeitung, Bericht vom 20.7.1899.
50 Neustrelitzer Zeitung, Bericht vom 27.7.1899.
51 Neustrelitzer Zeitung, Extrablatt vom 28.7.1899.
52 Siehe Wikipedia-Eintrag zu »Neustrelitz«.
53 Beilage zur Mecklenburg-Strelitzschen Landeszeitung vom 15.7.1899, Karbe-Wagner-Archiv Neustrelitz.
54 Erhaltene Briefe von Adolf Friedrich V. an seinen Schwiegersohn waren auf Französisch verfasst.
55 Neustrelitzer Zeitung, Meldung vom 5.8.1899.
56 Annalen für das Jahr 1899.
57 Neustrelitzer Zeitung, Meldung vom 29.11.1900.
58 Neustrelitzer Zeitung, Meldungen vom 15., 21. und 22.12.1900.
59 Neustrelitzer Zeitung, Meldungen vom 27. und 31.12.1900.
60 Neustrelitzer Zeitung, Meldung vom 29.4.1903.
61 Neustrelitzer Zeitung, Meldung vom 2.5.1903.
62 Neustrelitzer Zeitung, Meldung vom 4.5.1903.
63 Neustrelitzer Zeitung, Meldung vom 6.5.1903.
64 Neustrelitzer Zeitung, Meldung vom 18.5.1903.
65 Neustrelitzer Zeitung, Bericht vom 8.6.1904.
66 Meldung in der »New York Times« vom 30.1.1902.
67 Bericht auf www.mecklenburg-strelitz.org/militza-of-montenegro.html, abgerufen am 27.12.2012.
68 Bericht in der »New York Times« vom 1.2.1908.
69 Landeszeitung für beide Mecklenburg, Berichte und Meldungen vom 16.6.1914.
70 New York Times, Bericht vom 16.11.1914.
71 New York Times, Bericht vom 26.1.1916.
72 z.B. laut Bericht in der »New York Times« aus dem Jahr 1919.

Der Diplomat, der in Frauenkleidern kam S. 188–217

1 Gaillardet, Fréderic (Hrsg.): Memoiren des Chevalier von Eon, Band 1 (Braunschweig, 1837), S. 45.
2 Gaillardet, Fréderic (Hrsg.): Memoiren des Chevalier von Eon, Band 1, S. 46.
3 Gaillardet, Fréderic (Hrsg.): Memoiren des Chevalier von Eon, Band 1, S. 59.
4 Gaillardet, Fréderic (Hrsg.): Memoiren des Chevalier von Eon, Band 1, S. 82.
5 Gaillardet, Fréderic (Hrsg.): Memoiren des Chevalier von Eon, Band 1, S. 91–93.
6 Gaillardet, Fréderic (Hrsg.): Memoiren des Chevalier von Eon, Band 1, S. 103.
7 Gaillardet, Fréderic (Hrsg.): Memoiren des Chevalier von Eon, Band 1, S. 24.
8 Gaillardet, Fréderic (Hrsg.): Memoiren des Chevalier von Eon, Band 1, S. 104.
9 Gaillardet, Fréderic (Hrsg.): Memoiren des Chevalier von Eon, Band 1, S. 104.
10 Gaillardet, Fréderic (Hrsg.): Memoiren des Chevalier von Eon, Band 1, S. 105.
11 Gaillardet, Fréderic (Hrsg.): Memoiren des Chevalier von Eon, Band 1, S. 105.
12 Gaillardet, Fréderic (Hrsg.): Memoiren des Chevalier von Eon, Band 1, S. 114.
13 Gaillardet, Fréderic (Hrsg.): Memoiren des Chevalier von Eon, Band 1, S. 127.
14 Gaillardet, Fréderic (Hrsg.): Memoiren des Chevalier von Eon, Band 1, S. 142.
15 Die spätere Katharina die Große, ihre Tochter Anna kam am 9.12.1757 zur Welt und starb schon zwei Jahre später.
16 Gaillardet, Fréderic (Hrsg.): Memoiren des Chevalier von Eon, Band 1, S. 195/196.
17 Gaillardet, Fréderic (Hrsg.): Memoiren des Chevalier von Eon, Band 1, S. 197.
18 Gaillardet, Fréderic (Hrsg.): Memoiren des Chevalier von Eon, Band 1, S. 204.
19 Laut Memoiren des Chevalier von Eon, S. 215.
20 Gaillardet, Fréderic (Hrsg.): Memoiren des Chevalier von Eon, Band 1, S. 216.
21 Gaillardet, Fréderic (Hrsg.): Memoiren des Chevalier von Eon, Band 1, S. 230/231.
22 Gaillardet, Fréderic (Hrsg.): Memoiren des Chevalier von Eon, Band 1, S. 272.
23 Gaillardet, Fréderic (Hrsg.): Memoiren des Chevalier von Eon, Band 2 (Braunschweig, 1837), S. 17.
24 Gaillardet, Fréderic (Hrsg.): Memoiren des Chevalier von Eon, Band 2, S. 73–75.
25 Gaillardet, Fréderic (Hrsg.): Memoiren des Chevalier von Eon, Band 2, S. 76.

26 Gaillardet, Fréderic (Hrsg.): Memoiren des Chevalier von Eon, Band 2, S. 78/79.

27 In verschiedenen Quellen nachzulesen, z.B. http://www.lechevalierdeon.com/the_cavalier_68388.htm.

28 Gaillardet, Fréderic (Hrsg.): Memoiren des Chevalier von Eon, Band 2, S. 80.

29 Gaillardet, Fréderic (Hrsg.): Memoiren des Chevalier von Eon, Band 2, S. 90/91.

30 Gaillardet, Fréderic (Hrsg.): Memoiren des Chevalier von Eon, Band 2, S. 205/206.

31 Gaillardet, Fréderic (Hrsg.): Memoiren des Chevalier von Eon, Band 2, S. 213/214.

32 Gaillardet, Fréderic (Hrsg.): Memoiren des Chevalier von Eon, Band 2, S. 224.

33 Gaillardet, Fréderic (Hrsg.): Memoiren des Chevalier von Eon, Band 2, S. 225/226.

34 Gaillardet, Fréderic (Hrsg.): Memoiren des Chevalier von Eon, Band 2, S. 231/232.

* Sophie Charlotte von Mecklenburg-Strelitz wurde als Königin »Charlotte« genannt. Da Fréderic Gaillardet jedoch in seinen Memoiren des Chevalier d'Éon weiterhin ihren vollständigen Namen verwendet, wurde dies durch die Autorin aus Gründen der Einheitlichkeit im Text beibehalten.

Bildnachweis

Karbe-Wagner-Archiv Neustrelitz S. 45, 47, 88, 107, 109, 151, 153, 168
Lembke, Sandra (Sammlung) S. 9, 19, 24, 30, 33, 41, 43, 52, 57, 65, 67, 73, 83, 97, 101, 104, 112, 115, 121, 139, 142, 149, 161, 165 (re.), 176, 178, 185
Privatarchiv S. 71, 215
Stadtarchiv Neustrelitz S. 14, 27, 36, 60, 69, 77, 111, 125, 146, 150, 159, 163, 165 (li.), 171, 180, 183, 186
Stanley-Price, Nicholas / Cimitero Acattolico di Roma S. 187
Wittenburg, Daniela, Mrs. Foto, Neustrelitz S. 238

Gemälde
Hermitage State Museum St. Petersburg (Russland), Foto: Vladimir Terebenin, Leonard Kheifets, Yuri Molodkovets
Nathaniel Dance: Portrait Sophia-Charlotte, 1773
S. 199

National Portrait Gallery London (UK)
Thomas Stewart nach Jean Laurent Mosnier: Portrait Chevalier d' Eon, 1792
S. 211

Eigentum des Hauses Hohenzollern, S.K.H. Prinz Georg Friedrich von Preußen
Antoine Pesne: Porträt des Kronprinzen Friedrich (II.) von Preußen, 1736
S. 11

Danksagung

Umfangreiche Recherchen sind ohne die Unterstützung hilfsbereiter Archivare kaum zu realisieren. Mein Dank gilt daher Christiane Witzke, Ute Berg und ganz besonders Christine Rolff vom Stadtarchiv Neustrelitz sowie Christiane Weigt vom Karbe-Wagner-Archiv Neustrelitz. Danken möchte ich zudem Linda Psaute, die mich in der heißen Phase vor dem Abgabetermin bei einigen Übersetzungen unterstützte.

Weiterhin geht ein großer Dank an das Royal Archives Windsor, dessen Mitarbeiter mir wertvolle Informationen zur britischen Königsfamilie und einige interessante Quellen zur Verfügung stellten. Die hier im Buch verwendeten Passagen aus den Briefen von König George V., Königin Mary und der Großherzoginwitwe Augusta Caroline von Mecklenburg-Strelitz dürfen mit freundlicher Genehmigung Ihrer Majestät Königin Elizabeth II. zitiert werden.

Ein Dankeschön geht auch nach Rom und gilt Dr. Nicholas Stanley-Price sowie dem Cimitero Acattolico di Roma.

Ebenso danke ich allen angeschriebenen Museen und Sammlungen in Großbritannien, Deutschland und Russland für die schnelle und unkomplizierte Bearbeitung meiner Bildanfragen.

Sandra Lembke

Sandra Lembke wurde in Neustrelitz geboren. Nach dem Abitur am Heinrich-Schliemann-Gymnasium war sie mehrere Jahre lang als freie Mitarbeiterin für verschiedene Lokalzeitungen tätig. Zudem studierte sie Soziale Arbeit an der Fachhochschule Neubrandenburg. Nach ihrem erfolgreichen Studienabschluss trat Sandra Lembke ein Festengagement als Souffleuse am Neustrelitzer Theater an und wurde vorrangig in den Musiktheaterproduktionen des Hauses eingesetzt. Im Sommer 2004 verließ sie das Theater, blieb der Bühne jedoch anschließend für einige Monate als Gastsouffleuse verbunden. Seit 2005 arbeitet Sandra Lembke als Sozialpädagogin, Dozentin und Integrationscoach bei verschiedenen Bildungsträgern der Region. Weiterhin hat sie Erfahrungen in der Kinder- und Jugendhilfe gesammelt.

In den letzten Jahren gestaltete sie mehrere Ausstellungen mit eigenen Fotografien. Ihre Landschaftsbilder und Portraitaufnahmen waren bislang in Neustrelitz, Burg Stargard sowie mehrfach auf der Insel Usedom zu sehen.

»Hoheiten, Diplomaten und Ehrenretter – Gäste am Mecklenburg-Strelitzer Hof« ist Sandra Lembkes erstes Buch.

Die Deutsche Nationalbibliothek verzeichnet diese Publikation
in der Deutschen Nationalbibliografie;
detaillierte bibliografische Daten sind im Internet über
http://dnb.d-nb.de abrufbar.

1. Auflage 2013

Steffen GmbH, Erich-Weinert-Straße 138, 10409 Berlin
Tel.: (030) 41 93 50 08
www.steffen-verlag.de; info@steffen-verlag.de

Herstellung: Steffen GmbH, Mühlenstraße 72, 17098 Friedland,
www.steffendruck.de

ISBN 978-3-942477-60-4